王琼 著

湖南卫视娱乐节目模式分析

人民日报出版社

北　京

图书在版编目（CIP）数据

湖南卫视娱乐节目模式分析 / 王琼著 . -- 北京：
人民日报出版社 , 2021.8
ISBN 978-7-5115-7170-0

Ⅰ.①湖… Ⅱ.①王… Ⅲ.①文娱活动－电视节目－
研究－湖南 Ⅳ.① G222.3

中国版本图书馆 CIP 数据核字 (2021) 第 217364 号

书　　名：**湖南卫视娱乐节目模式分析**
　　　　　HUNANWEISHI YULEJIEMUMOSHI FENXI
作　　者：王　琼

出 版 人：刘华新
责任编辑：张炜煜　霍佳仪
装帧设计：元泰书装

出版发行：**人民日报**出版社
社　　址：北京金台西路 2 号
邮政编码：100733
发行热线：(010) 65369509　65369512　65363531　65363528
邮购热线：(010) 65369530　65363527
编辑热线：(010) 65369514
网　　址：www.peopledailypress.com
经　　销：新华书店
印　　刷：涞水建良印刷有限公司
法律顾问：北京科宇律师事务所 010-83622312

开　　本：710mm×1000mm　　　1/16
字　　数：350 千字
印　　张：21.5
版　　次：2022 年 7 月第 1 版
印　　次：2022 年 7 月第 1 次印刷

书　　号：ISBN 978-7-5115-7170-0
定　　价：68.00 元

谨以此书献给我的恩师秦志希教授！

前　言

一、研究的缘起

1999年，我放弃了学习多年的病毒学专业，带着对新闻事业的憧憬和热爱到湖南经济电视台做了一名记者。当时经视奉行"强行起飞，空中加油"的方针，用人制度非常灵活，许多年轻人被委以重任，大家"拼新闻、抢新闻"，每日斗志昂扬，时刻准备着奔赴新闻"战场"。"新闻"就是理想，"新闻"就是一切。那种崇高的职业理想、集体荣誉感和成就感成为当时每位团队成员灵魂深处的烙印。一次采访中经历车祸更让我对新闻记者这份职业产生了生死不弃的感情。

然而，2002年，在我开始接触更多其他媒体后，却对新闻事业产生了深深的失落。这种失落来自对体制和氛围的感知与思考，既包括国家宣传政策的宏观层面，也包括媒介生产、运作的微观层面。我发现湖南的工作机制和文化氛围是别处难觅的，但遗憾的是，即便这种难得的个体也逐渐放弃了严肃的新闻理想，转向更符合"安全生产"和"市场生存"逻辑的娱乐产业。

表 1　2001–2008 年电视综艺娱乐节目的播出和收视比重

	播出比重	收视比重
2001 年	3.4%	4.8%
2002 年	3.9%	4.9%
2003 年	6%	5.8%
2004 年	6.6%	6.7%
2005 年	5.3%	7.4%
2006 年	6%	8.5%
2007 年	5.7%	8.2%
2008 年	3.9%	7.3%

　　湖南经视的发展历程只是当代中国地方电视台命运的缩影，视觉媒介的泛娱乐化和娱乐化转向已经成为有目共睹的事实。CSM[①]调查显示，自 2001 年以来电视综艺娱乐节目的播出和收视比重呈总体上升趋势[②]（见表 1），虽然 2008 年受冰雪灾害、汶川地震、北京奥运会等一系列重大事件的影响，其播出量出现客观性萎缩，其播出时长在所有节目中只占 3.9%[③]，但 2009 年已呈现复苏之势。整合历年《中国广播电视年鉴》中登载的全国市场各类节目收视份额数据（见表 2）可以发现 2002–2004 年，全国电视收视市场收视份额最高的三类节目是电视剧、新闻和专题，而在 2005 年之后，综艺娱乐节目逐渐取代专题，与电视剧、新闻并称为拉动中国电视收视的"三驾马车"（王兰柱，2003）。

　　在 2007 年全国电视收视市场份额排名前十五位的频道中，地方卫视上榜 5 个，按照排名先后依次是湖南卫视、安徽卫视、江苏卫视、江西卫视和四川卫视，其立台特色分别是综艺娱乐、电视剧、娱乐和民生、娱乐和传奇

　　①　央视—索福瑞媒介研究有限公司 (CSM) 成立于 1997 年 12 月 4 日，它是由中国央视调查咨询中心与法国索福瑞集团合作成立的合资公司，拥有目前世界上最为庞大的电视观众调查网，可以对全国 217 个市场提供独立的收视率及收听率调查数据，网络覆盖 5.5 万余户家庭，超过 18.3 万样本人口。
　　②　数据为 CSM 媒介研究总经理王兰柱于 2008 年 10 月 16 日在武汉大学所做《从综艺娱乐节目变化看媒介市场变迁》的报告中提供。"收视比重"是指某一种类型的节目在所有类型节目中所占收视比重。"收看比重"是指某一个体收看某一种类型节目时间占其全部收看时间的比重。
　　③　吴凡：《2008 年综艺娱乐节目收视分析》，《收视中国》2009 年第 2 期，第 9 页。

故事、故事会，无一以新闻立台。事实上，综艺娱乐节目已经成为"地方台挑战中央台的突破口，并取得过辉煌成就"[①]。但是对娱乐的选择并非仅为地方台的无奈之举，而是受到了市场的强烈响应和助推。

表2　2002–2007 年四大主要电视节目类型的收视份额和排名情况

节目类型	2002 年		2003 年		2004 年		2005 年		2006 年		2007 年	
	收视份额	收视排位	收视份额	收视排位	收视份额	收视排位	收视份额	收视排位	收视份额	收视排位	收视份额	收视排位
电视剧	20.1	1	37.5	1	36.3	1	31.9	1	22.1	1	31.9	1
新闻	15.6	2	15.2	2	13.8	2	13.6	2	13.1	2	10.71	2
专题	10.9	3	6.8	3	7.1	3	7.1	3	9.7	3	8.08	4
综艺	5.5	4	5.7	4	6.7	4	9.1	3	10.6	3	9.98	3

由表1可以看到，在播出比重相对降低的 2005–2007 年，受众对娱乐节目的收视比重却出现增长。在生存环境严酷的 2008 年，电视娱乐节目虽然播出与收视都出现下滑，但是节目使用效率却创下历史新高。[②]CSM 2005 年的调查就显示，电视娱乐节目的受众结构亦呈现与经验相反的特点，即常常面临被批判为"媚俗""低俗"风险的综艺娱乐节目的观众与所有节目观众相比，拥有受教育水平更高（高中、大学及以上）的观众群体，同时随着教育水平的升高，收看比重增加（见图1、图2，CSM 提供）。电视娱乐节目在当今电视节目中所占比例越来越大，吸引人群越来越多，且逐步向高端人群扩散的事实，使我们不得不思考其对中国社会文化走向可能产生的深远影响。

李陀先生在谈到研究大众文化的必要性时说："有人会认为 MTV 比探测火星对人类生活有更大的意义吗？如果有，大概也很少。但是，这两件事究竟哪个更重要，其实是可以讨论的。只要想一想，当前世界上有数以亿计的青少年正是沉浸在 MTV 构成的音像梦境中认识生活，在其中形成有关美丑对错的价值观念，从而以这样轻松快乐的方式确立自己与当代社会秩序和体

---

① 王兰柱：《2008 年中国电视收视年鉴》，中国传媒大学出版社 2008 年版，第 196 页。
② 吴凡：《2008 年综艺娱乐节目收视分析》，《收视中国》2009 年第 2 期，第 9 页。

制的关系；再想到毕竟这数以亿计的青少年正是未来地球的主人，正是他们要在将来决定人类对外空间包括对火星的态度，那么，说MTV比火星探测来得更重要，这难道不是可以理解的吗？"[①]

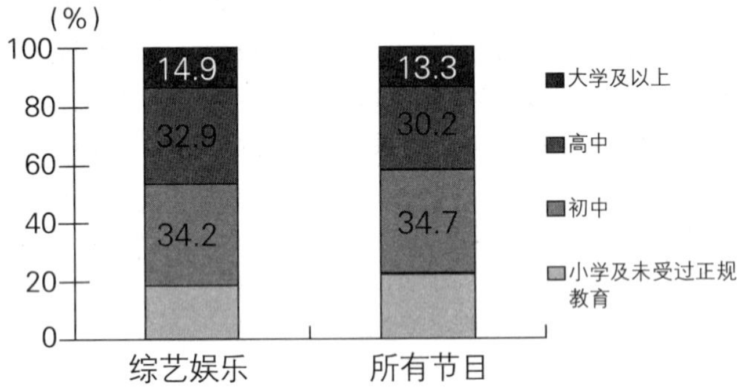

图1　2005年综艺娱乐节目观众的教育程度构成

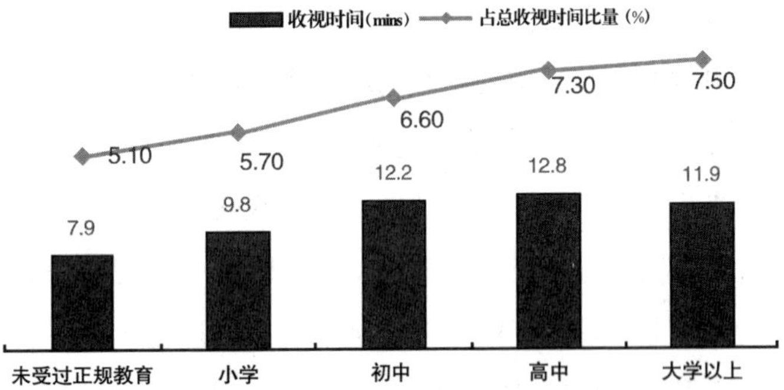

图2　2005年不同受教育程度观众综艺娱乐节目的人均日收视时间

然而，在研究实践中，媒介社会学的研究一直"更多地聚焦于'沉重的'而非轻快的媒介产品，比如对电视节目的研究，对新闻价值的分析远比对大

---

① 李陀：《序》，载王晓明主编《在新意识形态的笼罩下——90年代的文化和文学分析》，江苏人民出版社2000年版，第1页。

众趣味的分析更为系统更为科学"①。西蒙·弗里斯认为对娱乐的鄙视中隐含着两种对比,其一是在美学层面上,娱乐与严肃、深刻的艺术相比显得逗趣、琐碎;其二是在政治判断上,娱乐与新闻、真理相比显得无关宏旨②。倘若这可以在一定程度上解释为什么学者对娱乐研究"敬而远之",那么又是什么令众人放下面具,肆意地享受娱乐带来的快感呢?我们是应该放松地为各种娱乐形式中展现出来的人类的创造力赞叹、喝彩,还是应该警惕在娱乐的背后可能存在的制度安排及可能带来的社会后果?

　　然而就个人体验而言,作者本人也是综艺娱乐节目的热心观众,这种喜好让我在阅读法兰克福学派对大众文化的批判理论时深感羞耻和痛苦,但却更为激发了我对受众追捧综艺娱乐节目的好奇。为什么电视娱乐节目会在当今中国获得发展的契机?娱乐是如何被制造的?受众是如何被娱乐的?他们对于此类节目的消费对个人会产生何种影响,对社会将产生何种后果?媒介、社会、受众、娱乐产品之间存在怎样的关联?对此类问题的追问正是笔者萌发研究电视娱乐节目的朦胧初衷,而相关理论研究与媒介实践显著的冷热差距为进行此项研究的必要性提供了现实语境。

　　本研究选取湖南卫视作为个案研究的样本,一方面是因为研究者的湖南情结,而且曾经的工作经验使我对湖南电视的文化、体制和运作方式均有所了解。另一方面,更为重要的原因在于,在以"娱乐"谋出路的地方媒体中,湖南卫视具有不可取代的优势性、典型性和代表性。湖南卫视是国内第一家提出"娱乐"立台的卫视频道,曾创造无数业界第一,被称为"中国娱乐地标"。湖南卫视经验被写入大学管理课程的教案,主创人员被请上北大的演讲台③。有评价认为,湖南卫视成功突破了"传媒发展与经济水平的正相关原理、广告市场蛋糕论、由资源级差决定的受众市场区隔、传媒功能属性的传统框

---

　　① 西蒙·弗里斯:《娱乐》,载[英]詹姆斯·库兰、[美]米切尔·古尔维奇《大众媒介与社会》,华夏出版社2006年版,第189页。

　　② 西蒙·弗里斯:《娱乐》,载[英]詹姆斯·库兰、[美]米切尔·古尔维奇《大众媒介与社会》,华夏出版社2006年版,第188页。

　　③ 湖南广播电视台年鉴编辑委员会:《湖南广播电视年鉴》,方志出版社2007年版,第39页。

架和组织系统的无序状态"①，"若干年后如果中国也有成熟、独立的娱乐工业，湖南卫视将会是这个工业的巨子"②。

因此，研究者认为，湖南卫视不仅具有个案研究的价值，通过对其发展历程和现状的深入分析与探讨将有助于我们理解中国电视娱乐节目产业演进轨迹中的影响因素及其动力机制，并对此类节目的生产过程及其规律、受众的消费行为、心理动机和消费后果均有更多的了解。

本研究的实施得到了湖南卫视的支持。特别感谢聂玫姐、汪涵哥、周玲、范林等昔日湖南经视战友对我的帮助。感谢所有接受问卷调研和访谈的朋友。感谢张明新对本研究数据分析提供的建议。感谢恩师秦志希教授的谆谆教诲。

二、研究综述

1. 国内电视娱乐节目研究综述

国内有关电视娱乐节目的研究最早出现在 2000 年。田永明等以当代文化发展基本格局为参照，探讨电视晚会的形态特征、文化功能及其未来发展趋势。（田永明，赵捷，2000）2000 年还有一项基于女性主义视角的电视娱乐节目受众调查值得关注。2000 年 11 月至 12 月北京师范大学艺术系影视专业研究生进行的"北京青年女性视野中的电视娱乐节目"调查，了解青年女性受众的细分群落、观看模式、女性意识、收视心理、审美情趣等，从文化、心理、群落、行为等层面进行女性受众研究。③ 分析还表明，我国受众细分的研究明显滞后，与实务领域电视频道专业化建设不相适应。④ 该研究较为全面、深入地研究了青年女性电视观众，在当时的女性与传媒研究中是不多见

---

① 周红：《湖南电视现象的启示与前瞻》，《广播电视信息》2002 年第 10 期，第 12-15 页。
② 转引自《穿越梦想：湖南卫视 2005 全记录》，长江文艺出版社 2006 年版，扉页。
③ 《北京青年女性视野中的电视娱乐节目》，《当代电影》2001 年第 3 期，第 92-112 页。
④ 张同道：《女人的三个部落——尝试受众细分研究》，《当代电影》2001 年第 3 期，第 105-106 页。

的。（杨新敏，荀洁，2004）事实上，基于女性主义的电视娱乐节目研究一直没有突破，对受众仅关注女性收视行为和对媒介女性形象的偏好。（朱晓征，2002；阿斯买·尼亚孜，2004）对女性作为电视娱乐节目呈现中的媒介形象的研究仅出现在对《超级女声》的讨论中。①

从 2001 年开始，对电视娱乐节目的研究视角逐渐多元化。对生产领域的研究主要是宏观产业角度的讨论，集中在生产竞争和与之相关的生产模式方面。有研究指出娱乐节目生产制作正逐渐向大媒体平台集中，曾被认为能够促进传统媒介竞争力的（姚远，2002）民营制作公司逐渐走向边缘，但其中不乏成功个案，如光线传播，其市场观念、生产体系、管理机制值得借鉴。（姚玉芹，2003）激烈的竞争促使节目制作单位的市场化观念越来越强，修正过去定位不明、产出不足以及战略制定失当等方面的不足（刘斌，2006），不断创新节目样式，突破运营模式。（高菲，陆地，2005）

节目主持人是生产者中唯一被研究的群体，崔永元被作为努力挣脱娱乐浪潮，坚持专业理想的典型来研究，以描述中国电视媒介精英的心路历程和精神走向，并分析约束其专业化高度和深度多方面因素。（张涛甫，2007）有关电视综艺娱乐节目主持人的研究还涉及主持人的职业素质、职业技能（马莳，2007），主持人的话语审美（侯亚光，2006），及受众对其期望的形成机制和特点（徐树华，2002），但相关研究缺乏实证论据支持。

对娱乐节目分类的研究涉及对其中元素的分析。贾秀清将娱乐化的构成要素概括为人物的造型化、环境的平台化、对话形式的动作化、音乐的调情化和视听效果生理化。（贾秀清，2005）朱羽君教授认为电视娱乐节目的要点在于主题设计、主持人、狂欢性和形式包装。（朱羽君，2001）娱乐节目的"家族形式"被认为是电视节目类型化的特有标志。（贾秀清，2005）但同质化过高则意味着创新能力的欠缺。朱羽君指出："当一个概念被集体性地一再重复时，它所意味的不是过剩而是匮乏。"因此"从本质意义来看，娱乐节目在今

---

①　详见湖南卫视研究综述。

天的发展不是超额而是不足"（朱羽君，2001），并由此引发了对电视娱乐节目引进和创新的思考。对多个娱乐节目个案的研究表明，娱乐节目需要创新思维和差异化生存技巧，在移植国外成功节目时应进行跨文化思考。王澎彬、陆地（2006），郑蔚、孙微（2002），姚喜双（2005）在述及此议题时，也提及对过度"娱乐化"的反思。

各种电视娱乐节目中娱乐新闻和真人秀的关注度最高，关注的领域包括对节目特点的归纳、兴起原因的分析、存在的问题和解决的方法，其中不乏媒介文化、受众心理、从业者专业主义、政治经济学和媒介经济等方面的探讨，尤其是对以《超级女声》为代表的真人秀节目的研究较为深入。（张帆，王阳，2006；陈力丹主持，2006；游洁，2006；张洪忠等，2006；李兆丰，2007）从文化研究的角度，有学者以《开心辞典》《幸运52》为例，分析电视节目参与制造消费意识形态的方式和机制。（郑世明，2006）从传媒政治经济的角度，只有一篇文献以江苏电视台综艺频道综艺栏目《震撼一条龙》为个案分析，追问："平民化"是否意味着文化的民主化、谁在争取文化资本等问题。并呼吁应更多关心严肃问题，培养公民意识，实现社会公共论坛的作用。另一篇对国外娱乐业的描述性研究论文（张允若，2001）为比较研究提供可资借鉴的丰富资料。

对电视娱乐节目受众的研究集中在对收看态度和收看行为的描述上。研究表明"青年人对新闻的关注度远不如他们的父辈"。（张开，2006年）一项对大学生电视收视行为的研究表明大学生对娱乐节目的情感比较热烈，从理念上支持娱乐节目，其中影视剧、游戏娱乐节目最受欢迎，女生更为忠实。（张同道，2001）也有学者从消费主义的角度解读受众对娱乐节目消费的原因是海量信息时代流行"浅阅读"，并且处于经济上行阶段的中国民众渴望解压。

对媒介效果的研究基本是缺失的，只有少数学者以规范研究的范式对电视娱乐节目中的低俗化现象进行了抨击，指出对感官欲望的刺激与追逐对年轻人的成长带来恶劣影响，并呼吁电视艺术承担历史、社会的责任。（鲍海波，

薛晨，2007；冯建三，2006）

2. 国外电视娱乐研究文献综述

20 世纪 30 年代法兰克福学派创造了"文化工业"的概念，以阐释大规模制作的文化产业化过程以及驱动整个体系的商业化规则。该学派的理论认为，大众传播体系中的娱乐是文化工业体的创造物，包括电视在内的大众娱乐提供的消遣背后其实是文化工业对"虚假意识形态"的塑造。伯明翰学派认为电视工业的要务是生产商品化的观众。其代表人物约翰·费斯克（Jane Fisk）以电视作为文化工业的范例，提出了两种经济理论。他认为，在资本主义社会里，电视节目作为商品，是生产和发行于金融经济和文化经济两种平行而且共时的经济系统之中的。金融经济注重的是电视的交换价值，流通的是金钱；文化经济注重的是电视的使用价值，流通的是意义快感。（约翰·费斯克，2005）[①] 通过他的研究，我们也从一个侧面看到，资本主义社会中现代大众传播处在商业和文化取向并行交互的境遇中，电视娱乐功能不可避免地成为包含商品和文化双重逻辑的结合体，这给电视娱乐的生产带来了困扰。

在传播学经验学派的理论和二战后美国学者从事的大众传播研究中，电视的功能和传播效果是非常重要的研究领域。20 世纪 60 年代，西方有三项值得关注的研究与电视娱乐节目有关[②]。一项是由威尔伯·施拉姆、杰克·莱尔（Jack Lyle）和爱德温·帕克（Edwin Parker）主持的。研究者于 1958—1960 年在北美的 10 个不同社区进行了 11 项关于电视与儿童关系的调查。调查结果显示，儿童对电视的使用存在较大差异，主要与五个要素相关：年龄、性别、智力、社会阶层背景、儿童社会关系的质量（包括亲子关系、与同龄人的关系）。另一项研究是 1969—1972 年在丹尼斯·麦奎尔（Denis

---

[①] Zhao Bin. Poupular family television and party ideology: the Spring Festival Eve happy gathering [J]. Media, Cultere & Society, 1998,20:43–58.

[②] Jaemin Jung. The Bigger, the Better: Measuring the Financial Health of Media Firm [J]. The International Journal on Media Manangement, winter 2003, 5(4): 237–250.

McQuail）的领导下进行的电视受众"使用与满足"状况的定量研究，调查范围涉及电视新闻、知识竞赛、家庭连续剧、青年冒险电视剧等六种节目，从中发现了四种主要的"满足"，包括心绪转换效用、人际关系效用、自我认知效用和环境监测效用。第三项研究是由美国著名的媒体暴力研究专家乔治·格伯纳（George Gerbner）主持的"暴力与媒体"的研究，该研究以美国三大广播网的娱乐节目为研究对象，分析电视中暴力的程度与数量、电视暴力的质化特征。得出的结论是：暴力是电视节目所表现的生活的最主要特征，在电视构造的"象征性现实"中，暴力是解决争端和促使个人目标得以实现的有用手段，而且受众在对电视中暴力描述的接触中学到了如何实施暴力行动（希伦·A.洛厄里和梅尔文·L.德弗勒，2004）。社会功能视角的研究尽管不直接指向电视娱乐节目的生产，但是从电视娱乐节目的社会功能和效果的角度为生产者提供了启发。

在对电视娱乐节目生产进行的研究中，媒介经济学分析框架的引入拓展了内容生产研究的视角。它解析了经济影响力如何指导或限制传媒的活动，如何对传媒市场的具体动态产生宏观影响。面向市场经营的中国电视娱乐业面临越来越多的商业和经济问题，媒介经济学的理论会为中国电视娱乐产业的研究提供一些启发。西方媒介经济学的研究最早开展于20世纪50年代，早期学者主要致力于研究报业竞争和广播电视结构及管制。60年代，传媒学者开始运用政治经济学的理论探讨传媒问题，关注点主要集中在影响传媒的权力结构上。80年代，传媒企业的经济属性开始得到传媒经济学研究的重视，这个时期的研究为传媒企业的组织运营、传媒企业之间的竞争、传媒产品的消费等问题提供了参考。到了90年代一些新的概念和方法被引入传媒经济学，包括战略分析、对传媒公司的价值探讨、国际化的问题等。90年代后期到21世纪之初，学者们更加强调分析传媒公司的市场环境和行为而不是单论市场（杭敏和罗伯特·皮卡德，2005）①。新近使用媒介经济学的方法对电视内

---

① 露西·金－尚克尔曼：《透视 BBC 与 CNN：媒介组织管理》，清华大学出版社 2004 年版，第 10～14 页。

容生产的研究集中在媒介公司战略、传媒组织集中度和内容多样化等议题上。其中内容多样化的研究集中反映了电视内容生产过程中商业利益和公共利益的矛盾。

目 录
CONTENTS

第一章

20世纪80年代以来
中国大陆电视娱乐节目的发展

　　1983年，中央电视台推出首届春节联欢晚会。这是中国大陆地区最早的电视综合性文艺节目，也是本书将20世纪80年代作为阶段论研究起点的重要依据。按照中国广播电视年鉴的记载，虽然当时的春晚已经融合了戏剧、歌舞、曲艺等多种文艺元素，具有一定的"综合性"和"娱乐性"，但却未被称作"综艺节目"或"娱乐节目"，而被归属为"电视文艺"中的"电视文艺晚会"。最早类似于"综艺节目"的说法是1987年的中国广播电视年鉴在"电视文艺专栏"的新发展中提到"河北电视台新增设了综合性文艺栏目《观众之声》"①。而明确的"综艺节目"的提出源于1990年中央电视台开设的两个节目：《正大综艺》和《综艺大观》。虽然在当年的中国广播电视年鉴中，它们依然被归属为"电视文艺专栏"②，但那一年"电视文艺开始引起理论研究工作者的兴趣"③，并于1991年出现了有关"综艺节目"的研究性文章（A.哈纽京；方造，1991；赵淑萍，1991），同时出现的还有"娱乐节目"的说法（赵平，1991；赵淑萍，1991）。在CNKI收录的最早的两篇相关文献中，有两段非常类似的文字，一段是："1948年6月，美国电视屏幕上诞生了两个具有开创意义的综艺节目：《明星剧场》和《城中大受欢迎的人》。前者是NBC从广播节目中移植到电视中的，后者是CBS推出的电视自身创办的在固定时间播出的第一个综合娱乐节目。"④另一段是："1948年6月，美国电视屏幕上诞生了两

---

① 中国广播电视年鉴编辑委员会编：《1987年中国广播电视年鉴》，中国广播电视出版社1988年版，第74页。
② 中国广播电视年鉴编辑委员会编：《1990年中国广播电视年鉴》，北京广播学院出版社1991年版，第98页。
③ 中国广播电视年鉴编辑委员会编：《1990年中国广播电视年鉴》，北京广播学院出版社1991年版，第99页。
④ 赵淑萍：《综艺节目：独放异彩的电视娱乐艺术奇葩——美国电视综艺节目的创意、风格、模式及其主持人个性、素质分析》，《现代传播》1991年第3期，第83-84页。

个具有开创意义的综合娱乐节目。一个是《Texaco 明星剧场》，该节目是全国广播公司从广播节目移植到电视之中的；另一个是《城中大受欢迎的人》，这是哥伦比亚广播公司推出的在固定时间播出的第一个综合娱乐节目。"[1] 这两段内容一致但措辞不一的文字表明，"综艺节目"和"娱乐节目"的概念在最初被使用时并无明确区分。随后出现不少同时期、同类节目既被称为"综艺节目"，又被称为"娱乐节目"的混乱状态。（彭国元，吴一鹏，1999；刘峰，1999）值得注意的是，从 CNKI 收录文献的情况来看，有关"电视娱乐节目"的文献在 1992-1998 年出现了空白期，而有关"综艺节目"的文献却从未中断。

电视娱乐节目到底起源于何时？其基本节目形态是什么？这些都是梳理其发展历程不可回避的问题。而寻找这些问题的答案必须从明确其概念做起。

第一节　电视娱乐节目的界定与分类

一、电视娱乐节目的界定

"电视娱乐节目"，这个受众非常熟悉的通俗名词，在学术界中的定义却尚存争议。明确此概念的关键在于辨析其与"电视文艺节目""电视综艺节目"在类型上的区分，或发现其间的种属关系。对上述任何一种概念的界定都遵循以下原则：其一，用通常的种概念加表型差的方法下定义；其二，定义必须具有区分性，并且其区分性是可判断或可测量的；其三，定义要涵盖所有同

---

① 　赵平：《美国电视综合娱乐节目的特色（上）》，《新闻与写作》1991 年第 2 期，第 22 页。

类节目；其四，避免同义反复。

按照上述三个名词出现的历史顺序，首先讨论"电视文艺节目"的概念。1993 年出版的《宣传舆论学大辞典》将"电视文艺节目"定义为："应用先进的电子技术手段，对多种文艺样式进行二度创作，既保留原有文艺形态的艺术价值，又充分发挥电视的特殊艺术功能，给观众以文化娱乐和审美享受的电视节目形态。从电视文艺节目发展的历史考察，大体经历了如下阶段：舞台演出实况转播，演播室现场直播，电视文艺节目实况录像，电视文艺节目综合艺术制作。 目前，电视文艺节目大体可分作如下几类：电视文艺晚会、电视专题文艺晚会、电视音乐节目、电视舞蹈节目、电视戏曲节目、电视曲艺杂技节目、电视文艺竞技节目等。"①1998 年的《新闻传播百科全书》对"电视文艺节目"的定义是："以播送文艺作品为主的电视节目。文艺节目主要是为了满足观众对文艺作品欣赏的需求。其内容主要有音乐、戏剧、曲艺、文学等，电影和电视剧也可归属文艺节目。"②

比较这两种对于"电视文艺节目"的界定有三点发现。

其一，他们都认为电视文艺节目必须是以电视作为技术载体的特殊文艺形式。

其二，在对电视文艺节目功能的理解上存在差异。前者认为其兼具"文化娱乐和审美享受"功能，而后者认为"文艺节目主要是为了满足观众对文艺作品欣赏的需求"，即赞同了更具精英主义文化含义的"审美"功能，而舍弃了更具大众文化包容性的"娱乐"功能。

那么电视文艺节目到底有无"娱乐"功能呢？据文献记载，中国最早的电视文艺节目是 1958 年 5 月 1 日，中国第一座电视台——北京电视台在开播第一天播出的一段时长半个小时左右的文艺表演。内容为当时中央广播剧团演员表演的诗朗诵《工厂里来的三个姑娘》《大跃进的号角》和北京舞蹈学校

---

① 刘建明：《宣传舆论学大辞典》，经济日报出版社 1993 年版，第 815—816 页。
② 邱沛篁、吴信训、向纯武等：《新闻传播百科全书》，四川人民出版社 1998 年版，第 980
页

师生表演的中外舞蹈《小天鹅》《牧童和村姑》《春江花月夜》（范云兴，赵婷，1991）。从舞蹈节目选编可以看出当时的文艺表演主要以经典曲目为主，从诗朗诵篇目又可看出，其带有明显的服务于国家发展和生产建设的宣传意图。这说明电视文艺节目在起源上具有意识形态属性，以艺术欣赏为手段，以宣传为主要目的。在此过程中受众是被动的，没有参与、表达的机会和互动选择的权利。

1973 年，麦塞（D. Mercer）在《休闲需要的概念》一文中对娱乐做了多层面的界定，在他的界定里，"自由"是娱乐的重要条件，他认为从表达的需要看，娱乐是"通过参加自由选择的活动来表现出个人的价值"；从创造的需要看，娱乐是"当活动被充分介绍之后，一个人将自由而愉快地参加任何一项活动"；从标准需要看，娱乐是"在非工作时间，人在生理上需要愉快地活动，这样有助于恢复体力和准备再次工作，也有利于身体健康"；从感知的需要看，娱乐是"人们能对具有高度自由的或较少限制的活动做出选择"，"人们在精神上确立一套理念将为自己愿意从事的活动提供机会"。[1]如果按照麦塞的观点，以"自由"的标准去衡量最初的电视文艺节目，它们显然不具备娱乐性。

但是美国社会学者凯利对"娱乐"提出了更为宽容的界定，他认为："'娱乐'（recreation）指的则是有组织的、有益于个人及社会的休闲活动。"[2]反观 20 世纪 80 年代的中国电视文艺，虽然节目的多样性和参与性非常有限，但它确实在客观上丰富了人们的精神文化生活，对个性审美意识的复苏发挥了积极作用。在此意义上，其"娱乐"性又是无可否认的。综合上述观点，研究者认为中国的电视文艺节目在起源上具有有限的娱乐性。如果我们按照主体的体验方式将娱乐分为参与式娱乐和欣赏式娱乐，那么电视娱乐节目在起源上仅限于欣赏式娱乐。

---

① ［美］托马斯·古德尔、杰弗瑞·戈比，成素梅等译：《人类思想史中的休闲》，云南人民出版社 2000 年版，第 136-137 页。
② ［美］约翰·凯利，赵冉译、季斌校译：《走向自由——休闲社会学新论》，云南人民出版社 2000 年版，第 20 页。

其三,《宣传舆论学大辞典》将"综合艺术"制作归入电视文艺发展的最后阶段,将具有公众参与性和娱乐性的"电视文艺竞技节目"也纳入其节目类型。《新闻传播百科全书》认为"电影和电视剧也可归属文艺节目"。这些均表明电视文艺节目具有很强的艺术包容性,并暗示了电视文艺节目与电视综艺节目、电视娱乐节目可能存在的多种联系。

再来分析对"电视综艺节目"（Tv program of synthetic art, Tv entertainment programming）的界定。所有的定义都认为综艺是"综合性文艺"的同义语（刘建明,1993;邱沛篁,吴信训,向纯武等,1998;赵玉明,王福顺,1999）,如果以此作为唯一界定条件,则电视综艺节目应完全被包含于电视文艺节目中。马菂认为:"广义上讲,凡是涉及两种或两种以上艺术形式的电视节目都属于电视综艺节目;狭义上讲,电视综艺节目是指电视节目生产者为满足受众艺术欣赏的需要,围绕节目主旨,聚合多种艺术形式编排制作的电视节目。"[①] 但这种广义和狭义的区分其实没有任何区分性,如前所述,电视文艺节目本质上正是一种倾向于"欣赏"而非"娱乐"的节目形态,而所有的电视节目无一不是围绕一定主旨编排播出的,因而此概念实际上也将电视综艺节目归属于电视文艺节目了,这也意味着"电视综艺节目"在节目形态上并无显著的进化意义。

但是大多数定义将"娱乐性""知识性"与"欣赏性"并称,将之描述为电视综艺节目的三大重要特征,如"电视综艺节目是综合性电视文艺节目的总称。由音乐、舞蹈、戏曲、曲艺、杂技等多种文艺形式组成,可以以欣赏性节目为主,也可以由欣赏性、知识性、娱乐性的节目穿插组合"[②]。"电视综艺节目综合多种艺术样式、涉及广泛内容的,集知识性、娱乐性和欣赏性为一体的电视节目。"[③]《宣传舆论学大辞典》还特别指出电视综艺节目中受众的参与性和主动性,认为:"传统艺术的欣赏者与被欣赏者界限明显,主、客体

---

①　马菂:《电视综艺娱乐节目主持人类型化培养初探》,《现代传播》2007年第3期,第148页。
②　刘建明:《宣传舆论学大辞典》,经济日报出版社1993年版,第823页。
③　邱沛篁、吴信训、向纯武等:《新闻传播百科全书》,四川人民出版社1998年版,第981页。

关系泾渭分明。综艺节目的主客体关系较为模糊，原因在于有受众参与表演。在综艺节目的传播与接收过程中，作为欣赏主体的受众地位，往往扩展为被欣赏的客体领域，即便是不直接参与表演，也是间接地参与评判。其心理状态与欣赏传统艺术不一样，带有更强烈的接近性和参与感。"[1] 这些描述表明综艺节目已经突破了传统电视文艺节目的边界，并且以受众的参与性娱乐和欣赏性娱乐并行不悖作为其与电视文艺节目的最大区别。

那么，强调"娱乐性"的电视综艺节目与电视娱乐节目又有何区别呢？首先来分析"电视娱乐节目"（TV. entertainment programs，Television entertainment）的几种主要定义。

第一种定义认为："电视娱乐节目即通过一定的中介形式和大众参与，在相互交流中形成一种娱乐氛围的节目形态。"[2][3]

第二种定义认为："娱乐节目是除了新闻类节目和生活服务类节目之外的电视节目……观众在收看这些节目的时候，心情是放松的、随意的，他们的收视行为是彻底的生活伴随行为，喜怒由己，笑骂随意，想看就看，不看就关，没有专门的目的和收视压力。"[4]

按照这两种定义，电视娱乐节目的涵盖面非常广泛，完全包括了电视综艺节目和电视文艺节目的范畴。但是这种种属关系与它们在电视实践中出现的时间顺序，即其演化方向是相违背的。唯一可能的原因是电视娱乐节目的范畴因对其"娱乐"性的强调而被过度泛化了。然而对于类型研究来说，有意义的应是狭义而非广义概念。此外，"娱乐"是电视的基本功能之一，在当今泛娱乐化的媒介语境下，娱乐元素几乎更是无孔不入。早在1999年，中国就出现了第一档提供娱乐资讯的新闻节目《中国娱乐报道》。生活服务类的节目也可以被包装得很有娱乐性，如中央电视台的《交换空间》，虽然从内容来

---

① 刘建明：《宣传舆论学大辞典》，经济日报出版社1993年版，第823页。
② 韩青、郑蔚：《电视娱乐节目新论》，中国广播电视出版社2005年版，第2页。
③ 朱羽君、殷乐：《减压阀·电视娱乐节目——电视节目形态研究之一》，《现代传播》2001年第1期。
④ 韩青、郑蔚：《电视娱乐节目新论》，中国广播电视出版社2005年版，第2页。

看是一档以家庭装修为主题的生活服务节目，但形式却借鉴了真人秀和竞赛的娱乐元素。如果仅仅把"娱乐氛围"或"娱乐功能"作为评价是否为"电视娱乐节目"的标准，于某种程度而言，等于无标准。

第三种定义认为："娱乐节目是那些以消遣为目的，包括游戏、竞赛、文艺表演、轻松话题的谈话为内容的电视节目。"[①]

第四种定义认为："电视娱乐节目是综艺节目发展的新形式，较之传统综艺节目，它具有更纯粹的娱乐性、游戏性、消遣性、商业性和大众性。"[②]

第五种定义认为："电视娱乐节目是电视节目生产者为满足大众的娱乐需求，以节目主持人按照预先设置的节目活动规则，组织相关人员（嘉宾、选手、观众等）开展的一系列娱乐活动为内容的电视节目。较之综艺节目而言，它具有更纯粹的娱乐性、游戏性、消遣性、商业性和大众性。"[③]

后三种定义均反映了一种观点，即"电视娱乐节目从内容上讲与综艺性节目有颇多相近之处"[④]，第五种定义还暗示了电视娱乐节目的活动性和游戏性，但它们都未明确提出电视娱乐节目和综艺节目之间的可区分性原则，所谓"更纯粹的娱乐性、游戏性、消遣性、商业性和大众性"实在是一个难以客观测量、判断的标准。

笔者认为，"电视综艺节目"和"电视娱乐节目"的根本性区别并不在其娱乐性、参与性的程度，而应来自其可借鉴的节目表现元素的差异。电视综艺节目可运用的是综合性文艺。文艺从其表现形式说包括语言文艺，如小说、诗歌等文学作品；表演文艺，如音乐、舞蹈等；造型文艺，如绘画、雕塑等；综合文艺，如戏剧、电影等。（刘建明，张明根，1994；萧浩辉，1995）但电视娱乐节目则可突破此限制，大量运用非文艺元素，如体育、科技、新闻等。有观点认为，除了通常意义上的文艺作品，那些审美价值不高，但娱乐性很强的艺术品种，如游戏、笑话、猜谜、武术、魔术、杂技、驯兽、体操等均

---

① 韩青、郑蔚：《电视娱乐节目新论》，中国广播电视出版社 2005 年版，第 2 页。
② 韩青、郑蔚：《电视娱乐节目新论》，中国广播电视出版社 2005 年版，第 2 页。
③ 马茢：《电视综艺娱乐节目主持人类型化培养初探》，《现代传播》2007 年第 3 期，第 148 页。
④ 邱沛篁、吴信训、向纯武等：《新闻传播百科全书》，四川人民出版社 1998 年版，第 981 页。

可被灵活运用于电视综艺节目中（刘建明，1993；赵玉明，王福顺，1999），这似乎又混淆了综艺节目与娱乐节目的界限，但笔者认为正是这些亚文艺元素的介入填充了高雅文艺与大众娱乐间的沟壑。

综上分析，笔者将上述三种电视节目形态做如下定义。

电视文艺节目是以电视为传播载体，通过对各种文艺形式的二度创作和表现，提供欣赏性娱乐或教育的电视节目。其表现形式有电视文艺晚会（综艺或单项艺术）、电视文艺专栏、传统文艺竞赛、文艺专题、音乐电视（MTV）、电视散文。

电视综艺节目包括电视综艺文艺节目和电视综艺娱乐节目两种主要类型。电视综艺文艺节目是以两种或两种以上传统文艺形式提供欣赏性娱乐的电视节目形式。电视综艺娱乐节目则是综合运用两种或两种以上传统文艺或亚文艺形式，为观众提供参与性娱乐的电视节目形式。

电视娱乐节目是综合运用多种文艺和／或非文艺方式，以提供参与性娱乐为主要目的电视节目。主要形式有综艺娱乐节目、游戏娱乐节目、体育娱乐节目、益智娱乐节目、娱乐资讯节目、娱乐谈话节目、真人秀等。

如表1-1所示，上述三种节目类型的区别主要体现在所采用的艺术表现形式和传播目的上。

表1-1　电视文艺节目、电视娱乐节目、电视综艺节目概念比较

节目类型	技术载体	表现形式	传播目的	有无互动
电视文艺节目	电视	传统文艺	欣赏性娱乐、教育	基本无
电视综艺节目	电视	传统文艺和亚文艺	欣赏性娱乐、参与性娱乐	有
电视娱乐节目	电视	文艺和非文艺	参与性娱乐	很多

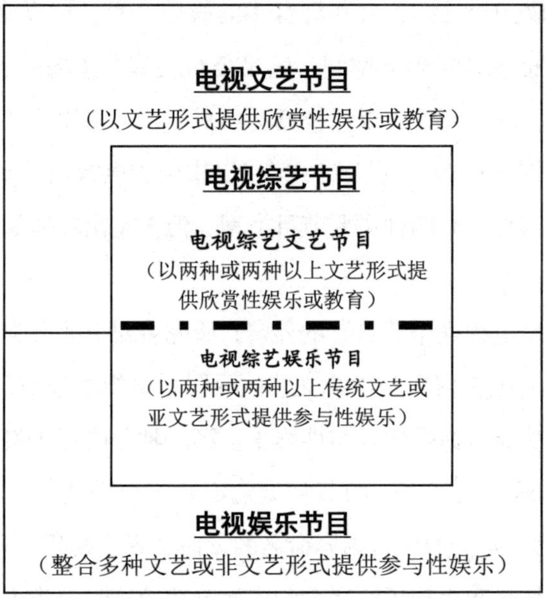

```
┌─────────────────────────────────────────┐
│            电视文艺节目                    │
│     （以文艺形式提供欣赏性娱乐或教育）       │
│   ┌───────────────────────────────────┐ │
│   │          电视综艺节目               │ │
│   │                                   │ │
│   │       电视综艺文艺节目              │ │
│   │    （以两种或两种以上文艺形式提        │ │
│   │     供欣赏性娱乐或教育）             │ │
│   │  ─ ─ ─ ─ ─ ─ ─ ─ ─ ─ ─ ─ ─ ─ ─   │ │
│   │       电视综艺娱乐节目              │ │
│   │    （以两种或两种以上传统文艺或        │ │
│   │     亚文艺形式提供参与性娱乐）         │ │
│   └───────────────────────────────────┘ │
│            电视娱乐节目                    │
│    （整合多种文艺或非文艺形式提供参与性娱乐）  │
└─────────────────────────────────────────┘
```

图 1-1　电视文艺节目、电视娱乐节目、电视综艺节目概念关系

图 1-1 显示了上述三种概念间的关系。正如董天策在分析电视娱乐文化时提出的那样，电视娱乐文化包含了游戏性娱乐文化与艺术性娱乐文化。其中游戏性娱乐文化体现在电视娱乐节目中，而艺术性娱乐文化主要体现在电视文艺节目中（董天策，2005）。电视综艺节目处于两者之间，通过对多种传统文艺形式的综合和对亚文艺形式的引入将艺术性娱乐文化与游戏性娱乐文化衔接在一起。

二、电视娱乐节目的分类

对电视娱乐节目的形态分类尚未形成统一标准。已有的分类方法包括：其一，按照栏目宗旨即传播目的分为政宣、娱乐、文艺、信息四类（徐舫州，2007）。其二，按照节目样式分为娱乐资讯节目（提供娱乐资讯的节目，结合了娱乐性与新闻性）、真实娱乐节目（有一定场景设计的、大众参与的、以纪实手段完成的娱乐节目）、公共舞台式的娱乐节目（以观众自我抒发、自我表现为目的，提供公共表演空间，满足公众表演欲望的娱乐性节目）和游戏类娱乐节目（大众参与的，以竞技竞赛项目为核心的娱乐节目）。（朱羽君，2001）其三，张国涛认为20世纪90年代以来中国电视娱乐节目中出现了表演、游戏、益智与真人秀四种主要节目类型，但未指出具体的分类标准。（张国涛，2005）

参照前文对"电视娱乐节目"的界定，研究者对上述分类均有不同看法。第一种分类混淆了电视娱乐与电视文艺的界限。电视娱乐节目可以借鉴文艺元素，但其主要功能应为提供参与性娱乐。第二种分类提出按照"节目样式"进行划分，但此标准在其划分的节目类别中并未得到统一。"娱乐资讯"和"游戏类娱乐节目"是按照节目内容命名的，而"真实娱乐"和"公共舞台式娱乐"是按节目场景和表现手法命名的。而且按照这种分类方法，娱乐访谈、娱乐脱口秀均无法找到对应的类别。第三种分类方法与第二种类似。其一是无统一分类标准，"表演、游戏、益智"是按节目内容来分的，而真人秀强调的是一种表现手法。其二是无法涵盖所有娱乐节目种类，如体育娱乐节目、娱乐资讯、娱乐访谈都被忽略了。

类型划分的重要前提是提供统一的、可判断或测量的划分标准，能够涵盖所有同类节目，且没有同意反复。以此为原则，本研究提出以节目内容作为标准的分类体系。按照节目内容，即节目中主要采用的娱乐元素和娱乐形式来划分，可将电视娱乐节目划分为：电视综艺娱乐节目、电视文艺竞技娱乐节目、电视游戏娱乐节目、电视情感类娱乐节目、电视体育娱乐节目、电视益智娱乐节目、电视娱乐资讯节目、电视娱乐访谈节目、电视生活娱乐节目。

电视综艺节目是指以电视综合文艺（两种或两种以上文艺形式）作为主要内容的电视娱乐节目，如中央电视台1990年开办的《正大综艺》；

电视文艺竞技娱乐节目是指以单项文艺竞赛为主要内容的电视娱乐节目，如湖南卫视的《超级女声》《舞动奇迹》；

电视游戏娱乐节目指以明星或现场观众参加游戏为主要内容的电视娱乐节目，如湖南卫视1997年开办的《快乐大本营》、2009年开办的《全家一起上》；

电视情感类娱乐节目是以情感事件或情感话题为内容，以娱乐为形式的电视娱乐节目，如湖南卫视的《玫瑰之约》、东方卫视的《相约星期六》；

电视体育娱乐节目是指以明星或观众参与体育项目为主要内容的电视娱乐节目，如湖南卫视的《我是冠军》《奥运向前冲》；

电视益智娱乐节目是指以智力或知识竞赛作为主要内容的电视娱乐节目，如中央电视台的《开心辞典》、湖南电视台的《以一敌百》；

电视娱乐资讯节目是指以电视娱乐资讯作为主要内容的电视娱乐节目，如1999年光线传媒开办的中国第一档娱乐资讯节目《中国娱乐报道》、湖南卫视的《娱乐无极限》；

电视娱乐访谈节目也就是电视娱乐脱口秀（Talk show）[1]，是指以电视访谈作为主要内容的电视娱乐节目，如中央电视台的《艺术人生》、湖南电视台的《天天向上》《背后的故事》；

电视生活娱乐节目是以生活服务类话题为主要内容的娱乐节目，如浙江卫视的《爽食赢天下》。

按内容进行分类是一种非常直观的分类方法，但是随着电视实践的不断发展，必将会有新的元素被引入娱乐节目，也需要对此分类体系进行及时补充和调整。

在上述分类体系中没有列出近几年学术关注度非常高的"真人秀"（学术关注度见图1-2），因为"真人秀"是以节目制作、表现手法而非节目内容

---

[1]　秀是英文"Show"的汉语音译，为台湾首译，后流行港澳，90年代后期充斥国内娱乐界。最早的"秀"是西方电视广播的一个谈话节目"Talkshow"，港台称为"脱口秀"，后来"秀"走出了谈话范围，进入其他领域，出现了"政治秀""时装秀""模仿秀"等"作秀"一族（阿亮，2000）。

来界定的概念，它属于真实电视（Reality TV）①的一种，以"纪实"为主要特征，是指由普通人（非扮演者）在规定的情境中，按照制定的游戏规则，为了一个明确的目的采取自由行动，并被全程录制播出的电视节目（余艳红，2004；张晓燕，2004；宋维才，2005）。目前的娱乐"真人秀"常以竞赛游戏的形式出现。前述电视文艺竞技娱乐节目、电视游戏娱乐节目和电视体育娱乐节目等均可以"真人秀"的形式出现。图1-2中"真人秀"的学术关注度从2004年出现大幅上升，到2007年转弱，2009年起持续高涨，与电视娱乐选秀节目从2004年起步，到2007年降温，2008年汶川地震后限娱，再到2009年起复苏的发展轨迹完全吻合。

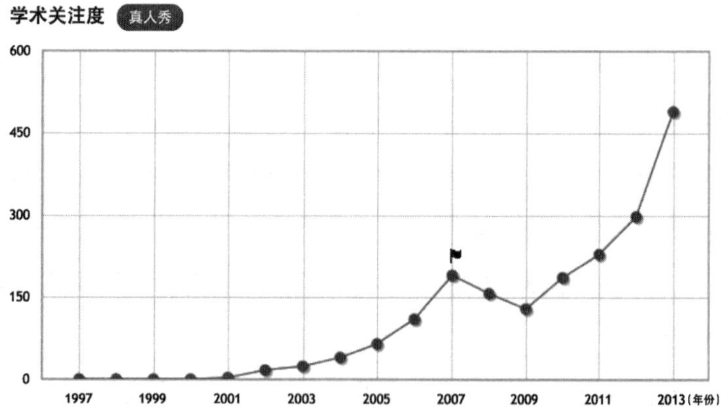

学术关注度 真人秀

图1-2 "真人秀"节目学术关注度（CNKI 提供）

除了以节目内容作为分类标准外，还可以按照娱乐信息的呈现方式将电视娱乐节目分为表演性电视娱乐节目（没有竞赛机制，以明星献艺为主，主要是指电视综艺娱乐节目）、竞赛性电视娱乐节目（有竞赛机制的电视娱乐节目，主要包括单项文艺竞技、电视游戏娱乐节目、电视体育娱乐节目、电视

① "真实电视"（Reality TV）这一术语最早用于指称以犯罪、突发事件、亲身经历为内容的杂志类电视节目或"伤痕电视"（像《英国犯罪观察》《救生员》《美国要犯通缉》等），但近年来真实电视外延逐步扩大，"真人秀"取代其早期节目样式成为主流。（宋维才，2005）

益智娱乐节目）和语言表达类电视娱乐节目（以语言表达作为娱乐信息主要载体的电视娱乐节目，包括电视娱乐谈话节目和电视娱乐资讯节目）。这种分类方法更为抽象，但有失细致。

此外，还可按播出方式将电视娱乐节目分为直播电视娱乐节目和录播电视娱乐节目，按照编排方式将电视娱乐节目分为大型娱乐活动、季播娱乐节目（常以常规带状方式播出）和常规点状播出娱乐节目。这些分类标准反映了中国电视娱乐节目在制作、编排、播出上观念和技术水平的变化，但对我们理解不同电视娱乐节目在具体形态和娱乐元素组合方式上的差异并无直接关系，在此不予赘述。

第二节　中国大陆电视娱乐节目的发展及其社会语境

一、对已有阶段论的评析

对中国大陆电视娱乐节目发展历程的研究性文献主要来自《中国广播电视年鉴》《中国电视收视年鉴》和学术期刊。能够找到的较为系统的资料始自1986年。阶段论研究主要是以节目形态、受众角色与地位作为划分标准。

第一种观点认为中国大陆电视娱乐节目起源于20世纪90年代初期，按照节目形态的变迁可分为6个阶段。第一个阶段是从90年代初期到中期的"综艺晚会时期"，代表节目有中央台于1990年开播的《综艺大观》；第二个阶段是90年代中后期的"明星游戏时期"，代表节目有湖南卫视的《快乐大本营》、北京卫视的《欢乐总动员》、安徽卫视的《超级大赢家》、江苏卫视的《非常周末》和福建东南卫视的《开心100》；第三个阶段是2000年前后的"明星访谈与娱乐资讯时期"，代表节目有中央电视台的《艺术人生》、安徽卫视的《超级访问》、北京电视台的《春华秋实》、光线传媒的《中国娱乐报道》（后更名《娱乐现场》）和湖南卫视的《娱乐无极限》；第四个阶段是益智竞猜时期，代表节目有中央台的《幸运52》《开心辞典》和上海卫视的《财富大考场》（2002年开播）；第五个阶段是2004年前后的"大众表演秀时期"，代表节目有东方卫视的《我型我秀》、欢乐传媒的《欢乐总动员》、湖南卫视的《超级女声》和中央台的《梦想中国》；第六个阶段是2007年后的后选秀时代，因广电总局出台规定严格管理选秀活动，综艺娱乐节目进入新一轮调整期。[①] 这一观点的问题在

[①]　此阶段论的划分方法由CSM于2008年10月在武汉大学新闻传播学院所做报告《从娱乐节目变化看电视市场变迁》中提供。

于，阶段论应以历史发展的时间维度作为重要依据，但上述第四阶段却没有明确的时段与之对应，并且其列举的代表节目中《开心辞典》（2000 年开播）、《幸运 52》（1998 年开播）的开播时间均比第三阶段的代表节目《艺术人生》（2001 年开播）和《超级访问》（2001 年开播）更早。解释这种时序颠倒的阶段论划分结果只有一种可能的合理原因，即益智节目虽然出现早，但形成气候、受到市场认可的时间比访谈类节目晚，但研究者通过文献研究发现情况并非如此。CSM 的收视数据显示，《幸运 52》和《开心辞典》自开播后数年一直是观众最喜爱的品牌栏目，在《艺术人生》《超级访问》已经开播后的第二年，即 2002 年，它们依然位居全国娱乐栏目收视榜首，而后两者尚不在前十之列。（见表 1-2）这说明上述阶段论存在时序和逻辑上的谬误，使之丧失了历史研究的严谨性。

表 1-2　2002 年娱乐栏目收视排行前十位（CSM 提供）

排名	栏目名称	频道	人均收视时间（分钟）
1	幸运 52	中央二套	94
2	开心辞典	中央二套	93
3	快乐大本营	湖南卫视	68
4	娱乐现场	多频道	65
5	音画时尚	中央三套	60
6	金星梨园春	河南卫视	59
7	财富大考场	东方电视台新闻娱乐频道	54
8	综艺大观	中央一套	52
	曲苑杂坛	中央一套	52
9	欢乐总动员	北京卫视	51
10	相约星期六	东方电视台新闻娱乐频道	48

另一种以节目形态作为划分标志的观点删掉了上面的第三阶段和第六阶段，形成了由"综艺晚会""游戏娱乐""益智博彩"和"真人秀"构成的四段论，各代表节目与上述相同。（谢耘耕，王彩平，2005；何春耕，肖琳芬，2006）这种说法虽然没有时序上的错误，但其问题在于未能全面涵盖所有电

视娱乐节目形态的发展变迁。这其实正是以"形态"作为唯一划分标准的重要缺陷，即要么过于琐碎，要么不够完备。

从受众角色和地位的变化，中国电视娱乐节目被分为四个阶段（于丹，2004；陈序，2005）：第一阶段是20世纪90年代初以《综艺大观》《正大综艺》兴起为标志的"仰望"阶段，平民只能站在台下欣赏；第二阶段是以《快乐大本营》《欢乐总动员》兴起为标志的"评价和部分参与"阶段，平民有机会与明星同台，甚至发表对明星的评价；第三阶段是以《幸运52》《开心辞典》为标志的"全面参与"阶段，此时，明星退出，舞台完全交给平民；第四阶段是以《非常6+1》《超级女声》为标志的"平民明星"阶段，平民不仅站上舞台而且成为明星。这种阶段论虽然与节目形态阶段论有密切联系，但是已经注意到了节目模式背后更深的文化含义和媒介效果，具有非常积极的意义。

还有学者从更为宏观的角度对中国娱乐节目发展历程进行了梳理，对其走向展开思考，认为中国电视娱乐节目的出现与发展，是社会转型期精神需求与价值重建过程的必然结果，经历了快乐—真情—游戏三种模式，呈现出大众性、平民化与商业化的发展趋势（杨楠，2004），在此过程中"明星"从"神坛"走向"人间"，观众从"看客"上升为"主角"，其间中央级媒体与省级台呈现出新的竞争关系。（张国涛，2005）这些观点都为本研究提供了有益的启发。

二、电视娱乐节目发展"五段论"

本研究认为对中国电视综艺节目发展轨迹的研究既要考虑节目形态的创新性，又要考虑节目的市场反应和社会效果，还应思考与之关联的社会背景，包括文化氛围、市场竞争、政治环境等。图1-3勾勒了自1986年以来中国大陆电视文艺节目、综艺节目和娱乐节目的形态发展历程，其中特别用点状背景图案标注了具有标志性意义的电视娱乐节目及其开播年份。衡量"标志性"的标准是：第一，该节目代表了一种新的电视娱乐节目形态的出现，具有进化标志性；第二，该节目获得全国市场认可，具有较高收视率和收视影响，在《中国广播电视年鉴》等资料中有据可查，具有收视标志性。

时期	年份			
		电 视 文 艺 节 目		
萌芽期	1986年	文艺晚会	文艺专栏	文艺竞赛　文艺专题
起步期	1990年	栏目化的综艺娱乐晚会《综艺大观》	综艺娱乐节目《正大综艺》文艺+益智	
	1993年			音乐电视MTV
	1997年		综艺娱乐节目《快乐大本营》明星+游戏	
发展期	1998年		情感类娱乐节目《玫瑰之约》	电视散文
	1999年		娱乐资讯节目《中国娱乐报道》	
	2000年		益智娱乐节目《开心辞典》	
	2001年	文艺谈话节目《艺术人生》艺术家访谈	娱乐谈话节目《超级访问》娱乐明星访谈	
高潮期	2003年		栏目化娱乐选秀节目《非常6+1》	
	2004年		赛季化娱乐选秀节目《超级女声》	
	2005年		职场真人秀节目《创智赢家》	
	2006年		体育娱乐节目《我是冠军》平民、明星+运动	
调整期	2007年	音乐互动游戏节目《我爱记歌词》平民+音乐	体育娱乐节目《勇往直前》明星+运动	
	2008年	娱乐谈话节目《天天向上》明星/平民+谈话	室外游戏娱乐节目《智勇大冲关》平民个人+运动　音乐互动游戏节目《挑战麦克风》平民+音乐+科技	
	2009年	生活娱乐节目《爽食赢天下》明星+美食	魔幻类娱乐节目《金牌魔术团》魔术+竞技　室内游戏娱乐节目《全家一起上》平民家庭+游戏	
		电视娱乐节目		

图1-3　1986-2009年中国大陆电视娱乐节目发展年历图

本研究认为从 20 世纪 80 年代至今，中国大陆电视娱乐节目的发展经历的了五个阶段，分别是萌芽期、起步期、发展期、高潮期和调整期。

第一个阶段"萌芽期"为 1986—1990 年。

将电视娱乐节目的缘起追溯到 80 年代是本研究与已有阶段论的重要区别之一。1990 年开播的《综艺大观》《正大综艺》一直被视作中国最早的电视娱乐节目（谢耘耕，王彩屏，2004；于丹，2004），但本研究发现，《综艺大观》在节目进化史上的意义是对以春节联欢晚会为主的大型综艺晚会的栏目化、常规化，而非节目形态的创新。通过土豆网可以观看到 1986 年春节联欢晚会的视频，当时的节目不仅容纳了传统戏曲、流行音乐、古典音乐、相声小品、杂技曲艺、舞蹈等多种艺术形式，具有"综艺"性，而且还设置了现场观众摇号抽奖的互动游戏环节。从形态上看，它已经具备了电视娱乐节目的雏形。如果形式与之相仿的《综艺大观》可被视作电视娱乐节目的代表，春节联欢晚会为何不能被纳入其中呢？吕新雨在批判 2002 年春节联欢晚会在意识形态的安排下呈现出虚假的狂欢性时，对 20 世纪 80 年代的春晚给予了区别性描述："当年中国的老百姓从'革命化的春节'中走出来，电视为他们提供了一种在世俗生活中体验'狂欢'仪式的可能，80 年代的春节联欢晚会给中国人带来的期待感和解放感是今天所不再具备的。"（吕新雨，2003）20世纪 80 年代是中国大陆社会世俗化、商业化的启蒙期，正是长期的思想禁锢与一元的意识形态驯化被松动、瓦解之时，大众文化作为一种文化解放的力量被人们当作人性复苏的新声。（陶东风、徐燕蕊，2006）公众也正是在大众文化与主旋律的紧张和摩擦间获得了对自我感性存在的确认和个性化审美意识的复苏。正因为 20 世纪 80 年代在中国大众文化发展史上的特殊意义，我们应该对当时电视综艺节目中娱乐元素的表达给予充分的评价。事实上，除春晚之外，一些常规电视栏目也开始运用综艺和互动元素，如 1986 年出现了以家庭为单位参加的文艺竞赛活动，湖北电视台 1986 年 9 月举办的"欢乐之家"电视大奖赛，有 3000 个家庭参赛，出现了"兄妹共舞、夫妻合唱"的欢乐表演。1987 年出现了不少互动点歌栏目，如安徽台的《点播歌曲》；河北电视台的"综合性文艺栏目"《观众之声》等。湖南电视台1987年9月开播的《荧屏与观众》，设有"艺苑采珍""请您欣赏""观众中来""向您推荐""与观众同乐""说长道短"等小栏目，熔知识性、欣赏性、趣味性于一炉，还适时进行了一些现场采访和举办一些与观众同乐的文艺晚会，如"与老人同乐""与工人同乐猜谜晚会"等。

　　这些节目已经具有非常典型的电视综艺娱乐节目形态，一些娱乐元素的结构手法在今天的电视娱乐节目中还踪影可觅。综上所述，本研究认为20世纪80年代是中国大陆电视娱乐节目不可忽视的萌芽期。

　　第二个阶段"起步期"为1990年《综艺大观》《正大综艺》开播至1997年。

　　"1990年是中国电视文艺广播空前繁荣的一年"，①栏目化、直播化、民族化、电视文艺片②的繁荣和电视文艺研究的起步构成了当年电视文艺的特征。其中对电视娱乐节目发展最有意义的是"栏目化""直播化"和"电视文艺研究的兴起"。1990年中央电视台开办的文艺栏目达到11个，不仅在数量上较往年大幅增加，而且创办了《综艺大观》《正大综艺》这两个具有标志意义的新栏目。当时省级电视台还未上星，电视荧屏上节目类型十分单调，娱乐方式匮乏，这两个节目一经推出立刻获得了强烈的市场反响（谢耘耕，王彩平，2005）。《综艺大观》集相声、小品、歌舞、杂技、魔术等各种文艺于一身，将过去难得一见的大型综艺晚会日常化、经常化，不仅极大地丰富了民众的精神文化娱乐生活，而且消解了隆重的节庆仪式与日常生活间的距离感，为高雅艺术的祛魅创造了客观条件。《正大综艺》对电视娱乐节目形态的确立具有更为典型的标志性。它突破了传统的文艺表演模式，大胆引入文化、知识元素，并用猜谜的游戏化手法予以架构，使电视娱乐节目在内容多元化和表现手法多样性上向前迈出了一大步。"栏目化"的另一个意义在于特定的内

　　① 《电视文艺概况》，载中国广播电视年鉴编辑委员会编《中国广播电视年鉴》，北京广播学院出版社1991年版，第98页。
　　② 电视文艺片是电视文艺专题的形式之一，是指艺术性较强的纪录片，基本手法是纪实主义—采访摄影。

容、形式和固定的播出时间可以吸引稳定的观众群体,这是节目与观众之间建立情感交流和意见表达机制的重要前提。"直播化"意味着节目生产效率和生产能力的大幅提高,而从文化研究的角度看,其更为重要的意义在于,它在"舞台"与"日常生活"之间,在"明星"与"普通人"之间,构建了一个共时性的空间。这个空间赋予电视更为真实、刺激的娱乐性,也使观众更为兴奋和投入。此外,直播为实时现场互动提供了技术可能。最后,"电视文艺研究的兴起"使"综艺节目"和"娱乐节目"的概念进入人们的视线。

但 20 世纪 90 年代这个浓墨重彩的开头并未将热闹一直延续下去,在接下来的数年,除了 1993 年开始兴起的 MTV 之外,没有开创性的电视文艺或娱乐节目形态出现。原因之一可能在于当时具有全国覆盖能力的电视台还不多,缺少竞争的市场环境使节目创新缺乏动力。另一个原因在于,当时的大众文化、流行文化与主流文化之间尚未"相安无事","突出主旋律,弘扬民族文化,倡导高雅艺术,限制资本主义国家和港台作品节目"①一直是 90 年代早期电视文艺工作的重点。1995 年 11 月 30 日,中央电视台文艺频道、戏曲频道、音乐频道开播。这是中国电视史上第一次开辟全国性的专业文艺频道和戏曲频道、音乐频道,是中国电视文艺发展史上具有重要意义的一步,使当时的电视文艺和电视娱乐节目获得了数量规模的较大拓展,但遗憾的是节目质量并不令人满意,1996 年《中国电视收视年鉴》对当时节目现状的评价是"栏目设置过多,相互交叉、重叠,特色不够突出,定位不够准确","节目类型单一,各种类型节目发展不均衡"。②一个令人眼前一亮的开场加上谨慎蹒跚的碎步构成了中国电视娱乐节目发展的第二个阶段"起步期"。

第三个阶段"发展期"为 1997 年《快乐大本营》开播到 2003 年。

20 世纪 90 年代后期,随着地方卫视上星,电视市场竞争日益激烈。1998年,中国传媒业开始全面探索符合社会主义市场经济体制的运行机制,电视市

---

① 在《中国广播电视年鉴》1990 年、1993 年的《电视文艺概况》中均可找到相关记载。另有刘习良:《首要任务是提高电视文艺节目的质量》,载《中国广播电视年鉴》,北京广播学院出版社 1994 年版,第 53—57 页。

② 《电视文艺概况》,《中国广播电视年鉴》,北京广播学院出版社 1996 年版,第 73—74 页。

场格局和节目体系出现很大变化。传统电视文艺因创作理念落后，运作方式陈旧显得招架无力，"在整体电视节目体系中的影响力、号召力及创作水平均有大幅度滑坡，一些传统名牌栏目风光不再"①。而此时"湖南卫视则如一匹'黑马'，冲出重围，以其轻松愉快的游戏娱乐节目《快乐大本营》和《玫瑰之约》等名噪天下"②。1997 年开播的《快乐大本营》一改《正大综艺》文质彬彬的智力游戏模式，邀请明星参与的游戏都需要夸张的肢体运动，现场观众可以参与评判或与明星同台游戏，电视机前的观众也有机会参与直播互动。这是一次彻底的从大脑到身体的释放，它唤醒了潜伏在每个人内心深处玩耍、游戏的原欲，也在游戏的狂欢中消解着身份、阶层的差异和由市场经济发展带来的种种利益冲突、社会矛盾。1998 年开播的《玫瑰之约》将婚恋这个对于传统中国人来说绝对私密的话题以娱乐的形式大大方方地搬上屏幕，不仅使人们在突破禁忌的过程中获得了巨大的快感，而且也为疏导社会情感提供了新的渠道。一时间，全国各地各级电视媒体群起仿效之，直到 1999 年的下半年才有所降温。电视娱乐节目的走红甚至对电视文艺节目的形态也产生了影响，其一是观众参与得到了极大重视和加强，其二是时尚化取向较为普遍。（《中国广播电视年鉴》，2000）而这两点此后一直贯穿中国电视娱乐节目的形态发展。

1997—2002 年是中国电视娱乐节目发展史上新节目形态最集中涌现的时期，这可能是对之前电视娱乐功能开发极度不足的代偿，也可能与长期被压抑的个性化创作激情突然获得释放空间，同时市场经济体制下竞争意识的逐渐形成与凸显相关。1997 年开播的《快乐大本营》进一步丰富了综艺娱乐节目的"娱乐性"；1998 年的《玫瑰之约》将娱乐与情感话题"联姻"，创造了"情感类娱乐节目"；1999 年光线传媒的《中国娱乐报道》不仅使民营电视节目制作公司成功地打入由国家电视台一统天下的电视节目市场，而且开创了以"新闻信息＋娱乐"为主要模式的"娱乐资讯节目"。2000 年的《开心辞

---

①　《电视文艺概况》，载中国广播电视年鉴编辑委员会编《中国广播电视年鉴》，中国广播电视年鉴社 1999 年版，第 67 页。

②　《电视文艺概况》，载中国广播电视年鉴编辑委员会编《中国广播电视年鉴》，中国广播电视年鉴社 1999 年版，第 67 页。

典》成为"益智类娱乐节目"的典范。2001 年安徽卫视开播了中国第一档以访谈娱乐明星为内容的娱乐访谈节目《超级访问》，同时中央电视台开播了以访谈艺术家为主的文艺访谈节目《艺术人生》，均受到市场好评。此外，2002 年还出现了"导视类娱乐资讯节目"，如中央台的《影视同期声》《综艺快报》，北京台的《每日文化报道》等，因其只是对已有节目形态——娱乐资讯节目的发展和丰富，所以未在图 1–3 中标注。

有观点认为《开心辞典》的开播具有特别的意义，它标志着受众的地位发生了根本性变化——从台下的看客上升为台上的主角。（于丹，2004；陈序，2005）但本研究认为以普通人为主角的节目形态并不是《开心辞典》首创，1986 年就曾出现以普通家庭为参加单位的文艺竞赛，1998 年的《玫瑰之约》也是以普通男女相亲为主题的娱乐节目。虽然《玫瑰之约》是由地方卫视制作播出，其播出覆盖率不及 CCTV-2，其"恋爱"的话题也不及"知识竞赛"来得文雅，但它们在本质上采取了相同的叙事模式，即接受考验，赢得奖励。两者的差异是由话题上的差异造成的，一个是接受知识考验—证明学识—实现梦想；另一个是接受情境考验—展示魅力—赢得爱情，但并无娱乐模式上的本质区别。因此，本研究并未将《开心辞典》作为一个特别阶段的起始标志单独列出。不过值得肯定的是，《开心辞典》中"家庭梦想"的环节设计确实是对国外引进节目模式进行本土化改造的一个成功范例。它去除了美国原版节目《谁想成为百万富翁》中的巨奖博彩元素，代之以更具人文精神和温情主义色彩的"心愿"，正好契合了当时中国社会由于市场经济发展带来的人际关系淡漠疏离中，人们对亲情、友情和爱情呼唤，同时也成为娱乐"不俗"的很好例证。

除了节目样式的创新之外，电视台的经营思路也发生新的转变。进入 2001 年后，各级电视台，尤其是中央台和省级卫视纷纷利用自己的渠道优势塑造专业化频道形象，如湖南卫视的"快乐中国"、安徽电视台的"电视剧大卖场"等形象逐渐深入人心。

综上所述，从 1997 年开始的短短六年时间，中国电视娱乐节目市场进入了高速发展期，几乎每年都有新的娱乐节目形态产生，节目制作单位的理念、机制也在悄然巨变，电视娱乐节目市场蓄势待发。

第四个阶段"高潮期"为 2003 年中央电视台《非常 6+1》开播到 2007 年。

2003 年电视娱乐节目开始表现出向其他节目类型扩张的态势，一些专业类节目如 CCTV-2 的文化鉴赏节目《鉴宝》、湖南卫视的职场节目《新青年》等都开始大量借鉴娱乐互动元素。同年，中央电视台《非常 6+1》拉开了中国电视娱乐节目选秀热潮的序幕，也完成了电视娱乐节目形态"从以主持人为中心到以明星为中心，再到以受众为中心的转变"[①]。一些老牌明星节目也以受众为中心对节目进行了调整，如《艺术人生》在中央一套和三套播出，根据这两个频道定位和受众收视需求的差异对节目进行了区分，"一套主打中老年观众，强调经典性、怀旧性和舒缓的叙事风格；三套主打青年观众，强调时尚性、娱乐性和参与性"[②]。市场化改革也在日益深入，以名牌栏目《同一首歌》为首的若干栏目在 2003 年从原属节目部门脱离，加盟中国国际电视总公司，开始尝试制播分离的运营模式。

2004 年多档"真人秀"节目高调登场，如央视体育频道的《谁将解说奥运》、央视二套的《欢乐英雄》、央视综艺频道的《星光大道》等，它们无一不将镜头对准日常生活中默默无闻的普通人，以"普通人的成功"作为叙事卖点。最为学界和业界关注的当数湖南卫视制作的赛季型单性别娱乐选秀节目《超级女声》，它采用无门槛的选秀机制迅速在国内激发起女性观众的参与热情，"以极大的开放性、互动性、参与性，强调平民视角和大众狂欢，开启了平民娱乐时代"[③]。

从 2005 年开始，综艺娱乐节目的收视份额超过专题，与电视剧、新闻一起成为拉动中国电视收视的"三驾马车"[④]。新发展的节目形态有职场类选秀节目，如东方卫视的《创智赢家》，它们使真人秀节目"从单纯的节目样态发展

---

① 《电视文艺概况》，《中国广播电视年鉴》，中国广播电视年鉴社 2004 年版，第 61 页。
② 《电视文艺概况》，《中国广播电视年鉴》，中国广播电视年鉴社 2004 年版，第 61 页。
③ 《电视文艺概况》，《中国广播电视年鉴》，中国广播电视年鉴社 2005 年版，第 66 页。
④ 详见前言中表 2。

成为一种成熟的电视产业，其影响力已经渗透到媒介品牌提升、企业品牌整合传播、大众生活娱乐等多个层面"[1]。但最不可忽视的依然是湖南卫视的《超级女声》，它几乎动用了现代媒介所有的娱乐功能和元素，制造了一场多媒体的立体娱乐轰炸，将全民选秀的热潮推向顶端。"单纯的电视节目一步步演变成媒介事件、文化事件、社会事件，节目的影响力超越了人们的预期，不经意间形成了一场平民大狂欢。"[2]外电评论《超级女声》为中国民主意识的萌芽，2005年超女冠军"李宇春"的照片登上了美国《时代》杂志的封面。此外，《超级女声》的市场操作模式，包括与新媒体如手机、互联网的"联姻"，与广告商"蒙牛"在活动和品牌上的深度合作等都为中国电视娱乐产业的发展提供了积极的借鉴。然而在2005年一片沸腾的选秀热浪中，国家广电总局统一部署展开了抵制"低俗之风"的专项活动，整治重点正是综艺、游戏娱乐、情感类栏目、节目和电视剧。

2006年娱乐选秀持续走红，各电视台竞相举办，并衍生出很多新的节目样式，如男性选秀（如东方卫视《加油！好男儿》）、明星舞蹈选秀（如东方卫视《舞林大会》）、明星组合选秀（如湖南卫视《名声大震》）等，湖南卫视凭借《超级女声》的影响和不断创新，其娱乐选秀霸主的地位无人撼动，东方卫视凭借《加油！好男儿》也有不错表现。中央电视台重点打造的《梦想中国》《青歌赛》凭借其国家级的人力、物力、财力等资源优势站在了娱乐选秀节目浪潮的前端。（《中国广播电视年鉴》，2007）

电视市场化需要充分考虑受众需求，以受众为中心进行节目生产。电视的主要受众群体是文化层次不高，收入水平不高，又有闲暇时间的普通民众，他们不仅需要娱乐，也需要自娱自乐，更需要获得自我表达、展示的机遇和舞台。选秀节目正是把准了这根命脉，将受众的参与热情充分调动起来，而当受众全情投入节目的生产时，已经完全不必担心他们是否会关注节目了。

---

① 《电视文艺概况》，《中国广播电视年鉴》，中国广播电视年鉴社2006年版，第59—60页。值得一提的是最早的职业招聘真人秀是中央电视台2003年开播的《绝对挑战》，但其最初的节目形态比较注重专业性而不是娱乐性。

② 《电视文艺概况》，《中国广播电视年鉴》，中国广播电视年鉴社2006年版，第60页。

从 2003 年到 2006 年，电视选秀正是通过这种以提供展示才能、体验成功的机会为激励，以打破生产者与消费者身份界限为基本动员模式将电视娱乐节目引向高潮。但物极必反，在遭遇政策性阻力，并伴随节目形态更新需求的情况下，电视娱乐节目开始走出选秀热潮，进入调整期。

第五个阶段"调整期"从 2007 年一直延续至今。

2007 年 9 月 20 日，国家广电总局颁布《进一步加强群众参与的选拔类广播电视活动和节目的管理》文件，规定自 2007 年 10 月 1 日起，中央级、各省级、副省级电视台上星频道所有群众参与的选拔类活动不得在 19：30 至 22：30 时段播出。不得采用手机投票、电话投票、网络投票等任何场外投票方式。对活动的次数、场次、时间等均有更严格的规定。综艺娱乐节目的播出比重和收视比重出现 2001 年以来的首次双项下降（参见前言中表 1、图 1），选秀节目整体降温。在政策的引导下，选秀节目内容回避了单纯的才艺展示和娱乐炒作，增加了对选手品德、品位等基本素质的考量。（《中国广播电视年鉴》，2008）新增的选秀样式有江苏卫视以平民加明星为竞赛组合的《名师高徒》。同时，各电视台在政策导向范围内积极探索新的娱乐节目形态。如湖南卫视的《勇往直前》将慈善和体育这两个新鲜元素引入娱乐节目，不但创新了节目样式，而且获得了良好的社会效益，广电总局还特别予以嘉奖。但严格来说，最早的体育娱乐节目并不是《勇往直前》，早在 2006 年世界杯期间湖南卫视就推出了以户外生存为主要内容的娱乐节目《我是冠军》，但当时选秀热潮尚在，完全盖过了这个新创栏目的风头。而此类节目真正显示出它们的生命力是在 2008 年。2008 年对于中国电视娱乐市场是充满考验的一年，对于地方卫视来说，情况更为艰难。5·12 汶川地震发生后，综艺娱乐节目全部停播。紧随其后的奥运期间，中央电视台对奥运赛事相关资源的占有又几乎是垄断性的，CSM 的数据显示 2008 年 1—6 月，每日人均收看中央台 54 分钟，收看省级上星卫视 43 分钟，收看其他频道 55 分钟；而奥运期间（8 月 8—24 日），每日人均收看中央台 99 分钟，收看省级上星卫视 44 分钟，收看其他频道 46 分钟。① 为应对竞争，湖南卫视推出了平民体育游戏节目《奥运向前冲》，在奥运会后更名为《智勇大冲关》，它不仅具有娱乐性、参与性，而且适时、应景，迅速得到了市场的注意和认可。

另一个值得注意的新节目形态是音乐互动游戏节目，代表节目有浙江卫视的《我爱记歌词》和湖南卫视的《挑战麦克风》。其一，《我爱记歌词》是 2007 年 10 月，浙江卫视为了配合十一国庆长假推出的一档游戏节目，虽然也是以唱歌为主，但和《超级女声》《梦想中国》等选秀节目具有本质区别，第一，它舍弃了红极一时的真人秀纪实手法，回归舞台游戏；第二，它采用了类似"大话"文艺的娱乐方式，虽以音乐为载体，却又将之边缘化——完全不比才艺，不要求音准，不要求音质，不要求唱得好听，唯一的要求是记对歌词，并把它唱出来。这种零门槛的游戏机制显然比选秀、比竞技具有更广泛的参与性，它同时暗示了一种生活态度：不管你会不会唱歌，你都有歌唱的权利；不管你是不是幸福，你都有微笑的权利。这档节目在首次推出的短短七天就跃居到浙江卫视自办节目榜首，转为周播之后最高创下了全国网收视率 0.634，全国同时段排名第三的成绩。湖南卫视开播于 2008 年 11 月的《挑战麦克风》虽然也属于音乐互动游戏节目，在节目形态上不是首创，但它却是第一个以高科技评分系统代替人工评判的电视娱乐节目。此外，湖南卫视 2008 年开播的娱乐脱口秀《天天向上》突破了以往娱乐谈话节目以娱乐明星为对象，以娱乐话题为内容的局限性，充分拓展了娱乐谈话节目的文化包容性，它将"娱乐"从一种形式转变成了一种态度，娱乐明星、科学家、警察、医生、学生……都可以成为访谈的嘉宾，科学发明、医学技术、高雅文化、社会问题……都可以和娱乐八卦一样被聊得妙趣横生。该节目播出不到一年就稳居同时段全国收视前两名，其最大的意义在于是对受众"娱乐"的意识多样性进行了一次大胆的试探和测量。

进入 2009 年，全国电视娱乐市场就节目播出数量而言正在逐渐复苏。新

---

① CSM 数据范围：全国测量仪调查网，4 岁以上所有人。

出现的节目形态有以湖南卫视《金牌魔术团》为代表的魔幻类娱乐节目；以湖南卫视《全家一起上》为代表的家庭类竞技娱乐节目；以浙江卫视《爽食赢天下》为代表的美食娱乐节目等。选秀节目还在延续，包括湖南卫视的《快乐女声》；江苏卫视的《绝对唱响》《名师高徒》；东方卫视的《舞林大会》；中央电视台的《梦想中国》等，但整体收视不如以往。

综上所述，从2007年至今，中国电视娱乐节目生产者在努力延续选秀节目生命的同时，也在积极走出它的影响，拓展新的节目样式。但是像2005《超级女声》那样全民欢娱的盛况恐怕再难复制，电视娱乐在展现了自己强大的社会动员能力之后不得不在政策的规制下调整姿态，调整方向，为自己设计新的模样。

纵观中国电视娱乐节目的发展历程可以看到，湖南卫视在每一阶段都保持"在场"的状态，尤其是在进入发展期后，成为行业领军者。这说明湖南卫视在电视娱乐节目市场中相对其他媒体的比较优势的形成有着多年的历史积累，而其发展轨迹也在一定程度上代表着中国电视娱乐节目的市场走向。

三、中国电视娱乐节目发展中的三个问题

纵观20世纪80年代以来中国电视娱乐节目的发展轨迹可以发现三个值得讨论的现象：一是电视娱乐节目的平民化走向；二是电视娱乐文化对官方文化和市场逻辑的抗争与妥协；三是电视娱乐节目的形态进化规律和方向。

第一，电视娱乐节目的平民化走向。

中国电视娱乐节目形态的变迁隐含着受众角色的变化，从电视娱乐节目"萌芽期"到以《综艺大观》《正大综艺》为代表的"起步期"，受众是被动的"仰望者"，舞台是遥不可及的，人们"仰望"明星，"仰望"明星们言之凿凿的高雅生活、海外经历……但是20世纪80年代和90年代的"仰望"具有本质上不同的社会意义。20世纪80年代的大部分时间，主流意识形态还压制着人们的日常生活，人们在闲暇时间也依然牵挂着自己的政治诉求、社会地

位。因此那个时候的"仰望"是带有意识形态批判色彩的，是作为解构"神"、解构"政治权威"的意义存在。但是 20 世纪 90 年代，随着改革开放和市场化的深入，消费主义本身成为主流意识形态，"带有政治抵抗意味的日常生活叙事迅速转化为围绕时尚与市场旋转的解构政治化、非政治化的欲望叙事"①，这个时候的"仰望"与政治意识的淡化和市场意识的崛起联系在一起，人们关心的不是公民在社会体制和社会结构中的存在，而是私人的生活、成就和身体。正是在这种个体欲望的推动下，从 20 世纪 90 年代后期至今，受众一步步地从台下的看客上升为台上的主角。在《快乐大本营》中普通观众开始有机会与明星同台，并通过"评判"的游戏规则表达话语权；《开心辞典》中选手作为家庭代表参与知识闯关的同时满足了三种情感需求：其一，在冷酷的市场竞争中对亲情、友情的需求；其二，在复杂的社会竞争中对公平竞赛规则的需求；其三，在个体微不足道的宏大社会竞争叙事中，作为"个人英雄主义"价值实现的需求。因此，这个时期的电视娱乐节目是作为对市场化进程中种种社会问题、社会矛盾的"安慰剂"存在的。进入以《非常 6+1》为序幕，以《超级女声》为高潮的选秀时期，受众不仅拥有舞台，而且成为明星。电视娱乐节目成为受众实现个人价值、追求个人成就的特殊管道。图1-4 是 CSM 提供的"电视综艺娱乐节目形态创新历程"。虽然本研究与其对电视综艺娱乐节目的界定和起源尚存异议②，但在具体节目形态间的演化关系基本达成共识。从该图也可以看到，电视娱乐节目形态越来越向"平民化""人性化"的方向发展。③ 此外，随着电视产业性质的确立和受众市场的变迁，电视娱乐节目的编排理念也在有意识地从电视台主导转向观众主导，具体而言，从 1958 年到 1990 年是缺乏营销意识的节目编排方式；从 1991 年

---

① 陶东风、徐艳蕊：《当代中国的文化批评》，北京大学出版社 2006 年版，第 89 页。
② 本研究认为"电视综艺娱乐节目"是电视娱乐节目的一种形式，是指以综艺为主要内容的电视娱乐节目，也是最早出现的电视娱乐节目样式，但是随着节目形态的发展，电视娱乐节目早已突破了"综艺"的界限，向更多元的娱乐形式发展。而 CSM 在此处标注的"电视综艺娱乐节目"是泛指所有的电视娱乐节目。
③ 为了更清楚地说明问题，研究者在原有图形上加注了一根虚线，虚线左上方是电视文艺节目的演变过程，可以看到其中基本没有"平民化"的元素介入；而虚线的右下方是电视娱乐节目的演化过程，其中与"平民化"直接关联的部分已经用虚线箭头予以注明。

到 2000 年是以满足市场需求为导向的节目编排；从 2001 年到 2004 年是以追求观众满意为目标的节目编排；从 2005 年至今是以培育观众忠诚度为目标的节目编排。（左翰颖，2008）

但是电视娱乐节目中受众地位的上升并不意味着普通民众的真实社会身份也发生了相应的变化。虽然中国改革开放 40 余年来，经济改革"国退民进"的脉络是清晰的，市场化也让中国人渐渐走出传统的生产生活方式，获得越来越多的个人自由，但是没有完全的经济公平和政治公平，自由就不可能真正到来。温家宝总理在连任后的首场记者招待会上提出了"政府良心"说，给公平正义下了个定义："就是要尊重每一个人，维护每一个人的合法权益，在自由平等的条件下，为每一个人创造全面发展的机会。如果说发展经济、改善民生是政府的天职，那么推动社会公平正义就是政府的良心。"有学者认为："中国当下的转型最重要的是权利的转型，即如何完成政府从政治统治型和经济建设型向公共服务型、社会管理型政府转变。"

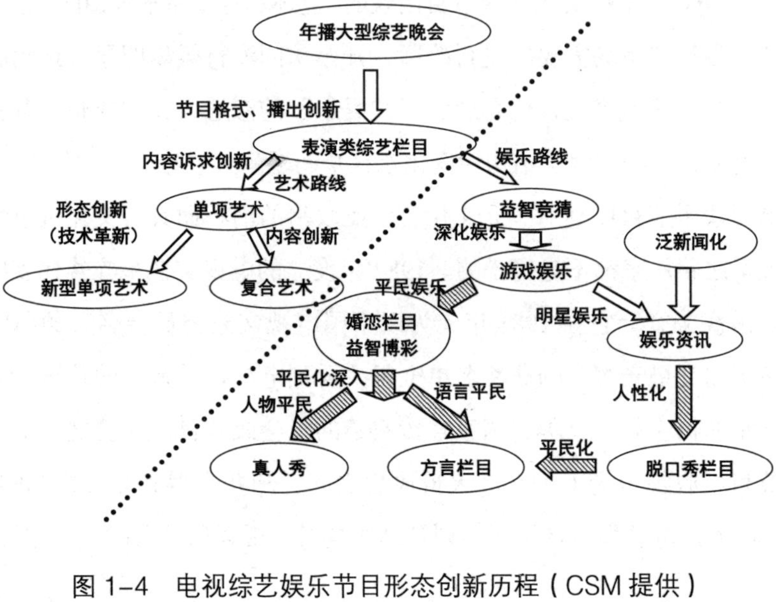

图 1-4　电视综艺娱乐节目形态创新历程（CSM 提供）

所谓"权利"，对于一个身处转型期的社会而言，就是"政治上还权""经济上还利"。[①] 按照马克思主义"经济基础决定上层建筑"的观点，一个尚处在社会民主和经济公平进程中的社会，其文化自由也是有限的。这样看来，当今电视娱乐文化的繁荣暗示着其自身与主流意识形态或市场机制间可能存在的暧昧关系，而这种暧昧很容易让人联想到主流文化对大众文化的收编和大众文化对市场的妥协。

第二，电视娱乐文化对官方文化和市场逻辑的抗争与妥协。

中国的电视娱乐节目在诞生之初就是以一种与传统官方主流文化相对的解放的文化力量存在，它的属性和生命力所在就是世俗化、平民化，所以当我们回顾电视娱乐节目的发展历史，发现其节目形态正在将平民化作为越来越重要的娱乐元素时，一点也不足为怪。值得惊叹的是，它似乎对高雅文化、主流文化也产生了潜移默化的影响。从1997年《快乐大本营》开播以来，电视文艺、娱乐节目都越来越注重互动性和参与性。老牌综艺娱乐节目《综艺大观》因为"明星＋表演"的模式过于陈旧，缺乏互动性、参与性，最终于2004年停播。最早以文艺访谈节目出现的《艺术人生》原本只访问"艺术家"，但后期也根据"市场需要"进行改版，开始访问流行娱乐明星。这到底是说明了"文艺"的包容性，还是展示了"娱乐"的渗透力，抑或暗示着我们时代的主流文化已经发生了结构性变化？这个问题耐人寻味。

电视娱乐节目以其对一元文化、一元政治的消解而具有文化抗争性，但这条抗争之路从来都不是轻松的。1987年设立的电视文艺星光奖代表中国电视文艺最高荣誉，它在1988年成为以中国电视文艺委员会名义颁布的政府奖。在历届"星光奖"的获奖名单上很少看到电视娱乐节目的踪影，获奖的一般都是弘扬主旋律、契合国家宣传政策的晚会或节目，换言之，不管电视娱乐节目在收视市场上怎么红火得风生水起，却并未得到官方机构的认可。其次，国家广电总局出台了一系列管理法规对电视娱乐节目的生产进行规范。

---

① 熊培云，王礼鑫：《2008中国花钱买公平：还利于民还税权于民》，《南风窗》2008年第7期，http://news.163.com/08/0403/11/48JQRE4000011SM9.html。

表1-3列出了近年来颁布的重要相关文件之主要内容，可以看到广电总局对群众选拔类节目（选秀）的约束非常细致，对包括节目的播出时间、互动方式、活动场次、参赛者年龄、港台或外籍演员的使用方法、英语等外文歌曲的演唱比例，甚至拍摄镜头等均有明确规定。

表1-3 国家广电总局有关电视综艺娱乐节目的管理法规

管理法规名称	主要内容	发布/实施日
《通报：制止娱乐性综艺娱乐节目中不良倾向》	制止节目语言低俗、表演媚俗倾向，制止一些竞猜节目中奖金额过高的现象	2002.01.23
《关于进一步加强广播电视节目制作经营机构管理的通知》	各省级管理部门要建立对制作机构制作和发行节目内容和播出机构播出节目内容的审查机制，完善节目审查标准，加强对制作机构制作和发行的节目内容质量的把关	2005.03.15
《关于进一步加强广播电视播出机构参与、主办或播出全国性或跨省（区、市）赛事等活动管理的通知》	全国性或跨省（区、市）赛事活动分赛区活动不得在当地省级卫视播出；参赛选手年龄必须在18岁以上	2006.03.13
《广播影视节目不得擅自使用方言》	播音员、主持人除特殊需要，一律使用普通话，不模仿有地域特点的发音和表达方式	2006.04.01
《进一步加强群众参与的选拔类广播电视活动和节目的管理》	自2007年10月1日起，中央级、各省级、副省级电视台上星频道所有群众参与的选拔类活动不得在19：30至22：30时段播出。不得采用手机投票、电话投票、网络投票等任何场外投票方式。对活动的次数、场次、时间等有更严格的规定	2007.09.20

在此情况下，媒介只能通过在规则内的不断创新和对底线的不断触碰来赢取生存空间。这样就形成了电视娱乐节目生产对官方主流文化既抗争又妥协的局面。例如，2007年湖南卫视的选秀比赛《快乐男声》开设了一系列革命歌曲专场《红歌会》；江西卫视则以《红歌会》为品牌制作了歌唱选秀比赛，"大唱革命歌曲、大唱时代的主旋律"[1]。2008年湖南卫视开设的音乐互动节目

---

[1] 曾凡：《红歌会给电视人四点启示》，今视网，2009年7月25日，http://jxtv.jxgdw.com/huodong/09zghgh/hgyx/1096369.html。

《挑战麦克风》第一季的主题是：纪念改革开放三十年。网友评论年轻人多多少少会有点不适应。所以第二季希望有些突出时尚的成分。^①当然我们不能排除节目制作单位选择宏大主题、主旋律的部分原因是出于抒发"怀旧"情结，为了追求"老歌新唱"的设计感，但是从网友的留言可以看到这种选择绝非完全以市场为指向的，它还裹挟着对官方文化的迁就。但是迁就并不意味着完全服从。因为国家广电总局规定群众参与节目决赛之前不得在卫视播出，于是2009年的《快乐女声》海选和预选赛就通过地面频道、网络、广播同步直播，并结合各地现场拉票会以期实现全国范围的影响；广电总局规定不能短信投票支持选手，2009年湖南卫视就将手机互动方式改为"歌曲下载"；广电总局规定每次使用境外主持人或演员都必须上报，制作单位就遵照规定先上报一次，节目一期赶一期先录着，没有禁令下来，人就一直用下去。

图1-5描绘了电视娱乐文化与官方文化间的互动关系。在两者之外是市场逻辑的作用，它为电视娱乐文化提供了向官方文化抗争的动力，同时也成为电视娱乐文化抗争的对象。原因在于我们不能忽视电视娱乐文化生产主体自身的专业主义和受众市场的主动性。有关此点将在《电视娱乐节目生产的力学框架》中予以详细论述，在此简言之，电视娱乐文化向市场逻辑妥协的原因在于其存在的目的是与广告市场实现资本交换，而其与之抗争的原因在于电视娱乐文化作为一种文化艺术形式具有其艺术独立性和自主性，同时受众市场也对娱乐文化生产者提供了与市场相反的压力。

---

① 缘艺：《〈挑战麦克风〉第二季会有什么？》，http://blog.sina.com.cn/s/blog_5d5499020100clt8.html。

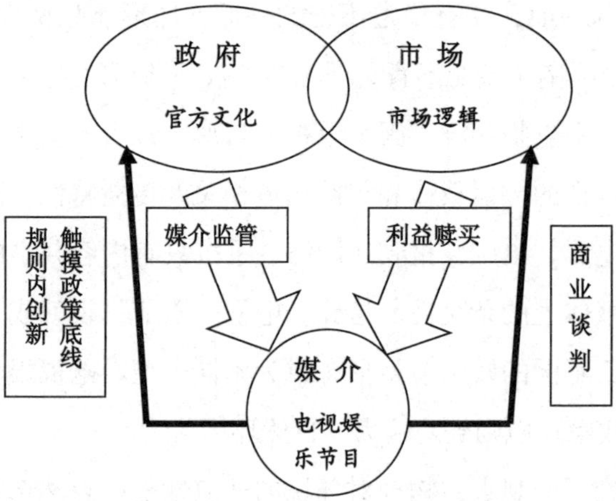

图 1-5　电视娱乐节目对官方文化和市场逻辑的抗争与妥协

第三，电视娱乐节目的形态进化规律和方向。

"进化"是源自生命科学生物演化理论的概念，最早起源于两千多年前的希腊，最具代表性的自然观来自著名学者亚里士多德，但因为神学思想的长期统治，直到 1859 年 11 月 24 日，英国著名博物学家查尔斯·达尔文（Charles Darwin，1809-1882）发表《物种进化论》，人们才从根本上改变对自己和生命的看法，进化生物学也开始逐渐发展成一门独立的学科。（许崇任，程红，2008）本研究试图借鉴"进化论"中的一些理论对 20 世纪 80 年代以来中国电视娱乐节目形态的发展和走向予以解释和说明，其基础在于朴素的唯物主义哲学观，研究者认为虽然电视娱乐节目作为现代人类生产的智力文化产品具有意识形态属性，但其表现形态是客观存在的，可描述、可辨别的，其形态的变迁也并非具有完全的随机性、偶然性，而应该是有规律、有原因的。

在进化论的动物分类系统中，"种"是最小的分类阶元[①]。"种群"（population）的定义是"可随机互交繁殖的个体的集合"，它既有不断变化，

[①] 分类阶元就是分类等级（Category），动物分类系统中包括界（kingdom）、门（Phylum）、纲（Class）、目（Order）、科（Family）、属（Genus）、种（Species）等几个重要的分类阶元。参见刘凌云、郑光美《普通动物学》，高等教育出版社 1997 年版，第 11 页。

衍生为各种表型的一面，又有稳定不变的一面，即形态相似性（特征分明、特征固定）和生殖隔离（杂交不育）。与此对应，研究者将电视节目隐喻为人类社会系统中的一个生物种群，因为电视节目形态具有多变性，但万变不离其宗，不能脱离电视的传播载体和与此载体相关的传播特性。同时，电视节目与广播节目、电影、出版、报刊、网络、手机只有内容共享的可能性，而基本不具备传播载体上的杂交性。这样，电视娱乐节目视就成为电视节目种群中的一个亚种，不同的娱乐节目形态成为不同表型。电视娱乐节目表型赖以生存的市场和政策环境则被隐喻为"自然环境"。

按照"进化论"的观点，物种对环境的适应性是由自然选择造成的，即所谓的"适者生存"。电视娱乐节目演化的历程很好地体现了这一规律，图1-6描绘了自20世纪80年代以来中国电视娱乐节目表型间的演化关系，实线箭头表示进化方向，虚线表示表型产生的时间。其中最为重要的两个进化时间节点是1997年和2007年。

1997年党的十五大明确了"公有制为主体、多种所有制经济共同发展"的基本经济制度，即明确引入了多元化的市场竞争机制。而在此之前，官方意识形态一直不同程度地主导着社会生活的方方面面。虽然中国的大众文化在20世纪80年代已经萌芽，并且是以消解政治权威的进步声音出现，而当时的社会民众也充满破除一元文化专制的冲动，但人们对政治的关注热情依然高于单纯的文化消费欲望，在主流意识形态的引导下，电视文艺主要是为政治宣传服务，娱乐节目形态单一且非常少见。进入20世纪90年代，市场经济意识开始萌芽，1992年党的十四大正式提出确立"社会主义市场经济"的主张，电视娱乐节目的丰富程度有所改观，但在90年代的大多数时间里，主流意识形态对流行文化，尤其是港台和海外等外来文化主要还是持管制态度，文化工作的重心是"弘扬民族文化，体现国家意识"，因此电视娱乐节目形态的发展进化长期处于停滞阶段。这段时期对娱乐节目表型产生影响的因素较为单一，主要是政治环境，而一元的政治环境只能产生稳定、统一的意见压力，从而形成对节目表型的"定向选择"。生物进化论认为，当生物种群面对相对稳定的选择压力时，就会发生"定向选择"，其结果会使变异范围趋于缩小，种群基因型组合趋向于纯合，表型极端化。（许崇任，程红，2008）1997 年之前中国贫乏、单一的电视娱乐文化生态正是在官方意识主导下"定向选择"的结果。

1997 年之后，随着市场经济的不断发展，电视娱乐节目的生产和受众消费都逐渐与政治拉开了距离，前者深陷"资本—利润"的生存洪流，后者着迷于个体消费的欲望满足。电视的娱乐功能被极大地开发出来，各种新的电视娱乐节目形态层出不穷。这是非常典型的分裂选择（disruptive selection）性自然进化，其在生物学中的含义是"在一个复杂的环境中，不同区域的环境有利于不同表型的生存，自然选择作用将造成种群内表性的分异，同时种群遗传组成不同方向变化，最终有可能造成种群分裂，形成不同的亚种群"[1]。对电视娱乐节目来说，此阶段影响其表型的环境已经由过去一元的官方意识主导变为非常复杂的多因素作用网络：因为市场竞争机制的引入，对商业利润的追逐成为驱动电视娱乐节目推陈出新的重要因素；社会文化观念日益多元化和包容性的增强为节目形态多样性杂交提供了广阔的空间；民众自主意识的崛起不仅增强了生产者的创作意识，而且使受众收视的主动选择性成为影响节目生产方向的参考指标；当然官方意识形态的掌控力依然存在。多种因素的交互作用共同构成了 90 年代末期至今电视娱乐节目生存的复杂生态环境。由图 1-6 可以看到电视娱乐节目主要有两条进化路线，一条由文艺栏目发展而来，一条由文艺竞赛发展而来。前者栏目型电视娱乐节目的繁荣期主要出现在 2004 年赛季型真人秀《超级女声》出现之前和 2007 年国家广电总局对群众选秀节目加强管理之后，而后者赛季型电视娱乐节目则从 2004 年至今一直存在表型进化。这些进化行为与节目生存环境的变化存在密不可分的联系。例如，情感类节目兴起的前提是随着民众自我意识的觉醒，个人情绪、感受、生活质量越来越受到重视，同时社会文化的开放程度足以接纳私人情感事件在大众媒介的公开传播。在此背景下，各种相关需求得以通过电视情

---

[1]　许崇任、程红：《动物学》，高等教育出版社 2008 年第 2 版，第 324 页。

感类娱乐节目的形式予以表达，其中一方面是因为社会政治、经济、文化变革带来社会利益冲突的微观化，从而造成的解决情感冲突的需求；另一方面是随着电视媒体进入份额竞争时代，忠实观众成为核心竞争力，媒体出于自身利益考虑生发出通过贴近性去迎合受众的需求。再譬如 2003 年，是在"观众已越来越不愿看电视剧的装模作样，厌倦了综艺节目的无聊搞笑"①时"真人秀"的种群优势才开始逐渐显现。而在之后因为真人秀极大地调动了普通民众对集体事务的参与热情，使人们从中获得社会归属感，并满足了展现自我、表达自我的愿望，因而获得强大的进化动力，2004–2007 年，仅文艺选秀就发展出女性平民歌唱选秀、男性平民歌唱选秀、混合性别歌唱选秀、明星对唱比赛、明星与平民组合歌唱比赛、明星舞蹈比赛等多种表型。但同时也有一些真人秀表型被环境淘汰，如图 1-6 中标注的，2005 年湖南卫视以选拔草根乒乓球国手为内容的体育选秀节目《国球大典》虽然开创了体育选秀的先河，但因为乒乓球毕竟是需要一定专业技术的体育运动，全民参与性不足，经过三年的运作后升级为专业比赛，取而代之的是更具广泛参与性的野外生存、户外拓展、赛道游戏等体育娱乐选秀表型。湖南卫视的民间竞技节目《谁是英雄》由《新青年》改版而来，它成功延续了母本节目的生命力，并创造了文艺选秀中民间技艺选秀的新表型，但最终因为民间技艺资源的日渐匮乏不得不退出舞台。

---

① 李宏宇：《真人秀挑战中国国情》，《南方周末》2003 年 9 月 18 日。

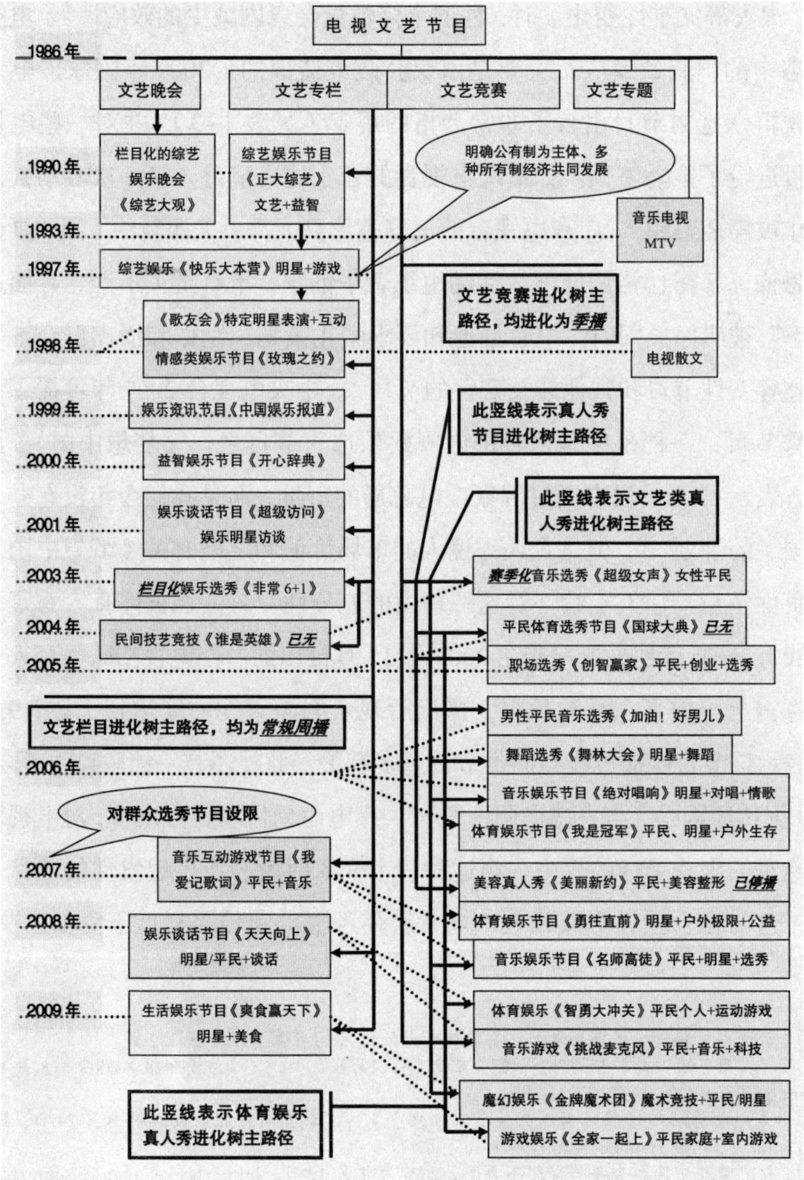

图 1-6　1986—2009 年中国大陆电视娱乐节目表型进化树

2007 年、2008 年电视娱乐节目遭遇进化史上的"瓶颈效应"。所谓"瓶颈效应"在生物学上是指"当生存环境或其他条件不利（如发生地震、洪水、干旱、火灾等灾难性变化）时，种群个体数量会急剧减少的效应"①。电视节目形态中的"瓶颈效应"主要是由媒介政策造成的。2007年国家广电总局对电视群众选秀节目出台了非常严格的规定（见表1-3），并对一些电视台的节目进行了停播整顿。如重庆电视台的音乐选秀节目《第一次心动》因恶意炒作被停播整顿②，广东电视台的美容整形真人秀《美丽新约》因"画面血腥、恐怖、暴露，格调低下，活动组织奢华铺张，审查把关不严，片面追求收视率"被叫停，同时广电总局通知要求禁止策划、制作和播出群众参与的各类整容变性节目和其他涉及变性的节目③。中央电视台2007年停播了两档真人秀节目，一档是中国最早的电视娱乐选秀节目之一《梦想中国》，虽然主办方表示："不是没有通过国家广电总局的审批，而是我们今年没有办《梦想中国》的计划"④，但是真人秀诱人的市场价值和之前有关《梦想中国》的种种负面消息⑤让人不禁怀疑这一理由的充分性。另一档被停真人秀是《绝对挑战》，该节目是央视二套在2003年10月推出的一档电视招聘类真人秀节目，算得上国内真人秀的鼻祖，播出后观众的满意度一度达到了87.19。制片人表示该节目停播可能与同类节目过多有关。此外还有一档脱口秀《今晚》停播，据传原因是"与央视格调不符"⑥。广电总局代表官方发言，对电视节目具有绝对的生杀予夺的权力，当这种权力介入时就会产生突发性的节目表型灭绝，这与在自然界中瓶颈效应通常会使种群的遗传多样性下降如出一辙。

---

① 许崇任、程红：《动物学》，高等教育出版社2008年第2版，第322页。
② 《〈第一次心动〉领到红牌 众多卫视"引以为戒"》，《南方都市报》2007年8月17日，http://ent.qq.com/a/20070817/000134.htm。
③ 《广电总局叫停整容真人秀〈美丽新约〉》，《北京青年报》2007年8月24日，http://news.qq.com/a/20070824/000845.htm。
④ 《"梦想中国"今年将梦想不再》，2007年1月12日，http://lv-keji.blog.163.com/blog/static/38983620070123258263/?fromRe。
⑤ 《王思思曝〈梦想中国〉黑幕 李咏施压要求其道歉》，华商网－华商报，2006年7月5日，http://ent.qq.com/a/20060705/000058.htm；《"梦想中国"又一导演辞职 控诉李咏哈文"霸权"》，中国新闻网，2006年7月28日，http://www.chinanews.com.cn/yl/zyxw/news/2006/07-28/765701.shtml；《负面新闻频出 央视对〈梦想中国〉下"封口令"》，中国新闻网，2006年6月27日，http://www.chinanews.com.cn//entertainment/zyxw/news/2006/2006-06-27/8/749530.shtml。
⑥ 《央视调整真人秀节目〈今晚〉〈绝对挑战〉停播》，《天府早报》2007年4月6日，http://ent.qq.com/a/20070406/000022.htm?qq=0&ADUIN=295849241&ADSESSION=1175826672&ADTAG=CLIENT.QQ.1575_SvrPush_Url.0。

当然来自官方的引导未必与公众利益相悖，如对整形美容节目和对《第一次心动》的禁令是发生在节目确实产生不良社会影响之后，是顺应民意的政策表达，但我们仍需客观界定其对节目形态进化产生的现实后果。因为政府介入，2007年国内电视娱乐节目出现了自21世纪以来首次播出和收看双量下跌。2008年5·12地震后，广电总局要求综艺娱乐节目全部停播一段时间，在那个举国齐哀的特殊时期，这一决定充满人性关怀，正合时宜，但其直接后果是歌舞选秀节目一度销声匿迹，好在借奥运东风，体育真人秀得以幸存。直到2008年年底媒介环境有所恢复后，电视娱乐节目才获得新的发展，至今不仅出现了音乐娱乐节目的新样式，还出现了新的娱乐节目类型，包括魔术娱乐节目、美食娱乐节目等，不过那些曾经踩雷走火的节目形态在政策没有改变之前是绝对不会再出现了。换言之，在政策的压力下，电视娱乐节目淘汰了一些表型，但在市场促动下已经开始另辟蹊径，通过多种不同类型电视节目的种间杂交拓展表型多样性。如魔术娱乐节目是电视娱乐和魔术表演的杂交；美食娱乐是电视娱乐与生活服务的杂交；体育娱乐是电视娱乐和体育节目的杂交等。在自然界中普遍存在一种叫作"杂交优势"的遗传现象，即杂交后代所表现出的各种性状均优于杂交双亲。电视节目形态的杂交同样显示出比亲本节目更强的市场活力，但受众的喜新厌旧和激烈的市场竞争正在不断缩短新表型的生命周期，换言之新的杂交正在以更快的速度不断发生。杂交优势的原因目前尚未被查清，但较为被承认的说法是超显性性状和多性状相互作用等。在由不同亚种电视节目杂交产生的电视娱乐节目表型中确实可以观察到来自不同亚型性状的叠加放大效应，如《超级女声》是由单项文艺竞赛和真实电视杂交而成，"歌唱"为节目提供了大众娱乐和审美的基础，纪实手法则凸显了比赛的公平和竞争的残酷，并带来超越舞台的更为真实、刺激的感官体验，二者结合再加上大规模、高强度的参与性互动，将普通的歌唱比赛演绎成一场热热闹闹的社会文化运动。再如《奥运向前冲》是由体育节目和娱乐真人秀杂交而成，结果体育的竞技性被弱化，游戏性被强化，从而提高了节目的群众参与性。同时娱乐真人秀增添了体育节目的趣味性和可看性，而体育元素的加入又为娱乐真人秀注入了新鲜感。一般来说，杂交优势只在杂交第一代表现明显，从第二代起由于分离规律的作用杂交优势明显下降。这大抵可以解释为什么亚种间杂交的新节目会引发人们的观看热潮，如第一次将旅游和知识竞猜引入娱乐节目的《正大综艺》，第一次将游戏引入文艺表演的《快乐大本营》，第一次将真实电视引入文艺竞赛的《超级女声》等，而杂交后的表型进化带来的收视效果则远不如前。

与"杂交优势"相对的另一个概念是"近亲繁殖"，也称近亲交配，或简称近交，是指血统或亲缘关系相近的两个个体间的交配，它常常会使后代体弱，生活力、繁殖力降低。表现在电视娱乐节目的进化中就是"越无冲突越无戏"，也就是说，节目元素越缺乏多样性，越同质化，组合而成的娱乐节目越缺乏收视冲击力，因为电视娱乐产业的生命力就在于不断创新，不断挑战社会陈规和文化惯性，让观众在突破禁忌的过程中获得快感。遗憾的是，中国电视娱乐节目一直因为缺乏创新、同质化而遭到诟病。文艺评论家们批评大量节目制作单位缺乏原创能力，只会在一种节目受到市场热捧后蜂拥而至，盲目效仿。不过按照生物进化论的观点，我们似乎不必为电视娱乐节目的同质化感到惊讶和过于担心。达尔文发现所有的物种都倾向于产生大量后代，当个体数量超过环境的容纳能力时就会导致种群内个体之间的生存竞争，而这正是淘汰与进化的基础。（许崇任，程红，2008）优秀节目的大量复制源自节目生产单位对风险的回避和对利润的追求，而这些归根结底源自人类本能的生存冲动。按照弗洛伊德的理论，本能不可能完全服从于理性的超我，于是产生了经过协商的本我，因此电视节目生产的同质化也不可能因为文艺批评家的批评或生产单位的自我觉醒而完全避免，最合理的方式是通过自然选择进化——当某种节目形态过于泛滥而被受众厌弃时自然会产生优胜劣汰，新的表型会产生，而之前幸存下来的个体通常具有最优良的性状。这当然需要消耗比完全理性规划更高的社会成本，但却是无法回避和更改的自然规律。

综上所述，电视娱乐节目形态将会依照由社会文化、官方政策、市场需求等因素构成的节目生存环境之变迁而变化，当单因素成为主导时会导致表型的"定向选择"，而多因素的共同作用会导致表型的"分裂选择"，其中市场化会导致表型丰富，而媒介监管会导致表型统一。同质化是节目形态进化的必然阶段，也终会通过自然选择予以解决。按照目前中国电视娱乐节目的生存环境来看，除非出现政策性强制因素，电视娱乐节目将进入新一轮的"分裂选择"，并表现出三种倾向：趋向于多元素综合运用；倾向于强调互动性和参与性；倾向于使用纪实手法。

第二章

湖南卫视"快乐中国"品牌的确立与建构

前文对 20 世纪 80 年代以来中国电视娱乐节目发展历程及规律进行论述的目的在于为研究湖南卫视提供一个宏观的历史主义视角和框架。结果表明，湖南卫视自 1997 年上星以来，一直在电视娱乐节目领域保持领军者地位，对节目形态的多样性和进化方向发挥着重要的作用。在与其他媒体共享相同的社会历史背景之下，湖南卫视主打"娱乐"的"快乐中国"品牌概念是如何确立并实施的？本章将在梳理湖南卫视发展历程的基础上回答这个问题。

第一节　转型历程：从"时政频道"到"娱乐地标"

湖南卫视的前身是湖南电视台，该台开播于 1970 年 10 月。湖南卫视在文艺领域的"天赋"似乎很早就有显露。1987 年 7 月 1 日，湖南电视文艺台成立①，以文艺节目为主，辅以体育节目和知识性、娱乐性节目，"标志我国电视文艺进入了一个新的里程"②。1988 年在电视文艺与社会各界开展联合协作方面，"湖南台做得卓有成效，他们先后与湖南省工青妇、机关、学校、部队和 25 家企业建立了合作关系，由电视台出导演，出人员，出设备，包制作，社会支持节目费用和节目来源"。③

---

① 第一家地方电视台开办的文艺台是 1986 年的天津电视文艺台。
② 《中国广播电视年鉴》，北京广播学院出版社 1988 年版，第 74 页。
③ 《中国广播电视年鉴》，北京广播学院出版社 1989 年版，第 50 页。

1997年1月1日湖南电视台第一套节目通过亚洲二号卫星实现传播，呼号"湖南卫视"。上星后的湖南卫视凭借周末娱乐策略一炮而红，迅速占据中国电视娱乐业领军地位，按照其频道定位的变化可将其发展历程分为三个主要阶段。

第一阶段："新闻"为重，"娱乐"起步（1997—2002年）

1997年湖南卫视推出《快乐大本营》，1998年推出《玫瑰之约》，在当时全国电视文艺市场整体滑坡、电视娱乐长期匮乏的情况下，这两档节目以轻松愉快的游戏娱乐形式和对各种传统观念的大胆挑战迅速冲出重围，名噪天下。一时间，全国刮起娱乐周末旋风，各地的电视同行纷纷涌向湖南"取经"，冠以"快乐""总动员""大本营"等名号的游戏娱乐节目铺天盖地席卷而来。（《中国广播电视年鉴》，1999）据资料记载，到1999年，全国模仿《玫瑰之约》的节目不下20个，该年全台经营收入首次突破2亿元，较上年增长53%，其娱乐栏目品牌初步形成。

虽然湖南卫视以娱乐节目做了一个精彩的亮相，但其最初定位却并非娱乐，而是"时政频道"[①]。湖南卫视1999年进行的一项受众调查对收视决定者的年龄分布情况进行了调查分析，得出的结论是中年人控制遥控器的占30%，比例最高，其次是青年后期，占26.1%，因此"常规节目应该适应中青年人的生活习惯、收视偏好，兼顾中老年人"[②]。这说明当时的湖南卫视并未像现在一样将4-35岁的年轻观众作为核心观众群体。2000年，湖南卫视的宣传战略是"以主攻新闻为重点，以品牌创新为核心，以技术投入为保障，以机制改革为手段"[③]，此时的思路依然将"新闻"放在首要位置，而娱乐只是打造卫视品牌、扩大全国影响的工具。2001年湖南广播影视集团成立，湖南卫视被定位为"综合性的精品频道，目标在于直接参与全国卫星电视市场的竞争"[④]。当

---

① 《湖南广播电视年鉴》，今日中国出版社2000年版，第63页。
② 《湖南广播电视年鉴》，今日中国出版社2000年版，第211页。此调查将0-17岁设定为未成年人；18-24岁为青年前期；25-34岁为青年后期；35-49岁为中年人；50岁以上为中老年人。
③ 《湖南电视台概况》，《湖南广播电视年鉴》，今日中国出版社2001年版，第4页。
④ 魏文彬：《深化第二轮改革 加快跨越式发展》，《湖南广播电视年鉴》，今日中国出版社2002年版，第58页。

时《快乐大本营》《玫瑰之约》《新青年》等一批重点节目，经常跨省录制节目；《晚间新闻》《乡村发现》也走出国门拍摄民俗风情。可以说当时湖南卫视整合集团资源，集约化、跨地域发展的思路已经非常明确，但依然没有将主攻方向确定为"娱乐"。2001年的年度工作会议中还提出"要重点抓好卫星频道的新闻类节目"①。不过当时"娱乐"对湖南卫视发展的重要性已经被非常清晰地认识到，魏文彬在《深化第二轮改革　加快跨越式发展》的讲话中提道："从整体上看，我们湖南电视台能够在省外产生一定影响，主要还是靠娱乐类节目和谈话类节目。但是娱乐类节目仍然需要继续提高文化品位、增强艺术特色。谈话节目要加强思想性，准备选择好话题……我们还要积极开发益智类、欣赏类、纪实类等新的节目品种。"②

2001年因为省级卫星频道同质化竞争，湖南卫视的收视和创收陷入低谷，从表2-1可以看到，湖南卫视的收视率从2001年开始出现连续大幅下滑。同时卫视的广告收入也从2000年的2.4亿元以每年4000万元的速度下滑，到2002年降到了1.59亿元。在此情况下湖南广电总局提出："完成频道定位，加大改革力度，推出名牌栏目，扩大有效覆盖，拓展市场空间，打好二次创业基础。"③

表2-1　湖南卫视1998年以来在长沙市场晚间时段年平均收视率变化④

年份	实际收视率	实际市场份额
1998	3.9	10
1999	3.7	9.2
2000	3.5	8.5
2001	2	6.2
2002	1.8	6
2003	2.6	8.9

① 魏文彬：《深化第二轮改革　加快跨越式发展》，《湖南广播电视年鉴》，今日中国出版社2002年版，第65页。

② 魏文彬：《深化第二轮改革　加快跨越式发展》，《湖南广播电视年鉴》，今日中国出版社2002年版，第66页。

③ 《湖南电视台经济频道概况》，《湖南广播电视年鉴》，今日中国出版社2002年版，第7页。

④ 李萍：《湖南卫视2003年频道创新与效果研究》，《湖南广播电视年鉴》，湖南教育出版社2004年版，第200页。

第二阶段："锁定娱乐、锁定年轻、锁定全国"（2002—2004 年）

2002 年湖南卫视召开全局、全集团的"湖南卫视战略定位研讨会"，正式确立了"锁定娱乐、锁定年轻、锁定全国"的战略定位。2003 年湖南卫视明确提出打造"最具活力的中国电视娱乐品牌"。年自办节目日均生产量达 189.41 分钟，其中"娱乐"占了 1/3（肖柳，2003）。当年湖南卫视在全国所有卫星频道的收视份额排名由上年的第十位提升为第五位。创收也一改前三年的局面，创出历史最高水平，达到 3.3 亿元，比上年增长 106%，位居省级卫视第一。第四届中国金鹰电视艺术节在扩大社会效益的同时，也实现了现金盈利。

CSM 2002 年年底的收视调查显示，湖南卫视在观众收视满意度、期待度、渗透度等 4 个指标中均获得全国第一，他们的结论是"全国省级卫视，湖南卫视依然处于领军地位；全国的综艺节目生产，湖南卫视依然处于霸主地位"。

2003 年 11 月 19 日，北京美兰德媒体传播策略咨询有限公司在北京发布全国卫星频道 2003 年覆盖、收视数据。数据显示，湖南卫视成为全国省级卫视中最具影响力的全国性大台之一，其可接收人口 5.6 亿，日到达人数 1.2 亿，日到达率 22%，全国稳定观众超过 1.9 亿，全国观众喜爱人数超过 1.6 亿，喜爱率达 30%，中南地区忠诚度高达 56%，上述各项数据均排名全国第一。（《湖南广播电视年鉴》，2004）CSM《2003 年下半年全国省级频道竞争力调查报告》亦显示湖南卫视的综合影响力指数、观众规模、期待度、栏目竞争力、人气指数均排名第一，平均满意度排名第二。（《湖南广播电视年鉴》，2005）

第三阶段："快乐中国"（2004 年至今）

2004 年湖南卫视推出"快乐中国"的频道核心理念，定位于"娱乐""时尚""年轻"三大特色。所有节目创意、生产和调控管理都以此为标准，锁定年轻观众，部分传统的资讯、谈话节目退出频道。

表 2-2 列出了 2004 年湖南卫视 13 档常规栏目的收视排名，并与 2003 年收视情况对照。如表 2-2 所示，2004 年的常规栏目中，除两档新闻、一档

财经节目外，其余均为娱乐节目，在数量上已经具有绝对主导地位。从收视份额排名看，除了《晚间新闻》之外的两档非娱乐节目《湖南新闻联播》和《财富早7点》排名最后，而《晚间新闻》实际上与传统新闻样式存在明显差异，运用了大量夸张、娱乐化的表现手法。这充分说明了湖南卫视观众对娱乐节目的偏好。这种排名顺序与2003年的排名保持了一致性，说明湖南卫视的观众对娱乐的收视偏好是相对稳定的。而同样作为2004年新增节目的娱乐资讯节目《播报多看点》和财经节目《财富早7点》，前者位居十名以内，后者垫底，这也为节目创新的方向提供了一次检验。当然湖南卫视至今仍有一档非娱乐类节目在零点时段播出（曾播出过文化节目、财经节目、纪录片等），其原因有湖南卫视提升品牌美誉度、收编精英阶层的考虑，但更多的是非市场主导因素发挥作用的结果。[1]

表2-2　湖南卫视常规栏目2003年、2004年收视份额排名

排名	节目名称	2004年收视份额	2003年收视份额
1	快乐大本营	3.66	3.94
2	真情	2.97	2.94
3	谁是英雄	2.74	2.17
4	歌友会	2.62	2.49
5	晚间新闻	2.37	1.49
6	背后的故事	2.37	2.21
7	金鹰之星	2.15	1.63
8	玫瑰之约	1.93	1.73
9	播报多看点	1.87	2004年新增
10	娱乐无极限	1.62	2.13
11	音乐不断	1.47	1.1
12	湖南新闻联播	0.53	0.82
13	财富早7点	0.43	2004年新增

在"快乐中国"品牌战略的实施下，湖南卫视的收视率和市场份额继

---

① 此信息来自对湖南卫视内部人员的访谈。

续攀升，成为唯一一个连续两年在全国市场收视份额超过 2% 的省级卫星电视[1]，并改写了之前"有品牌优势无广告优势，有资源优势无经营优势"的历史，品牌价值不断提升，当选"中国最具投资价值电视媒体"。湖南卫视 2004 年全年创收突破 5 亿元，比上年增长 46.4%，超过北京卫视、安徽卫视、山东卫视，成为全国省级卫视单频道创收的龙头老大。在美誉度方面，CSM 收视调查表明，2004 年 1—5 月，湖南卫视有 14 个自办栏目进入全国卫星频道收视排名前 50 名，并占据前 30 位的十个名次。在《新周刊》杂志主办的"2004 中国电视节目榜"上，《快乐大本营》与央视《春节联欢晚会》《实话实说》一起被评为"15 年来中国最有价值的电视节目"，《超级女声》被评为榜外榜"年度电视秀"。

以"娱乐"突围，拉收视、造影响，只是湖南卫视"立足中国，面向世界"发展战略的第一步。这一战略目标的实现主要分三个步骤完成：第一个步骤是从 2004 年开始打造"快乐中国"品牌资源，如《超级女声》就是湖南卫视在"快乐中国，健康娱乐"的理念指导下开发出来的一档节目；第二个步骤是从 2005 年开始全面拓展娱乐产业链，如在成功打造"超女"品牌之后，相应的演艺产业得以发展；第三个步骤是从 2006 年开始实施"两个走出去，一个立起来"的发展战略，即从体制内"走出去"，从国内"走出去"，一个新的市场主体立起来。"具体的四个工作重点是：做强内容，做实主体，做活机制，做大效益。"[2] 当年湖南卫视实现了与国外一流媒体的合作，2009 年湖南卫视已经将原创节目模式成功销往海外。

需要特别说明的是，这三个阶段之间并不是以年限为隔断阶段性递进，而是相继起步后，均持续发展、相互促进的。这为湖南卫视的发展建立了一种金字塔形、厚积薄发的可持续成长模型。如图 2-1 所示，这种模型的基本运作方式是首先通过节目生产不断打造出具有市场价值的品牌资源；然后通

————————————

① 市场份额超过 1% 就算作全国性品牌，湖南卫视 2% 的收视份额表明其在全国市场具有明显收视优势。

② 欧阳常林：《强化媒体责任 提升品牌内涵 创立"中国制造"》，《湖南广播电视年鉴》，方志出版社 2006 年版，第 115 页。

过经营获得市场利润和空间，为新的品牌资源生产赢得生存时间，并提供更为坚实的基础；接着，当品牌具备全球竞争实力时被推向国际市场，经过苦心经营和多年市场检验的成熟品牌表现出强大的生命力，迅速开始发挥规模化的极速扩散效应，提升母体品牌价值，提高资源的创新、整合、运作平台，并为之拓展更为广阔的市场空间。资源积累、升级的过程中存在淘汰，获得市场认可的资源得以存活并成长，而被竞争淘汰的部分会计入成本。

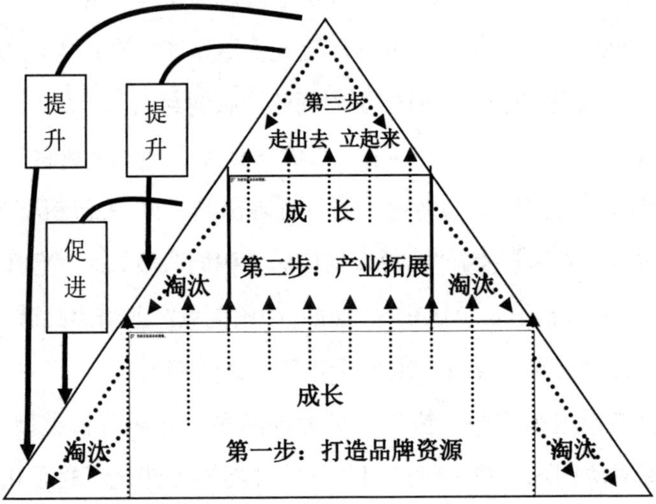

图 2-1　湖南卫视确立"快乐中国"品牌定位后的发展模型

具体而言，湖南卫视"快乐中国"品牌的经营包括以下几个方面的内容。

其一，在娱乐节目创意与生产方面，首个现象级节目当数《超级女声》。该节目于 2004 年首次亮相湖南卫视，但就社会影响而言，其高峰出现在 2005 年。2005 年《超级女声》从海选到总决选历时 5 个月，播出 26 期，共计 110 小时，在全国 12 个收视仪城市，收视份额达到 5.72%，名列同时段全国所有卫视前 4 位，进入总决选后收视率升至全国第一，在 20：30—23：45 播出的《2005 超级女声总决选 10 强入围赛第二场》平均收视率达到 3.88，平均收视份额达到 12.31%，超过当晚 CCTV-1《新闻联播》的收视份额，这在中国电视史上还是第一次。总决赛最后一场的收视率甚至历史性地突破 10.0，创造了省级卫视单场晚会收视的最高值。(《湖南广播电视年鉴》,2006)当年的《超级女声》不仅为湖南卫视带来净收入2000多万元,创新了省级卫视盈利模式,实现了品牌优势向市场优势的成功转化,而且对湖南卫视品牌起到了巨大的推动作用,湖南卫视首次跻身中国品牌五百强,《中国青年报》评价湖南卫视为当之无愧的"娱乐第一频道",中国传媒投资年会第二次将湖南卫视评为"最具投资价值的媒体",中国金鹰电视艺术节被中国节庆协会评为"最具国际影响力的十大节庆活动",《南方特刊》将湖南卫视评为"十家致敬媒体"之一。2006年1月3日,2005年度超女冠军李宇春作为该周刊评选的年度25位亚洲英雄人物登上《时代》周刊亚洲版的封面。

2006年,《超级女声》历时半年,成功延续了超女品牌的影响力,并在全国电视市场节目同质化的情况下通过推陈出新,维护品牌优势。进入全国总决赛后的连续9场直播,"收视率均位居全国同时段第一,创下国内单个电视项目2.4亿元营销纪录"[1],获得"2006中国创意产业潜力品牌"称号,并登上《新周刊》评出的"1996—2006十年新锐光荣榜"。

此外,湖南卫视围绕"快乐"品牌内涵多方开拓节目类型。如2004年首播《尖峰对决国球大典》将严肃的乒乓球赛事趣味化、娱乐化,开创了体育赛事娱乐化的先河。2006年国际乒联、中国乒协决定将"世界乒乓球总冠军赛"落户湖南卫视,意味着《国球大典》升级为国际乒联的A级赛事。虽然升级后的《国球大典》在宣传效果、赛事组织、品牌影响等方面大大超越往届(《湖南广播电视年鉴》,2007),但严格来说它已经不属于电视娱乐节目,但该节目的研发、生产和经营为"体育"与"娱乐"的结合提供了宝贵经验,随后亮相湖南卫视的《我是冠军》《智勇大冲关》等节目都不约而同地回避了《国球大典》中体育项目的专业性,而是更强调全民参与性。

其二,在影视剧方面,湖南卫视于2005年9月2日举行情景剧项目负责人竞聘会,情景剧作为卫视第二轮节目创新的主攻目标之一。同月,湖南卫

---

① 《湖南广播电视概况》,《湖南广播电视年鉴》,方志出版社2007年版,第2页。

视采用"全国独播"模式播出韩剧《大长今》，在全国 12 个测量仪城市收视率为 2.76%，份额为 12.32%，收视率稳居同时段第一。湖南卫视后晚间时段的收视份额大幅上涨，幅度达 386%，招商突破 4000 万元。《大长今》打破了中央台长期来对卫星频道独家首播剧的垄断，在此点上与《超级女声》一样具有里程碑式的意义。

此外，品牌定位还使湖南卫视下一步的节目编排调整和整体战略调整有据可依。（《湖南广播电视年鉴》，2006）2006 年"大片战略"正式启动，明确了大片生产的长远目标，提出建立首播剧的生产机制，出台了大片生产的人才政策、艺员政策、奖励政策，决定拿出 500 万元作为大片生产的奖励基金。在自制影视剧中，湖南卫视主持人、选秀明星都作为可供调配的演艺资源，而娱乐节目也常常邀请影视剧中的演员参加。这样就形成了节目资源与剧类资源相互帮衬、不断强调核心品牌的良性循环。

其三，2004 年湖南卫视提出，在经营上要由行政型向产业型转移，管理上由宽松型向紧密型转移，培育创新优势、产品优势、品牌优势、人才优势、市场优势。其中产业拓展重点是开发纸媒体资源，组建音像公司，组建娱乐公司，整合、开发网络资源和数字电视技术。

同年 2 月 23 日，电广传媒节目分公司正式成立艺员经纪部，目的在于有效降低未来节目制作中的演员成本，并为签约演员的对外输出提供基础。同时集团资源进一步向娱乐产业转型，2004 年 4 月，原湖南电视台体育频道改为时尚频道。同年 5 月湖南电视台娱乐频道控股的上海天娱传媒有限公司成立，频道占股 60%，合作方北京天中文化有限公司占 35%，经营者个人出资占 5%。2004 年 9 月 28 日，湖南省电信管理局向湖南广播影视集团开办的金鹰网颁发了《中华人民共和国增值电视业务经营许可证》。（《湖南广播电视年鉴》，2005）2005 年 5 月 15 日，湖南广播影视集团下达了《关于成立购物公司和购物频道筹备领导小组的通知》。6 月，湖南卫视与海航集团签订机上节目合作协议，这种节目推广方式为全国首创。10 月，湖南卫视驻港办事处——俊星传媒有限公司成立。2006 年湖南卫视与海外一流媒体的项目合作启动，与英国 BBC 联手推出季播活动《名声大震》，与香港 TVB 合作播出季播节目《舞动奇迹》。2009 年 3 月 12 日，湖南卫视自主研发的综艺节目《挑战麦克风》第一季节目模式卖给泰国正大集团，湖南卫视终于实现了从学习国外节目到自创节目外销的转变，墨西哥、西班牙等国家和中国台湾地区的传媒公司，也准备引进该节目的制作模式。①

综上所述，湖南卫视确立"快乐中国"后的生产重心放在了创新娱乐节目（包括大型活动）和自制影视剧方面，并以此为核心竞争资源，逐步推动跨产业多元化经营和跨地域强强联合，其目的在于为"快乐中国"品牌充盈内涵、提升品质并最终实现市场价值转换。

湖南卫视的战略定位和思路得到了市场的认可，2004 年 3 月 15 日《新周刊》"中国电视节目榜"第 5 次发榜，湖南卫视获称"2003 年五星上将"，理由是"这个以娱乐为主的综合频道在推出换代型娱乐节目产品和主持人新面孔的同时，也在电视剧上下了功夫，并重夺收视高峰"。②2005 年湖南卫视广告收入 6.5 亿元，全国市场平均份额超过首次突破 3%③，收视排名首次进入全国前 5 位。2006 年湖南卫视广告收入超过 10 亿元，比上年增加约 3.6 亿元，增幅达 55%。（《湖南广播电视年鉴》，2007）CSM 数据显示，2006 年 1—7 月湖南卫视广告收视份额为 2.58%，仅次于中央电视台一套和五套，位居全国第三（《湖南广播电视年鉴》，2007）。在《新周刊》"2006 年度最具价值传媒品牌榜"中，"快乐中国"比 2004 年前移 48 位，列第 209 位；央视发布的《2006 中国 500 强最具价值品牌》排行榜，湖南卫视品牌价值 30.65 亿元，排名全国所有卫视第四，省级卫视第一（《湖南广播电视年鉴》，2007）。

近年来，湖南卫视"快乐中国"的品牌内涵开始从"草根娱乐"转向"娱乐与高端并重"，以"定制"模式引进了《天下女人》《快乐心灵·说出你的故事》《听我非常道》三档外制节目，但除了《快乐心灵》外，均未进入卫视

---

① 《〈挑战麦克风〉走出国门 从模仿到外销》，2009 年 3 月，http://www.xici.net/b1031847/d86620218.htm。
② 《大记事》，《湖南广播电视年鉴》，湖南教育出版社 2005 年版，第 90 页。
③ 2003 年和 2004 年都是 2%，对全国性频道的界定是收视份额超过 1%。

黄金时段播出，而且《快乐心灵》的访谈对象也越来越集中于流行娱乐明星。湖南卫视自制节目《天天向上》是一个对草根文化、精英文化、流行文化、传统文化兼收并蓄的脱口秀节目，开播几个月时就表现出很强的市场竞争力，目前收视率稳定在全国卫视同时段前三名。但是这档节目的收视有一个明显的变化规律，一般以"大歌大舞"和流行娱乐明星为内容的部分，收视率会高于以传统文化、高端文化为内容的部分。

　　这些事实都说明湖南卫视"娱乐＋高端"路线的实施还有待节目形态的进一步创新和对受众市场的逐步培育。然而培育市场或等待市场都需要付出代价，时间、时段、收视、广告都是成本。在这个问题上的坚持或放弃取决于湖南卫视对自身品牌内涵的理解、对自身实力的考量、对"高端"节目提升品牌价值效果的评价和对媒体社会文化责任的承担。这个答案将会由时间来揭晓。

第二节　转型动因：规避政治风险和追求市场利益

　　湖南卫视上星之初的 20 世纪 90 年代晚期，中国电视娱乐节目还非常少见，电视文艺的主要模式是晚会，并已呈现过多、过滥的局面。"从中央台到地方台，晚会越来越多，投资越来越高，演员阵容越来越强大，舞台越来越豪华，但有些晚会却离观众越来越远。它犯的致命错误就是假和空，以及肩负太多的政治使命。"①正是这种市场环境为湖南卫视"周末娱乐"策略和《快乐大本营》的成功创造了条件。但当时湖南卫视并未放弃"主打新闻"的定位，因为按照传统思路，新闻是立台之本，而且湖南卫视作为省级卫视频道，是湖南形象宣传的总窗口，按照湖南省委的要求，完全舍弃新闻是不可能的。

　　湖南卫视曾尝试过多种类型的节目，包括 1999 年开办的集新闻性、思辨性、参与性于一身的现场谈话节目《有话好说》、职场谈话节目《新青年》，2003 年开播的节目注重新闻分析和评论，有严肃新闻价值取向的新闻节目《封面》，商业纪实栏目剧《商界惊奇》，文化节目《象形城市》。这其中有些节目曾获得过较好的市场效果，如《新青年》在 2000 年的平均绝对收视率达 9.38%，绝对收视率达 16.3%，观众忠诚度达 70.4%②。2003 年 8 月 15 日，根据湖南卫视锁定年轻、锁定娱乐、锁定全国的整体定位，《新青年》改版为中国第一档职场招聘栏目，开播一个多月收视率就攀升至湖南台专题节目榜首。但是好景不长，央视两个月后推出同类型栏目《绝对挑战》使其面临"绝对挑战"。由于中央级媒体具有先天资源优势，其平台对企业、选手、观众都具

---

　　①　汪炳文：《撩开大型综艺节目〈快乐大本营〉的面纱》，《湖南广播电视年鉴》，今日中国出版社 2000 年版，第 164 页。
　　②　李耀武：《〈新青年〉开播百期研讨会在京举行》，《湖南广播电视年鉴》，今日中国出版社 2002 年版，第 82 页。

有省级台无法比拟的吸引力,2004年5月22日,与《绝对挑战》被迫采取错位竞争的策略,依托湖南卫视的"娱乐"品牌效应,放大娱乐元素、走大众化的道路,改版为民间技艺选秀节目《谁是英雄》。《魔幻英雄会》成为新栏目开山之作。(谢耘耕,王彩平,2005)

除了与央视的资源竞争外,湖南卫视还面临严格的媒介监管。2001年湖南经视的《经济环线》因导向错误被停播,这是湖南广电第一次有"切肤之痛"的深刻教训,在湖南经视新闻中心多年挂着魏文彬的题字"导向金不换"。之后的几年湖南卫视又有多档节目被停播或批评整顿,如《零点追踪》因为对外省进行了"新闻监督"被迫停办;《有话好说》因为做了一期关心"同志"的节目直接被训话关停;《直播911事件》《新青年》都曾挨过"批评"。

当然媒介监管并不是针对湖南卫视一家媒体的,2007年同样试图实现"新闻突围",甚至将新闻演播室命名为"梦工场"的东方卫视因为直接引用外电信号被广电总局批评。不论是自身教训还是他人经验都使湖南卫视清醒地意识到打造"新闻综合"频道的现实难度。一方面是省内新闻资源的地域性,另一方面是媒介规制的局限性。事实上这是所有中国地方卫视面临的共同问题。时事新闻受到压力和限制正是当时"影视剧王位不倒,新闻趋势走低,娱乐步入中兴"内在原因之一(喻国明,2001)。

除了政策性因素外,湖南卫视定位"娱乐"也有来自市场利益的现实考虑。省级卫视一直希望打破地域局限,梳理全国性,甚至国际性电视品牌形象,曾提出在台标上弱化"湖南"两个字,也规定主持人不能将"湖南省"说成"我省"。但是形式上的变化并不能从根本上为一个省级卫视频道赢得全国观众。更为需要的,是从内容上扩大节目的收视共性。

一般来说,卫视综合频道节目由新闻、综艺、电视剧三个部分构成。(谢耘耕,王彩平,2005)对本省新闻,外省观众一般不感兴趣,而做全国性的新闻,难度和风险都太大。在电视剧方面,虽然湖南卫视现在已经打造出了自制剧生产机制和独播剧场,但过去做电视剧并无太大优势,因为首轮剧均由国家广电总局负责调配编排,对所有省级卫视的机会基本是平等的。而且靠电视剧轮播即使能获得收视率，对打造一个电视媒介的个性化、独特性、可识别品牌也并无太大价值。比较而言，"娱乐"成为最合适的突破口。

此外，湖南卫视的优势在于，相比其他同级媒体，它在开播之初已经抢占了电视娱乐节目的先机，经过几年的积累具备了制作娱乐节目的经验和比较优势，并打造出了具有一定辨识度和全国影响力的娱乐品牌。2002年湖南卫视正式确立了"锁定娱乐，兼顾资讯；锁定年轻，兼顾其他；锁定全国，兼顾湖南"的战略定位；2003年明确提出打造"最具活力的中国电视娱乐品牌"；2004年推出"快乐中国"的频道核心理念。在此过程中，湖南卫视逐步将电视娱乐节目发展成电视娱乐产业。一方面，"娱乐"的跨地域、跨文化性为其有效破解了"内陆省级卫视"的地域局限；另一方面，与电视娱乐节目关联的影像发行、书籍出版、演艺经营、明星资源、特许经营等极大地拓宽了湖南卫视的产业发展空间。来自受众市场的认可和广告、资本市场的回报成为推动其频道定位逐步明晰化和频道品牌经营日益立体化的直接动力。

中国电视业的产业属性决定了要在激烈的市场竞争中获得生存必须遵循市场规律，必须对计划经济体制下刻板的观念、陈旧的体制进行全面改革。而其政治属性又决定了改革"需要从规制最薄弱的环节突破，因此体制改革首先选择政治风险小的地方入手符合现实的传媒环境，以娱乐为主要经营业务的电视组织承担体制改革的先锋角色也就责无旁贷"①。这样看来，"娱乐"不仅为湖南卫视实现了规避政策风险的"安全生产"，又为其赢得了丰厚的市场回报，确实是湖南卫视在面对全国性竞争，谋取市场化生存，同时又代表官方意识形态的现实选择。

---

① 张华立：《论娱乐资源的市场整合》，《潇湘声屏》2003年第12期，载《湖南广播电视年鉴》，湖南教育出版社2004年版，第123页。

第三节　为转型"护航"的制度变革

　　湖南卫视的转型和发展是以制度、体制的改革与创新作为基础和保障的。在论述这一问题时，我们必须站在湖南广电总局和湖南广播影视集团的层面，而非湖南卫视的层面。原因在于，其一，湖南卫视隶属于湖南广电总局和集团，虽然它是其中最为重要的频道，但其发展是依托于总局和集团内部各频道、各经营实体的。湖南卫视播出的不少节目曾在地面频道经过收视检验，如《快乐大本营》来源于原经济电视台的《幸运3721》，《超级女声》最初是娱乐频道制作的。湖南卫视的一些产业化拓展也是通过与地面频道的合作完成，如经营"超女"资源的上海天娱公司有娱乐频道的股份。其二，湖南广电的制度建设是以总局和集团的整体利益为出发点的，湖南卫视只是其可供调用的资源之一，必须服从于总局和集团的整体规划。

　　到本书截稿时，目前湖南广电已经完成了两轮改革，正在经历第三轮改革。

一、第一轮改革

　　第一轮改革始于1993年，当时湖南广播电视厅"以转换机制为重点，增强内部活力"制定了"大广播、大电视、大宣传、大产业"的四大目标和"二大转变"[①]"三大建设"[②]的规划，改革的重点是通过转换机制，充分调动各种积极性，盘活资源。1994年9月24日，湖南广播电视中心主体工程破土动工，长沙世界之窗、海底世界、湖南国际影视会展中心、湖南国际会展中心相继

---

　　① 　"二大转变"是指广电行业由松散型向紧密型转变，广电产业由计划型向产业型转变。
　　② 　"三大建设"是指广播电视中心建设、卫星广播电视建设和网络建设。

建成，标志着集广播、影视、娱乐于一身的湖南金鹰影视文化城初见雏形。"四大目标"到 2000 年也初具规模，其间发生的最为重要的事件包括：其一"上星"。湖南卫视于 1997 年上星，为其成为全国性电视频道提供了硬件条件，也为日后的海外拓展奠定了基础。[①] 其二"上市"。1998 年 12 月 23 日，湖南电广实业在深圳证券交易所成功上市，上网定价发行 5000 万股，股票代码 0917，首日沉淀资金 1200 亿元，募集资金 4.59 亿元。这为湖南广电跨地域、跨行业的多元化经营创造了条件，为其走出湖南，走向全国，走向世界提供了可靠的物质保障。

二、第二轮改革

2000 年 12 月 27 日，湖南广播影视集团作为全国第一家省级广电集团在湖南正式挂牌，2001 年依据集团章程，集团董事会、监事会、总经理管理层的组织机构得到完善，以此为标志，以体制创新为重点，以增强整体实力、组建大型传媒集团为目标的第二轮改革正式拉开序幕。（欧阳常林，2001）

2001 年湖南广电面对的市场背景是由中国加入 WTO 所带来的国际化竞争。全球一体化经济实质上是以少数发达国家跨国公司为主导的全球产业结构调整、秩序重新整合和资源上的重新分配。只有组建集团才有可能实现规模化、集约化发展，因为规模是实力的基础，有实力才有可能走上产业发展的正轨，获得发展、壮大的机会。湖南卫视对此提出了"从计划型向市场型、从传统型向现代型、从封闭型向开放型、从区域型向无区域型转变"的发展思路，并将改革重点放在了创新机制，加强联合与集中，增强整体实力，寻求外部扩张上[②]。

---

① 覆盖一直被湖南卫视作为一项日常性建设工作常抓不懈，2003 年卫视在全国覆盖人口已达 5.6 亿，并于 9 月 22 日登上美国最大华语卫星电视平台 AMC-4，该频道由 TVB 经营。2003 年 7 月以前，TVB 翡翠的五个频道一直在该平台播出，在全美拥有最多的华人观众，是湖南卫视原播出平台 T-5 卫星的 20 倍。2003 年 11 月 1 日，湖南卫视节目在日本 CH·785 频道正式播出，播出时间为每天 18：00 至第二天早上 6：00，与湖南卫视在同一频道播出的还有中央电视台第九套节目。

② 魏文彬：《深化第二轮改革　加快跨越式发展》，《湖南广播电视年鉴》，今日中国出版社 2002 年版，第 62 页。

　　集团成立之初表现出来的最大问题是频道之间的内耗和流失，内耗主要集中在节目、栏目的重复生产上；流失主要集中在广告杀价和节目抬价上。例如2003年9月6日晚，湖南卫视的《新秀半决赛》、湖南经视《绝对男人总决选》、娱乐频道《星姐选举总决赛》三台晚会同时播出，收视相互制约，极大浪费了集团时段、市场和节目资源。(《湖南广播电视年鉴》，2004)这种情形造成了当时湖南卫视有品牌优势没有效益优势，有资源优势没有经营优势，有资产优势没有开发优势，有人才优势没有创新优势的尴尬局面（魏文彬，2003)。当务之急，"必须消除门户之见、各自为政、鸡头思想、小富即安、故步自封、夜郎自大等等与现代传媒格格不入的陈腐观念和行为"①。为此，湖南卫视进行了一系列以集中、降耗为目的的改革。其中有的在实践中被淘汰，如2001年湖南广电成功申报组建湖南电视总台，但在2001年年底又放弃此方案，原因在于，从1996年组建湖南经视开始，电视湘军的成功经验是"放权"，而成立总台是"收权"，对于在具体操作上如何不走回头路，不破坏前期改革成果，存在较大的风险；对于已经分散的权力如何收回也存在利益平衡上的巨大难度。但更多的改革方案被陆续执行下去。

　　首先是彻底打破频道制，对内部资源进行整合、优化，组建节目生产、节目播出、节目营销三大平台。具体措施包括：其一，整合频道资源，并严格各频道定位，湖南卫视腾出省内市场，确定为面向全国的卫星综合频道，湖南经视是面向省内的地面综合频道，其他各频道均定位为专业化频道。其二，整合广告资源，通过成立集团广告管理中心，完善广告管理办法，加强对电视频道广告市场、广告资源，特别是二、三类广告资源的管理。其三，整合节目资源，在自制节目方面逐步实现统一规划和管理，集中资源打造精品。在引进节目方面，原湖南电视台节目营销中心划归集团管理，当年购买节目资金就比上年减少5000万元。其四，整合电视剧资源，2003年6月上旬，潇湘电影集团正式挂牌成立。其五，整合网络资源。其六，整合节庆资源，

<hr />

　　① 魏文彬：《深化第二轮改革 加快跨越式发展》，《湖南广播电视年鉴》，今日中国出版社2002年版，第63页。

主要是指金鹰节的资源。其七，整合技术、设施等生产资料。（《湖南广播电视年鉴》，2003）资源整合并不代表一切管死，而是统分结合。"分"主要体现在各频道、单位有节目生产经营决策自主权、员工聘用自主权、资金审批使用自主权、劳动分配自主权。统分结合不仅有利于降低内耗，发挥整体优势，而且可以调动积极性，激发竞争活力。（魏文彬，2002）

其次是精减机构和人员，2003年湖南卫视推进了建台以来涉及面最广的人事制度改革，全台裁员300多人，退养近60人，并实行全员竞聘上岗。湖南电视台经济频道、都市频道、生活频道整合为新的经济电视台，实行"集约化松散型捆绑运作"，裁员90多人，减少支出30%。

最后是深化改革，坚持创新。通过体制创新明确职能、理顺关系，通过机制提高生产效率，促进节目创新，并对其加强保护和管理。

完善集团管理体制的基础是明确职能、理顺关系。虽然在体制上"管办不分"的问题暂时无法解决，但2004年前后，随着湖南卫视的快速发展，集团各频道、各部门对卫视拥有全国性市场空间、全球性市场潜力，并将成为集团主要利润增长点。"按照全局集团保卫视"的指导思想形成了重要资源向卫视倾斜和实行"内部制播分离"的操作方法，卫视可以通过"成本＋简单利润"的方式收购其他频道的优质节目模式。2005年湖南广电管理体制走向完善，以总经理办公会议日常化、制度化为标志，集团层面对经营事务的操作与管理逐步到位，局党组更加集中于宏观管理和终端管理，一个政企分开，以生产为中心、效益为导向的现代传媒集团的轮廓日渐清晰。

在管理创新方面湖南卫视借鉴了国外管理经验，认为企业有四条死亡线，分别是中档人员淘汰率低于2%、员工固定工资高于50%、高素质人员低于10%、企业股本结构单一，而这些都是湖南卫视需要面对的问题（魏文彬，2003）。为此提出一系列应对措施，分别是：在人事管理上引入竞争机制，全员聘用，优胜劣汰；在员工收入上引入考核机制，将收入与效益挂钩；通过一系列措施引进人才、保护人才、培养人才；深化产业化改造和体制创新。

在节目创新方面，湖南卫视于2003年开始实施对节目创新的计划管理和动态管理，提出了一系列重要的概念和原则，包括：时段经营概念，要求各时段节目承担起所在时段的收视和创收要求；总量控制原则，规定优先安排兼具收视和经营优势的节目进入晚间黄金时段；频道定位原则，要求新节目必须符合湖南卫视当时以资讯和娱乐为主的综合性频道的定位；原创性原则，要求节目必须具有原创性；还有效益优先原则，要求新节目强化事前调查，并在开播后尽快进入经济效益产出期。（李萍，2003）这些概念和原则中贯穿着非常明确的市场意识和品牌意识，它包含了三层含义：其一，创新是为效益服务的；其二，创新不仅要考虑节目的可看性，即收视率，还要考虑其产业开发的可拓展性；其三，创新必须以维护和加强卫视品牌形象为前提。

2005 年湖南广电召开创新研讨会就大片创新、卫视创新、活动创新进行了探讨。大片组提出要站在全国的制高点生产出有"湖南制造"标志的电视剧、大片，为此要组建相应的专业化平台，实行独立制片人制，核心抓剧本，重点抓营销。活动组认为活动能制造焦点，活跃人气，对提升媒介品牌具有不可估量的作用，并蕴含着巨大的商业开发价值（活动本身的冠名、炒作、整体营销和延伸产品的开发）。要特别注意的是理顺体制、创新机制；占有、抢夺资源性活动；注重活动的差异化和宏观调控；避免活动冲击编排、冲击广告；强化营销配合。卫视创新组提出自办节目创新方向是打造"最具活力的中国电视娱乐品牌"，要注意创新不能偏离提升频道品牌价值的核心目标，不能干扰"全国收视份额"和"全年广告创收总额"这两个关键指标。（《湖南广播电视年鉴》，2006）

三、第三轮改革

2006 年，湖南卫视面临多方面的困境，包括中央电视台的全方位垄断、强势省级卫视赶超、资源短缺、创新乏力、广告时段高度饱和创收空间受限（欧阳常林，2006）。此状况给卫视发展带来越来越紧迫的创新需求，需要创新节目保持市场竞争优势；需要创新经营获得更丰富的市场回报渠道；需要创新机制实现科学化、制度化管理，控制成本，提高效率；也需要创新体制降低由产权单一带来的各种政策性"瓶颈"和风险。为此，湖南卫视启动了以管办分离、制播分离和培育市场主体为主要内容的第三轮改革。

2006 年 1 月 30 日，湖南卫视党委讨论通过了《2006 年湖南电视台"软实力"建设实施方案》，"系统提出了以'快乐文化'为核心的内涵，以'超前意识、世界眼光、创新品牌、强化效益、不断学习、成就一流'为价值观，以 36 个要素为集体品格修炼标准的'软实力'建设架构"①。2006 年 6 月湖南卫视召开创新调度会，提出创新工作的三个要点：第一，人才至上，既要教育培养人才，又要保护爱护人才，同时建立人才的多评价通道，最大限度地尊重人才、激励人才；第二，理顺政策、机制，为创新让路；第三，贴近观众，切中观众关注点、兴奋点、敏感点，加大互动力度。（《湖南广播电视年鉴》，2006）2006 年 9 月新一轮创新的第一个项目《变形计》第一季《网变》四集在"快乐中国 730"时段播出。2006 年 10 月湖南广播影视集团专门增设改革办，负责文化体制改革的调研和局、集团第三轮改革的综合协调工作。重点做好演艺经济、新媒体及海外市场的调研、开发、组建和拓展。

"内容为王"是媒介的生存法则，欧阳常林 2006 年提出的"推进创新的九件实事"中，有 8 件都与节目创新密切相关。其一，打造卫视首播剧场，建立新的规模生产平台，在培养策划和编剧人才，以广告和融资形式投入、剧场运作机制创新等三方面迈出实质性的步伐。其二，以栏目树形象、创品牌，加大研发、创新自办栏目的力度，建设"生产、评估、监控、分配"四大体系，规定卫视每年至少推出两个自办栏目，且至少要有一个进入全国前30 强。其三，《超级女声》带来的巨额广告投放和艺员经济起步使卫视管理层意识到，活动创新是体现湖南电视制作优势延伸、扩大品牌影响力的重要方式，而且地面频道与卫视捆绑开发是集中优势资源、拓展全国市场的有效模式②。因此不仅要办好、拓展现有"金鹰节""超级女声""国球大典"等节

---

① 　《大记事》，《湖南广播电视年鉴》，方志出版社 2007 年版，第 65 页。
② 　欧阳常林：《以务实抓创新 以创新促发展》，《湖南广播电视年鉴》，方志出版社 2006 年版，第 54 页。

庆活动品牌，而且要将活动与栏目、频道打通，形成操作规范模式。其四，以明星烘托频道、强化品牌，除了包装、打造主持人外，还采用激励机制，对优秀主持人实行年薪制。其五，"编排亮化屏幕"，由总编室负责优化频道结构，合理配置节目资源，更新包装，减少广告板式插播和宣传片杂乱、栏目尾字幕冗长的现象。其六，打通频道资源，地面频道的优势创新资源要向卫视平台集中。其七，管理保障执行，设立创新基金和独立研发机构，确保执行力度。其八，建设创新团队，强化全员参与创新意识，通过创新培养、锻炼队伍。（欧阳常林，2006）

"推进创新的九件实事"中还有一件关于经营创新，提出在广告方面不仅要优化客户品牌以维护频道品牌，还要创新营销模式，打通剧场、栏目、活动的编排，将二、三类广告统一经营，改变单一靠增量创收的格局。此外，在经营方面更具革新意味的是"蓝海战略"的提出和实施。《蓝海战略——超越产业竞争开创全新市场》是一本企业战略学著作，作者以"蓝海"比喻相对于竞争已经非常激烈的红海蕴含庞大需求的新市场空间。（W. 钱·金，勒妮·莫博涅，2005）湖南卫视以此为名制定的战略也意在为其开拓新的利润增长空间，改变媒体主要依靠广告盈利的现状。

传统广告盈利模式的缺陷有三点。其一是市场风险。广告有点类似"靠天吃饭"，经济危机、自然灾害、政治动荡等不可抗因素对企业的影响会直接反映在广告投放上，2008年国际金融危机给绝大多数媒体带来了巨大损失，虽然湖南卫视逆势上扬，但也不能不以此为戒，未雨绸缪。其二是智力风险，广告严重依赖于收视率，而收视率是靠生产者创新、制作的。虽然对人员可以实现机制化管理和多种吸纳、保护、激励机制，但它依然具有很大的不可控性。其三是资源局限，频道中的广告比例是国家政策明文规定的，目前湖南卫视的广告时段已经高度饱和，这也正是前述创新广告投放模式的背景。

"蓝海战略"提出的三大思路是"新媒体""新业态"和"国际化"。"新媒体"是指开发手机电视、移动电视等业务；"新业态"已经起步的包括卡通、电视购物；"国际化"是为了拓展受众市场空间，如落地香港、覆盖东南亚、最终覆盖全球华人。之前一直在持续的是覆盖拓展，2009年5月湖南卫视国际频道成立，此外，湖南卫视与国外媒体在节目制作方面也展开越来越深入的合作。

在机制创新方面，前两轮改革已经积累了较为丰厚、宝贵、具有湖南特色的改革成果，需要做的是在其基础上进一步强化事业单位向企业管理的内部机制转换，重点建立四大体系，包括科学的生产体系、严密的监控体系、全面的评估体系、合理的分配体系，以进一步完善、规范用人机制、分配机制和激励机制，加强成本核算，实现准企业化运作（《湖南广播电视年鉴》，2007）。

在体制创新方面，曾一度搁浅的成立湖南广电总台的方案重新进入议事日程，其目的在于进一步理顺关系，实现"管办分离"。管办改革是国家为了改变广电行业长期以来由国家单方面投入，不利于产业化发展和节目产品多样化的局面而要求进行的。中国媒介具有毋庸置疑的政党属性，而带着政治烙印的媒介参与国际化市场竞争必然会遭遇复杂的意识形态阻力，因此更为合理、有效的方式是以产品而非媒介的方式进行国际化扩张。

目前全国已经有一半左右的广电媒体实施了管办改革，主要集中在东部沿海地区，而未改制的主要集中在中西部地区，湖南也是其中之一。这似乎与湖南卫视时尚、前卫的屏幕形象和在节目创新方面一马当先的闯劲有些不符。在管办改革上的"后知后觉"一方面是利益和权力的问题，因为改制就会涉及生产体系的改革，就必然会触及既得利益者。另一方面，湖南卫视从2004年至今一直处于上升通道，是2008年金融危机期间唯一一家在广告收入上逆势上扬的省级卫视，江苏、浙江、上海等卫视的广告都一度萎缩到金融危机前的30%—40%。这让湖南广电在是否有必要改制、是否应该在现在进行改制的问题上缺乏能动性。不过管办改革是国家要求的，实际上已经不存在"愿不愿意"的选择了。2009年9月改革办已经拿出了具体的管办分离改革方案及实施细则，并获得有关部门的批准，其中对利益补偿有详细规定。

湖南卫视的管办改革方案主要涉及三个方面的内容：一是到2009年年底

成立湖南广播电视总台。对于局、集团、总台和多频道之间关系的规划是：局是行政单位，主要负责干部管理①和社会管理②；集团主要负责经营，要完善董事会会议制度和总经理办公会议制度；总台是集团的核心层，代表集团管理各媒体，在工作侧重上，总台主要搞好宣传，集团主要搞好经营开发和对外拓展；频道作为集团产业化发展的基本单位，走专业化路子，并接受总台和集团的宏观调控。其目的在于为政企分开提供制度保障。

　　二是剥离，除新闻、社会访谈类等节目外，其他如文艺、体育、科技类节目要逐步实行制播分离。到本书截稿时，湖南广电的内部制播分离依然未实现完全市场化，无定价机制，无谈判机制，无制度保障，其原因就在于产权不明，例如，无法明确界定成本范围，例如设备折旧、演播室使用、频道资源等都无法精确计算。2008年9月19日电广传媒股票停牌，本想通过内部制播分离将节目创意资源归入电广传媒，结果正是因为制度问题、产权不分而流产。中国的媒介体制决定了节目生产必须依附于播出平台，但是再激烈的内部竞争也不可能达到完全市场化的效率，而且湖南卫视首创的"内部制播分离"已有不少竞争媒体逐步采纳。面对竞争，湖南卫视生产机制的创新迫在眉睫。

　　三是既要打造出一个超强的市场主体，又要培育多个小的市场主体。2006年9月湖南广电局发出《关于组建集团新市场主体的决定》（湘广字〔2006〕35号），要求统一湖南广播影视集团，通过剥离、整合部分资源将局属部分经营性事业单位，依法转制为企业，盘活资产，提高效益，组建新的市场主体。新的市场主体实行股权多元化，由集团控股，允许部分高管和人才持股，其定位是"以内容生产与运营为主业，以'娱乐、综艺、演艺、新媒体、海外拓展、电视剧、纪录片、卡通、购物、会展'为业务支柱，以资本运营为手段"③。

---

① 干部管理指对处级以上干部（包括公务员）的管理。
② 社会管理指对省、市、县各安博电视级广播电视机构和社会上有关广播电视业务的管理。
③ 《大记事》，《湖南广播电视年鉴》，方志出版社2007年版，第71页。

纵观湖南卫视的发展历程，发现其在组织层面最大的动力来自基于获取市场利润的自身发展需求，最大的阻力来自市场规制；在个人层面的动力来源比较复杂，将在下一章"湖南卫视电视娱乐节目的生产"中予以详述；个人层面为组织发展带来的阻力则主要表现为观念和利益保护。正是多种因素的复杂作用成就了湖南卫视独特的命运轨迹。本论文第五章第一节"湖南卫视娱乐节目生产与消费中的力学框架"将试图建立一个传播力学模型对此问题，及微观层面娱乐节目生产和消费中的各种影响因素及其相互作用方式予以论述。

第三章

湖南卫视电视娱乐节目的生产

前一章论述了湖南卫视电视娱乐节目品牌和优势的形成过程。这种优势在以宏观性、方向性决策为指导，以制度、机制为保障的前提之下，是通过节目的不断创新和日常生产来实现的。其生产要素的组织方式是：生产者在特定的生产场合，遵循特定的生产制度，按照特定的生产流程，生产出符合生产目的的产品。按此逻辑，本章将从生产者、生产场域和节目文本三个层面对湖南卫视的竞争力和存在的问题进行论述。

第一节　生产者

"广播影视产品是高智力与高技术、高财力相结合的产物"[①]，其产业特点之一是知识密集型，因此富有创意和执行能力的节目生产者成为湖南卫视的核心竞争力。从职业社会学角度对生产者的研究不仅关涉对职业及与之相关的组织结构的界定，而且关涉"职业领域的阶层分化和利益分配的种种影响因素，还关涉作为从业者的专业人士本身从工作态度到职业满意度的自我评价——其中，从业者与其存在的社会环境之间的关系是一个非常重要的考量向度"[②]。在 20 世纪 90 年代初期，有关东欧社会转型的职业社会学研究中，社

---

① 《湖南广播电视年鉴》，今日中国出版社 2001 年版，第 55 页。
② 陆晔、俞卫东：《社会转型过程中传媒人职业状况——2002 年上海新闻从业者调查报告之一》，《新闻记者》2003 年第 1 期，第 42—44 页。

会环境对生产者工作条件、工作目标和职业价值观的影响均被纳入研究框架[①]。马克思主义学者则关心生产者的社会身份、地位和阶级属性，因为"思想、观念、意识的生产最初是直接与人们的物质活动、与人们的物质交往、与现实生活的语言交织在一起的"[②]，意义的生产者"受着自己生产力的一定发展以及与这种发展相适应的交往的制约"[③]，因此研究媒介是由什么样的人控制运作，媒介产品由什么样的人进行生产是进一步理解媒介及其产品的社会消费后果的重要前提。以此为鉴，作者将湖南卫视娱乐节目生产者作为媒介泛娱乐化时代具典型意义的职业社会学研究群体，力求通过下述分析，对其社会属性、工作状况、工作目的、职业理想和生活满意度等情况进行描述，并探讨与之相关的社会因素，及其与生产行为间的关系。

一、基本情况描述

根据湖南卫视政治部 2008 年 11 月的统计，该台共有员工 1120 人，其中正式员工 520 人，台聘员工 600 人，根据节目制作需要通过项目制临时聘用的人员不在统计之列。人员流动性一般保持在每年数十人进出，这种适当的流动性是人员优胜劣汰和双向选择的自然结果。更为灵活的用工形式则是 2008 年开始正式施行的"项目制"。一些大型活动如《超级女声》就是根据实际工作需要采用项目制临时聘用人员，项目结束时用工合同随之到期。这种用工形式对控制人力成本、防止组织臃肿很有帮助，是欧美成熟节目生产系统普遍采用的方式。那些随时等待召集的"临时工"的生存状态、心理状态确实值得关注，但他们目前尚未成为湖南卫视节目生产者中的主体，因此本调查仅以正式和台聘员工为对象进行，基本情况如下。

---

① Anthony Jones (ed.), Professions and the state, (Philadelphia) Tebmple University Press,1991.
② 马克思、恩格斯：《德意志意识形态》，载《马克思恩格斯全集》第 3 卷，人民出版社 1960 年版，第 29 页。
③ 马克思、恩格斯：《德意志意识形态》，载《马克思恩格斯全集》第 3 卷，人民出版社 1960 年版，第 29 页。

1. 性别

如表 3-1 所示，样本所涉工作部门与性别比例间没有相关性，除广告部门女性略少于男性外，其他部门女性工作者所占比例均高于男性工作者。与 2002 年上海复旦大学就上海新闻从业者调查（以下简称"02"调查）的结论[①]（男性 56.7%、女性 43.3%）和 1997 年中国人民大学舆论研究所的全国新闻工作者调查（以下简称"97"调查）的结论[②]（男性 67.1%、女性 32.9%）相比，女性比例呈现逐渐升高的趋势。

表 3-1　受访者所属不同部门的性别构成

	男	女	合计
生产团队	31（49.2%）	32（50.8%）	63（100.0%）
总编室	18（42.9%）	24（57.1%）	42（100.0%）
调度中心及行政	9（36%）	16（64%）	25（100.0%）
广告经营	9（56.3%）	7（43.8%）	16（100.0%）
经视	4（25%）	12（75%）	16（100.0%）
合计	71（43.8%）	91（56.2%）	162（100.0%）

χ^2=8.841, df=5, p=0.116.

这种现象可能是由至少两方面的原因造成的：其一，人力资源市场上女性比例偏高。湖南卫视政治处负责人说："我们其实很想招到优秀的男性，但是很奇怪就是招不到。"高校相关专业女生人数偏多可能是其原因之一，如以武汉大学广播电视系学生性别构成为例，2006 级有学生 46 人，其中男性仅为 13 名；2007 级有学生 26 人，其中男性仅 1 名。[③]造成女性从业比例高于男性的另一个原因可能与电视娱乐节目生产的工作性质相关。节目生产过程涉及大量细致、琐碎的工作，包括邀请嘉宾和观众、协调关系、沟通环节、准备

---

① 陆晔、俞卫东：《社会转型过程中传媒人职业状况——2002 年上海新闻从业者调查报告之一》，《新闻记者》2003 年第 1 期，第 41-44 页。
② 中国人民大学舆论研究所：《中国新闻工作者的职业意识与道德》，《新闻记者》1998 年第 3 期。
③ 来自深度访谈资料。

道具等，女性生产者被认为更具耐心、细心和持久力，因而更适合此类工作。

不过女性工作者在数量上的增加并不代表她们在生产场域中拥有更多的权力。如表 3-2 所示，从科层级别角度来看，女性更多地集中于普通员工，而担任干部的男性人数是女性人数的 2.4 倍。据女性工作者描述，他们确实拥有与男性相当的施展才华的机制和空间，但在工作场域中性别界限的模糊并不能完全掩盖社会活动和生活领域的男女差异，不论从生理还是心理的角度，在获得与男性相同的认可过程中，她们必须付出更多的努力。特别值得一提的是，干部阶层中的制片人群体，其中的女性比例大大高于此阶层中女性比例的平均值，有关"女性制片人"现象将在本节第八部分详细论述。

表 3-2　受访者所属不同科层级别的性别构成 ①

	男	女	合计
干部	19（70.4%）	8（29.6%）	27（100.0%）
员工	52（38.8%）	82（61.2%）	134（100.0%）
合计	71（44.1%）	90（55.9%）	161（100.0%）

χ^2=9.082，df=1，p=0.003.

2. 年龄

有效样本中年龄最小的 19 岁，最大的 47 岁，平均年龄为 29.706 岁，与"97 调查"（平均年龄为 37.4 岁）、"02 调查"中电视台从业者的平均年龄（30.82 岁）相比均更为年轻。29 岁及以下样本数占总样本的 54.7%，已经过半数，因此以 29 岁作为标准，将样本分为两个年龄组，29 岁及以下占54.7%；29 岁以上占 45.3%。

数据分析显示，年龄与部门有显著相关性（见表 3-3），生产团队中平均年龄以下人员所占比例最高，达 70.5%，远高于其他部门。总编室年龄构成也较为年轻，平均年龄以下者略占多数。而这两个部门是卫视娱乐节目生产

---

① 受访者只要担任职务，不论职务高低，均属于"干部"，包括台领导、部门负责人、科室负责人、制片人，主持人因其在团队中的特殊身份和地位也被归属为干部，而且其人数较少不会对结果产生质的影响。除"干部"之外的受访者均为"员工"。

最为核心的部门。其他部门的年龄构成中都是平均年龄以上者占多数。就平均年龄来看，最年轻的是卫视生产团队 27.28 岁，其次是经视生产团队 28.77 岁，之后依次是卫视总编室 29.86 岁、调度中心及行政 32.52 岁、广告经营 35.31 岁。

此现象与不同部门的分工有关联，湖南卫视的核心受众是 4—24 岁的年轻人，节目风格也以年轻、时尚为主，而年轻的生产者一般来说在了解年轻观众的心态、需求、审美及流行文化动向等方面比年龄大的生产者更有优势，从精力、体力等方面考虑，他们也更加适合一线的工作。调度中心、行政、广告对年轻人的需求没有那么明显，他们更需要成熟、有社会阅历的人来承担相应的工作。不过总体来说，卫视员工的年龄结构都是偏年轻的。

表 3-3　受访者所属部门的年龄构成

	平均年龄以下（≤29岁）	平均年龄以上（>29岁）	合计
生产团队	43（70.5%）	18（29.5%）	61（100.0%）
总编室	22（59.5%）	15（40.5%）	37（100.0%）
调度中心及行政	7（30.4%）	16（69.6%）	23（100.0%）
广告经营	4（25%）	12（75%）	16（100.0%）
经视	6（46.2%）	7（53.8%）	13（100.0%）
合计	82（54.7%）	68（45.3%）	150（100.0%）

χ^2=18.019，df=4，p=0.001.

表 3-4　受访者所属科层级别的年龄构成

	平均年龄以下（≤29岁）	平均年龄以上（>29岁）	合计
干部	1（3.8%）	25（96.2%）	26（100.0%）
员工	81（65.9%）	42（34.1%）	123（100.0%）
合计	82（55.0%）	67（45.0%）	149（100.0%）

χ^2=33.348，df=1，p=0.000.

年龄与科层级别也存在明显关联，如表 3-4 所示，干部层级 96.2% 的人在平均年龄以上，而普通员工的年龄更多为平均年龄以下。

3. 教育程度

提供教育程度信息的有效问卷共 165 个，占总样本比例 99.4%，其中高中/中专 2 人（1.2%），大专/本科 148 人（89.7%），硕士 14 人（8.5%），博士及以上 1 人（0.6%）。大学及以上的总体比例为 98.8%，其中大专/本科所占比例比"97调查"（59.5%）高出近 30 个百分点，比"02调查"（87.6%）高出 2.1 个百分点。数据还表明，硕士及以上学历工作人员全部集中在与生产联系最紧密的生产团队和总编室，这说明卫视的高端人才有向生产一线、二线倾斜的趋势[①]。

4. 收入

受访者的平均月工资约为 4500 元，而长沙市职工社会月平均工资为 2000 多元[②]，前者高出后者一倍多。收入职位级别、职务类别和所属部门均存在显著关联。一般来说，职务越高收入越高，主持人和部门主任以上领导收入最高；其次是栏目制片人和科室负责人；普通编导和普通科员的收入最低，不同层级间最高和最低收入差距超过万元。

表 3-5　部门与收入间的关系

	无稳定收入	1001-2000 元	2001-3000 元	3001-5000 元	5001-10000 元	10000 元以上	合计
生产团队	12（19.4%）	6（9.7%）	17（27.4%）	22（35.5%）	5（8.1%）	0	62（100.0%）
总编室	2（4.8%）	0	8（19.0%）	26（61.9%）	5（11.9%）	1（2.4%）	42（100.0%）
调度中心及行政	2（7.4%）	0	4（14.8%）	15（55.6%）	3（11.1%）	3（11.1%）	27（100.0%）
广告经营	2（12.5%）	2（12.5%）	2（12.5%）	4（25%）	6（37.5%）	0	16（100.0%）
经视	2（12.5%）	0	5（31.3%）	6（37.5%）	3（18.8%）	0	16（100.0%）
合计	20（12.3%）	8（4.9%）	36（22.1%）	73（44.8%）	22（13.5%）	4（2.5%）	163（100.0%）

χ^2=42.299，df=20，p=0.003.

---

① 湖南卫视目前将生产团队定为一线部门，将总编室、技术中心、宣管、传送部门定位二线部门，其他部门，包括电视剧相关部门都属于三线部门。但卫视正在进行的改革可能会打破这种划分方式，改为按岗位定编。

② 《长沙市社会保险平均缴费工资信息》，长沙市雨花区人民政府，2007-11-01，http://www.yuhua.gov.cn/ggfw/bjsswsb/ndsb/shbx/200804/t20080429_67093.htm；《长沙平均工资 2051 元》，《潇湘晨报》2007 年 3 月 26 日，http://society.news.mop.com/dy/2007/0326/0727188038.shtml；《你的保险保障够不够？》，新浪转自《长沙晚报》2009 年 5 月 13 日，http://news.sina.com.cn/o/2009-05-13/084615616614s.shtml。

比较不同部门收入情况可以发现（见表3-5），无稳定收入比例最高的是生产团队，这可能与其人员流动性最强，且其收入直接与收视率挂钩有关。不过，不同团队制片人指定的收入考核执行方式有所不同，如《快乐大本营》团队内部收入差距主要建立在"奖优"而非"惩劣"的基础上，最高和最低月收入差距为一两千元。但有的团队收视率考核后的收入幅度会大一些，但一般最多为3000元左右，远低于层级之间的差异。5000元以上收入比例最高的是广告经营部门。总编室、调度中心及行政部门过半数人员收入集中的3001—5000元。

5. 婚姻状况

166份样本中未填写婚姻状况的有3个，有效样本数163，占总样本比例98.2%。总体而言，样本中未婚比例高于已婚比例，前者占总样本人数的52.8%，后者占47.2%。

表3-6 受访者所在部门与婚姻状态之交叉分析

部门	婚姻状况		合计
	单身	已婚	
生产团队	49（79.0%）	13（21.0%）	62（100.0%）
总编室	13（31.0%）	29（69.0%）	42（100.0%）
调度中心及行政	10（37.0%）	17（63.0%）	27（100.0%）
广告经营	5（31.3%）	11（68.8%）	16（100.0%）
经视	9（56.3%）	7（43.8%）	16（100.0%）
合计	86（52.8%）	77（47.2%）	163（100.0%）

$\chi^2=30.911$, df=4, $p=0.000$.

受访者婚姻状况与其所在部门之间具有明显的相关性（$p=0.000$）。如表3-6所示，生产部门的单身人数比例最高，超过部门人数一半以上，占79.0%。此比例甚至远高于同处于生产一线的湖南经视团队（单身比例为56.3%）。事实上，生产团队和经视是唯二两个未婚人数多于已婚人数的部门，而其他部门基本上已婚人数都要多出未婚人数一倍左右。

造成生产团队未婚比例如此之高的原因，一方面与生产团队中的生产者较为年轻有关，前面的分析已经表明生产团队受访者的平均年龄比较其他部门是最年轻的；另一方面也与生产团队繁忙、无作息规律的工作性质有关。不少此部门受访者说他们没有时间谈恋爱，也没有足够的时间照顾家庭。

二、生产者的信息关注偏好

如表3-7所示，本研究受访者关注度最高的前三类信息依次是"社会/民生""时尚/娱乐"和"政治/时事"[①]。在7点李克特量表上，受访者对社会/民生关注度得分为5.17分，比对时尚/娱乐的关注度（5.04分）高0.13分，受访者对此两类信息的关心程度均为"比较关心"。政治/时事关注度得分虽然位列第三，但其得分为4.84分，受访者的态度尚未达到"比较关心"的程度。此外，受访者对音乐/美术、文化/教育、旅游/休闲、运动/健身、汽车/房产的关注度也是介于"无所谓"和"比较关心"之间，对游戏/网络、数码/IT，以及产业/财经的态度为"不太关心"。

表3-7　生产者对不同类型信息的关注度

	N	最大值	最小值	均值（M）	标准差（SD）
社会/民生	162	1	7	5.17	1.53
时尚/娱乐	165	1	7	5.04	1.69
政治/时事	164	1	7	4.84	1.75
音乐/美术	164	1	7	4.79	1.70
文化/教育	157	1	7	4.73	1.49
旅游/休闲	164	1	7	4.73	1.72
运动/健身	165	1	7	4.44	1.64
汽车/房产	163	1	7	4.04	1.69
游戏/网络	163	1	7	3.79	1.92

①　以此为依据，本研究也将重点考察生产者对此三类信息的关注与其他观念、行为间的关系。

续表

	N	最大值	最小值	均值（M）	标准差（SD）
数码/IT	162	1	7	3.67	1.70
产业/财经	161	1	7	3.51	1.77

注：本调查对各类信息关注度的测量，最小值为1，最大值为7。其中，1代表"完全不关心"，2代表"不关心"，3代表"不太关心"，4代表"无所谓"，5代表"比较关心"，6代表"关心"，7代表"非常关心"。

但是在样本内部，不同部门最关注的前三类信息存在差异。如表3-8所示：生产团队最关注的信息类型是"时尚/娱乐"（M值为5.25），而其他各部门最关注"社会/民生"类信息。关注度排名第二的信息类型对每个部门都不同，生产团队关注"旅游/休闲"类信息，总编室关注"文化/教育"类信息，调度中心及行政部门关注"时尚/娱乐"类信息，广告经营部门关心"政治/时事"类信息，经视团队关注"音乐/美术"类信息。关注度排名第三的信息类型对卫视生产团队而言是"音乐/美术"，对总编室而言是"政治/时事"，对调度中心及行政部门而言是"文化/教育"，对广告经营部门而言是"文化/教育"和"音乐/美术"，对经视团队而言是"时尚/娱乐"。

表3-8　不同部门生产者关注度最高的前三种信息类型

	关注度第一的信息	关注度第二的信息	关注度第三的信息
生产团队	时尚/娱乐（5.25）	旅游/休闲（5.09）	音乐/美术（4.96）
总编室	社会/民生（5.00）	文化/教育（4.72）	政治/时事（4.71）
调度中心及行政	社会/民生（5.80）	时尚/娱乐（5.51）	文化/教育（5.34）
广告经营	社会/民生（5.81）	政治/时事（5.47）	文化/教育、音乐/美术（5.00）
经视	社会/民生（4.80）	音乐/美术（4.79）	时尚/娱乐（4.75）

注：表中数值为受访者对各种信息关注度在7点李克特量表中的均值得分。1代表"完全不关心"，2代表"不关心"，3代表"不太关心"，4代表"无所谓"，5代表"比较关心"，6代表"关心"，7代表"非常关心"。

值得注意的是，卫视生产团队和经视生产团队最为关心的前三种信息类型中均无"政治/时事"类信息，且其对此类信息的关注度均为"无所谓"（M

值分别为 4.60 和 4.68）。调度中心及行政部门最为关心的前三种信息类型中也没有"政治/时事"，不过其对此类信息的关注度为"比较关心"（M 值为 5.30）。广告经营部门对"政治/时事"类信息的关注度是所有部门中最高的（M 值为 5.47），其与调度中心及行政部门是样本中对"政治/时事"类信息的关注度达到"比较关心"程度的部门，也是样本中对各类信息关注度普遍较高的部门。经视团队是样本中对各类信息关注度普遍较低的部门。

此外，如表 3-9 所示，不同部门的受访者，对上述 11 种信息类型中 3 种信息的关注度存在显著差异。其中部门类型与信息类型相关性最高的是旅游/休闲类信息（$p=0.010$），卫视生产团队、调度中心及行政、广告经营部门对此类信息的关注度均为"比较关心"，平均值（M）为 5 及以上，而经视生产团队对旅游/休闲类信息关注度是"无所谓"，平均值（M）为 4.68，总编室对此类信息"不太关心"，平均值（M）为 3.92。不同部门受访者对旅游/休闲类信息关注度的最大差异为 1.17。

表 3-9　不同部门受访者对三种信息关注度的差异

信息类别	部门	N	均值（M）	标准差（SD）	Sig.（F）
旅游/休闲	生产团队	63	5.09	1.43	0.010（3.43）
	总编室	42	3.92	1.85	
	调度中心及行政	26	5.00	1.91	
	广告经营	17	5.00	1.32	
	经视	16	4.68	1.95	
社会/民生	生产团队	63	4.92	1.46	0.022（2.94）
	总编室	41	5.00	1.68	
	调度中心及行政	26	5.88	1.47	
	广告经营	16	5.81	1.10	
	经视	16	4.87	1.45	
游戏/网络	生产团队	62	4.29	1.85	0.480（2.45）
	总编室	42	3.40	1.79	
	调度中心及行政	27	3.59	2.17	
	广告经营	17	3.00	1.54	
	经视	15	4.13	2.13	

部门类型与信息类型相关性位居第二的是社会 / 民生类信息（*p*=0.022）。调度中心及行政和广告经营部门对此类信息的关注度最高，取值分别为 5.88 和 5.81，两者相差仅 0.07，均接近"关心"的程度。总编室对此类信息也"较为关心"，关注度平均值（M）为 5.0。卫视生产团队和经视生产团队对此类信息的关注度介于"无所谓"与"较为关心"之间，取值均低于但接近 5，分别为 4.92 和 4.87。对社会 / 民生类信息关注度在各个部门间的最大差异为 1.01。

各部门受访者对"旅游 / 网络"类信息的关注度都比对上两类信息的关注度更低，均为"无所谓"或"不太关心"。虽然不同部门对此类信息关注度的最大差异为 1.29，是三种与部门类型存在显著关注度差异的信息类型中内部差异最大的，但因受访者对此类信息的整体关注度太低，在此不予详细描述。

研究还比较了不同科层级别受访者对不同信息的关注差异。干部群体最为关心的前三种类型分别是社会 / 民生（均值为 5.81）、政治 / 时事（均值为 5.44）和文化 / 教育（均值为 4.79）。干部群体对时尚 / 娱乐的关注度（均值为 4.77）几乎接近对文化 / 教育的关注度。员工群体最为关心的三种信息类型是时尚 / 娱乐（均值为 5.10）、社会 / 民生（均值为 5.04）和音乐 / 美术（均值为 4.808），对旅游 / 休闲的关注度（均值为 4.8015）与对音乐 / 美术的关注度几乎相当。

表 3-10　生产者科层级别与对三种重要信息关注程度的关联性

	科层级别	N	均值（M）	标准差（SD）	Sig.（F）
政治 / 时事	干部	27	5.44	1.84	0.056
	员工	135	4.73	1.73	
社会 / 民生	干部	27	5.81	1.54	0.017
	员工	133	5.04	1.51	
时尚 / 娱乐	干部	27	4.77	1.86	0.367
	员工	136	5.10	1.67	

表 3-10 是就不同科层级别的受访者对三种重要信息类型关注程度差异的检验结果。对于政治和时事信息，在 7 点李克特量表上，干部对这类信息关注的均值为 5.44，普通员工为 4.73，单因素方差分析显示其间的差异接近显著水平（p=0.056）。可见受访者中的干部群体对于政治/时事类信息的关注程度的确要比员工对这类信息的关注度高。干部群体对社会/民生类信息的关注更为明显地高于普通员工（p=0.017）。干部对时尚和娱乐类信息的关注程度比员工要低（4.77 vs 5.10），但他们之间的差异并不是显著的（p=0.367）。对于其他各类信息，干部群体和员工群体都没有关注度的显著差异。

表 3-11 生产者性别与三种信息类型关注程度的关系

	性别	样本数	平均值	标准差	F值（ANOVA）	F 的显著水平
政治/时事	男	71	5.31	1.67	9.588	0.002
	女	89	4.46	1.75		
社会/民生	男	69	5.42	1.43	3.436	0.066
	女	89	4.96	1.59		
时尚/娱乐	男	70	4.87	1.66	1.367	0.244
	女	91	5.18	1.71		

如表 3-11 所示，受访者对三种重要信息类型的关注程度与性别并不完全表现出必然的关联性。对政治和时事信息的关心存在男女的显著差异（F=9.588，p=0.002），男性显著高于女性；对社会和民生类信息的关心程度，尽管从均值上看，在 7 点李克特量表上，男性较为明显地比女性高出 0.46，但这种差异并不是严格显著的（F=3.436，p=0.066）。至于时尚和娱乐类信息，女性的均值高出男性受访者，但这两个群体之间不存在必然的差异（F=1.367，p=0.244）。

与受访者性别存在显著关联度的信息类型除了政治/时事类信息外，还有产业/财经类信息（F=6.210，p=0.014），对汽车/房产类信息的关注度差异也接近显著（F=3.823，p=0.052）。对此两类信息的关注度均为男性高于女性。

表 3-12　生产者年龄与对三种重要信息关注度的关联性

	年龄（M=29）	N	均值（M）	标准差（SD）	Sig.（F）
政治/时事	≤29 岁	81	4.35	1.78	0.000(9.588)
	>29 岁	67	5.44	1.63	
社会/民生	≤29 岁	80	4.75	1.53	0.001(9.588)
	>29 岁	67	5.56	1.43	
时尚/娱乐	≤29 岁	82	5.15	1.72	0.231(1.448)
	>29 岁	67	4.82	1.67	

　　如表 3-12 所示，平均年龄以上受访者比平均年龄及以下受访者明显更为关注政治/时事（F=9.588，p=0.000）、社会/民生（F=9.588，p=0.001）；对于时尚/娱乐等其他各类信息，不同年龄段受访者的关注度没有显著差异。

表 3-13　受访者对不同类型信息关注程度的相关分析

	1	2	3	4	5	6	7	8	9	10	11
1 政治/时事	1										
2 社会/民生	0.652**	1									
3 时尚/娱乐	0.128	0.214**	1								
4 汽车/房产	0.135	0.169*	0.240**	1							
5 产业/财经	0.416**	0.329**	−0.002	0.521**	1						
6 文化/教育	0.371**	0.371**	0.196*	0.199*	0.366**	1					
7 数码/IT	−0.031	−0.032	0.229**	0.306**	0.170*	0.167*	1				
8 旅游/休闲	0.011	0.182*	0.457**	0.270**	0.211**	0.288**	0.468**	1			
9 运动/健身	0.137	0.184*	0.178*	0.226**	0.342**	0.296**	0.349**	0.545**	1		
10 游戏/网络	−0.038	−0.001	0.216**	0.216**	0.085	0.065	0.497**	0.317**	0.301**	1	
11 音乐/美术	0.049	0.109	0.388**	0.053	0.005	0.247**	0.242**	0.471**	0.336**	0.301**	1

注：*p<0.05，**p<0.01.

　　对不同信息类型的关注行为之间也存在关联性。如表 3-13 所示，对政治和时事类信息关注程度比较高的受访者，同时对社会和民生类信息（r=0.652，p<0.01）、产业和财经类信息（r=0.416，p<0.01）、文化和教育类信

息（r=0.371，*p*<0.01）的关注程度比较高；但他们对其他类信息关注的程度却并不一定会高。

而对社会和民生类信息关注程度高的受访者，除了对政治和时事类信息关注程度高之外，还对产业和财经类信息（r=0.329，*p*<0.01）、文化和教育类信息（r=0.371，*p*<0.01）的关注程度比较高。另外，这些受访者对社会和民生类信息关注度，还与对汽车/房产、旅游/休闲、运动/健身等信息的关注程度正相关（r<0.25，*p*<0.05）。

至于对时尚和娱乐信息更为关注的受访者，则对除了政治/时事和产业/财经类信息之外的众多类别信息都会投入较多的关心。其中，对旅游/休闲（r=0.457，*p*<0.01）和音乐/美术（r=0.388，*p*<0.01）类信息关注的程度与对时尚/娱乐信息的关注度相对较高，达到接近中度的正相关。

三、生产者对时间和精力的分配情况

本研究通过测量受访者对不同事务投入时间和精力的差异，以期进一步测量受访者的价值观念和性格倾向。如对工作最关注的人看重个人价值、社会身份和地位；对家庭看重的人重视个人情感、家庭稳定性；关注休闲娱乐的人重视生活质量，并可能最具消费主义倾向；关注公共事务的人，对社会和他人抱有责任感，具有更强的民主参与意识和人文关怀；喜爱学习的人，注重个人修养和提升，更易具备较高的文化水准和思考、判断能力；喜爱运动的人，关注身体和健康，通常性格具备较为热情、开朗的一面；热衷社交的人，看重社会关系，但与他人交往的目的往往与自身利益而非公共利益相关，通常来说，更具世故性人格。

表 3-14 不同部门生产者投入时间和精力最高的前三种事务

	投入比例第一的事务	投入比例第二的事务	投入比例第三的事务
生产团队	工作（6.15）	休闲娱乐（4.68）	学习（4.52）
总编室	工作（6.19）	家庭（4.92）	学习（4.52）
调度中心及行政	工作（6.07）	学习（4.84）	公共事务（4.44）
广告经营	工作（6.05）	家庭（5.41）	社交（5.31）
经视	工作（6.06）	家庭（5.06）	休闲娱乐（4.28）

注：表中数值为受访者对各种事务的投入情况在7点李克特量表中的均值得分。1代表"投入很少"，2代表"投入少"，3代表"投入比较少"，4代表"投入一般"，5代表"投入比较多"，6代表"投入多"，7代表"投入很多"。

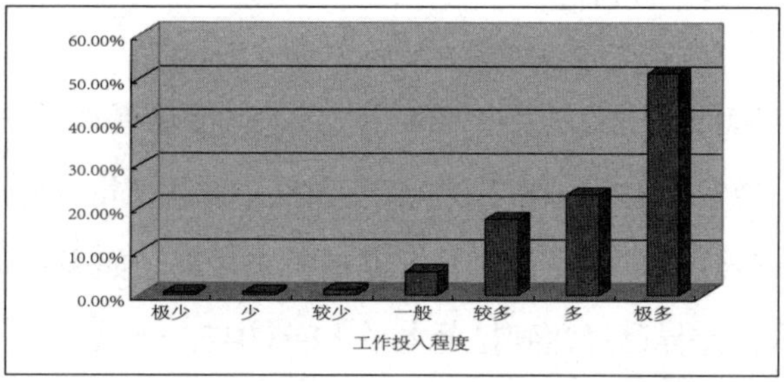

图 3-1 受访者在工作上的投入程度（N=164）

如表 3-14 所示，不同部门生产者在各项事务中对时间和精力分配情况的确存在不同。对所有人来说，工作都是投入最多的事务，其中总编室（M=6.19）和生产团队（M=6.15）比其他部门投入更多，但单因素方差分析表明这种差异并不是显著的（F=0.085，p=0.987）。如图 3-1 所示，超过半数的受访者（51.2%）认为自己在工作上"极为"投入，接近 1/4 的受访者（23.2%）认为自己在工作上投入"多"，接近 1/5 的受访者（17.7%）则认为投入于工作"较多"。在余下的不足 8% 的受访者中，5.5% 的人认为自己在工作上的投入程度为"一般"，1.2% 认为自己投入"较少"，分别仅有 0.6 的受访者认为自己在工作上投入"少"和"极少"。

表 3-15　受访者部门与对两种事务投入程度的相关分析

	部门	N	均值（M）	标准差（SD）	F（Sig.）
家庭投入	生产团队	62	4.14	1.82	3.047（0.019）
	总编室	42	4.92	1.45	
	调度中心及行政	26	4.19	1.98	
	广告经营	17	5.41	1.37	
	经视	16	5.06	1.84	
社交投入	生产团队	63	4.25	1.61	5.171（0.001）
	总编室	42	3.42	1.61	
	调度中心及行政	25	3.52	1.82	
	广告经营	16	5.31	1.40	
	经视	16	3.50	1.59	

对于广告经营部门、经视生产团队和总编室的受访者来说，家庭是除了工作之外他们投入最多的事务，在 7 点李克特量表中的均值得分分别是 5.41、5.06 和 4.92，其中广告经营部门受访者对家庭的投入最高。如表 3-15 所示，不同部门对家庭投入的差异已经达到显著水平（F=3.047，p=0.019），生产团队和调度中心及行政部门的受访者在家庭方面的投入相比其他部门而言要小很多，取值分别是 4.14 和 4.19。在所有受访者中，生产团队工作人员对家庭的投入是最少的，他们更为关心的是休闲娱乐（M=4.68）和学习（M=4.52），而调度中心及行政部门受访者在工作之外关心的是学习（M=4.84）和公共事务（M=4.44）。

虽然不同受访者对工作、学习、休闲娱乐、公共事务、运动这些事务的投入存在排序上的不同，但它们在不同部门之间并没有显著性差异。如调度中心及行政部门受访者是唯一将对公共事务的投入列入前三名的群体（M=4.44），但是单因素方差分析显示 F=2.205，p=0.071，表明对公共事务投入时间和精力的差异并不是严格显著的。

与受访者所在部门存在显著关联的只有两项事务，包括前述家庭投入和社交投入（F=5.171，p=0.001）。广告经营部门对社交投入最高，也是唯一将此项投入列入前三位的部门（M=5.31），这可能与其工作职责密切相关。对社交投入最少的部门是总编室（M=3.42），生产团队在此领域的投入介于两者中间（M=4.25）。

表3-16 受访者对各种事务的投入情况

	N	最小值	最大值	均值	标准差（SD）
工作投入	164	1.00	7.00	6.13	1.12
学习投入	163	1.00	7.00	4.58	1.38
家庭投入	163	1.00	7.00	4.57	1.76
休闲娱乐投入	157	1.00	7.00	4.36	1.72
社交投入	162	1.00	7.00	3.95	1.70
公共事务投入	157	1.00	7.00	3.80	1.79
运动投入	162	1.00	7.00	3.80	1.75

注：对于各种事务的投入时间和精力，其变异范围为1-7，其中1代表"投入很少"，2代表"投入少"，3代表"投入比较少"，4代表"投入一般"，5代表"投入比较多"，6代表"投入多"，7代表"投入比例很多"。

数据表明对上述各项事务的投入与科层级别之间没有关联（$p \geq 0.073$），也就是说，受访者对各项事务投入时间和精力的情况不会因为是否为干部身份或员工身份而有显著变化。就总体而言，如表3-16所示，运动（M=3.80）、公共事务（M=3.80）和社交（M=3.95）都是受访者投入较少的领域，而工作对于所有受访者具有不容质疑的重要性（M=6.13），对工作的投入远远高于对其他事务的投入。受访者保持了较高的学习主动性，对学习的投入（M=4.58）仅次于工作，与对家庭的投入（M=4.57）几乎同等重要。

表3-17 受访者在7个领域的时间投入两两相关分析

	1	2	3	4	5	6	7
1.公共事务	1	0.107	0.191*	0.515***	0.160*	0.296***	0.385***
2.工作		1	0.085	0.145	−0.067	0.023	0.084
3.家庭			1	0.445***	0.492***	0.467***	0.517***
4.学习				1	0.208**	0.412***	0.418***
5.休闲娱乐					1	0.541***	0.519***
6.运动						1	0.477***
7.社交							1

注：*$p<0.05$，**$p<0.01$，***$p<0.001$.

此外，如表 3-17 所示，工作似乎是一项非常特殊的领域，除工作之外，受访者对各项事务的投入都有不同程度的显著相关性，如对公共事务与对学习的投入之间；对运动与对娱乐的投入之间；对社交与对家庭和休闲娱乐之间的关注度都已经达到中度正相关（r>0.5，$p<0.001$），表明对公共事务投入多的人对学习的投入也极可能更高；对运动感兴趣的人对娱乐也更感兴趣，反之亦然；热衷社交的人也热衷休闲娱乐，并对家庭比较关注。但是工作与所有各个方面的投入都没有关系，表明对工作投入多的人不一定对其他事务投入多，当然也不一定投入少。

四、生产者的社会参与行为和态度

本研究通过受访者参与各种选举或投票的频率、态度和主动参与社会公益活动的频次来测量其对社会参与的态度和行为。如表 3-18 所示，虽然选举／投票是公众表达意见的非常重要且较为正式的方式，但是受访者的参与频率非常低。参与频度最高的是对社会事务的投票，如是否将中秋节设定为法定节日等，但其参与度均值仅为"比较少参加"，在 7 点李克特量表中取值 3.11。对如单位领导干部选举等组织任用投票（M=2.52）和如超女投票等娱乐休闲投票的参与度均为"很少参加"，而对如人大代表选举等政治事务投票的参与度取值为 1.74，基本是很少，甚至从未参加。但参与投票的受访者的投票态度却比较认真，在 3 点李克特量表中取值 2.31，表现为较为认真投票。这可能表明受访者并非对选举、投票这种表达公民意见的权利不重视，而是缺少表达的机会。受访者主动参与献血、扶助失学儿童、捐助灾区群众或任何弱势群体的公益活动的频率在 4 点李克特量表中取值 2.58，介于"偶尔参加过几次"和"无规律地参加过多次"之间，表明受访者对参与社会公益事业有积极的认知和意愿，但实际参与度却并不高，远未成为有规律的常态行为。

表3-18　生产者社会参与态度和行动

	N	最小值	最大值	均值（M）	标准差（SD）
参与社会事务投票[1]	163	1.00	7.00	3.11	2.02
参与组织任用投票[1]	165	1.00	7.00	2.52	1.66
参与娱乐休闲投票[1]	165	1.00	7.00	2.50	1.88
参与政治事务选举[1]	164	1.00	7.00	1.74	1.38
参加选举或投票的态度[2]	157	1.00	3.00	2.31	0.67
主动参加公益活动频率[3]	162	1.00	4.00	2.58	0.59

注：[1] 对此4个变量，变异范围为1-7，表示参加的频度，其中1代表"极少"，2代表"少"，3代表"较少"，4代表"一般"，5代表"较多"，6代表"多"，7代表"很多"。

[2] 该变量的变异范围为1-3，代表参与投票/选举的态度，其中1代表"很随意地投票（无具体原则或请他人代投）"，2代表"比较认真地投票"，3代表"综合各方面信息，深思熟虑后投票"。

[3] 该变量的变异范围为1-4，表示参加的频率，其中1代表"从未参加"，2代表"偶尔参加过几次"，3代表"无规律地参加过多次"，4代表"有规律地经常参加"。

对上述6个变量的相关分析进一步证明了"态度"与"行为"之间的关系。如表3-19所示，"参加选举或投票态度"与其余的5个变量皆显著正相关（r>0.20，p<0.05），表明对参加各种选举投票态度认真的受访者，主动参加公益活动的频率，以及参加各类选举的频率会更高。然而，较多主动参加公益活动的受访者，并不一定积极参加其他各类选举活动（r皆不显著）。此外，受访者对于政治事务、社会事务、组织任用与娱乐休闲四种选举活动的参与程度，呈现出显著的两两正相关（r>0.35，p<0.05），表明对其中某一种选举活动参与频率高的受访者，同时参与其他三种选举活动的可能性也较大。当然，受访者对这些选举活动参与的程度，与他们对参加选举或投票的态度之间有显著的正相关关系（r>0.20，p<0.05）。

表 3-19　受访者社会参与态度和行为的相关分析

	1	2	3	4	5	6
1. 参加选举或投票的态度 [1]	1	0.209**	0.205*	0.252**	0.259**	0.203*
2. 主动参加公益活动频率 [2]		1	0.069	0.016	−0.030	−0.029
3. 参与政治事务选举 [3]			1	0.480**	0.634**	0.377**
4. 参与社会事务投票 [3]				1	0.534**	0.349*
5. 参与组织任用投票 [3]					1	0.393*
6. 参与娱乐休闲投票 [3]						1

注：*$p<0.05$，**$p<0.01$.

将受访者信息关注类型与社会参与态度和行为进行相关分析发现，主要有 5 种类型信息与受访者社会参与态度或行为具有显著相关性。

如表 3-20 显示，受访者社会参与的态度（对参加选举或者投票的态度）与对政治 / 时事信息、社会 / 民生信息、产业 / 财经信息和文化 / 教育信息的关注度呈显著正相关（$r=0.328$，$p<0.01$；$r=0.245$，$p<0.01$；$r=0.161$，$p<0.05$；$r=0.162$，$p<0.05$），表明对这四种信息更为关注的受访者，对于参加选举或投票的态度更为认真。然而，对于时尚 / 娱乐信息的关注程度，却与对参加选举或者投票的态度没有任何关联，表明即使受访者关注时尚 / 娱乐信息的程度高，但他们对于参加选举或投票的态度并不因此而有变化（更为认真或者更不认真）。

表 3-20　受访者社会参与态度、行为与对五种信息关注度的相关分析

	政治 / 时事	社会 / 民生	时尚 / 娱乐	产业 / 财经	文化 / 教育
参与政治事务选举	0.277**	0.189*	0.046	0.352**	0.236**
参与社会事务投票	0.179*	0.124	0.129	0.228**	0.115
参与组织任用投票	0.181*	0.079	0.024	0.203**	0.134
参与娱乐休闲投票	0.147	0.077	0.177*	0.262**	0.081
参加选举或投票的态度	0.328**	0.245**	0.119	0.161*	0.162*
主动参加公益活动频率	0.134	0.110	0.049	0.003	0.756*

注：*$p<0.05$，**$p<0.01$.

　　就受访者社会公益事务参与行为层面看，只有对文化／教育信息的关注度与之表现出显著正相关（r=0.756，p=0.029），即关注文化／教育信息越多的人，对社会公益参与事务的参与频率越高。除此之外，对其他四种信息类型的关注程度，与主动参加公益活动频率没有任何关联，表明即使受访者高度关注这四种信息，但他们主动社会公益参与行为的频率却并不一定会高。如非常关注时尚／娱乐信息的人参与社会公益事业的频率不一定偏高，也不一定偏低。值得注意的是，对游戏／网络信息的关注与参与社会公益事业为显著负相关（r=−0.161，p=0.042），表明关注游戏／网络信息越多的人对社会公益事业的参与频率越低。

　　在各类信息中，对产业／财经信息的关注程度与对各种类型选举投票行为都显著正相关，表明对产业／财经信息关注度高的人，对各种选举或投票的参与频率都会高（r ≥ 0.203，p<0.01）。对政治／时事信息关注程度高的受访者，参与政治选举、社会事务、组织任用投票的频率也会比较高（r ≥ 0.179，p<0.05），但参与娱乐休闲投票的可能性并不一定会高。

　　另外，更为关注社会／民生信息和文化／教育信息的受访者，参与政治事务选举的频率会比较高（r=0.189，p<0.05；r=0.236，p<0.01），但参与其他类型投票行为的可能性并不一定增大。最后，更为关注时尚／娱乐信息的受访者，在四种选举／投票参与社会行为中，仅仅和参与娱乐休闲投票表现为显著的正相关（r=0.177，p<0.05）。

　　数据分析还表明，受访者职务级别与其社会参与态度、行为间均无相关性，但是受访者所属部门与社会事务投票和娱乐休闲投票这两种投票行为显著关联。如表3−21所示，广告经营部门对社会事务和娱乐休闲的参与度与其他部门相比都是最高的，在7点李克特量表中的得分分别是4.25和4.17，经视生产团队对社会事务投票的参与度最低，得分为2.62，调度中心及行政部门对娱乐休闲投票的参与度最低，得分为1.77。单因素方差分析表明部门之间在这两种投票行为上有着显著差异（F=2.619，p=0.037；F=5.793，p=0. 000）。

表 3-21　受访者所属团队与两种投票行为的相关分析

	部门	N	均值（M）	标准差（SD）	F（Sig.）
社会事务投票	生产团队	63	2.69	1.88	2.619（0.037）
	总编室	42	3.19	2.14	
	调度中心及行政	26	3.57	1.98	
	广告经营	16	4.25	1.91	
	经视	16	2.62	1.96	
娱乐休闲投票	生产团队	63	2.73	1.94	5.793（0.000）
	总编室	42	2.11	1.50	
	调度中心及行政	27	1.77	1.47	
	广告经营	17	4.17	2.15	
	经视	16	2.12	1.82	

另外，在各类选举行为中，除了生产团队对娱乐休闲类投票的参与度最高外（得分 2.73 分），其他部门参与最多的都是社会事务投票，其中经视生产团队还最关心组织任用类选举投票。

在各种人口学基本变量中仅年龄、婚姻状况和受教育程度与受访者社会参与态度和行为存在部分关联。年龄变量与政治选举行为和选举态度存在显著关联。平均年龄以上的受访者群体，参与政治选举（在 1—7 的李克特量表上）得分为 1.53，而在平均年龄以上的受访者，得分均值为 2.02，单因素方差分析表明两者之间有着显著差异（F=4.863，p=0.029），而且平均年龄以上受访者参与投票或选举态度也比平均年龄以下者更为认真（2.46 vs 2.23，F=4.151，p=0.044）。数据还显示已婚人士比未婚人士更多地参与政治类选举，并且这种差异是显著的（F=6.862，p=0.010），研究者认为这种显著性差异很可能是由年龄变量间接导致的。

受教育程度对投票态度有显著关联（F=3.229，p=0.024），但湖南卫视超过 98% 的员工都是大专 / 本科学历，集中度非常高，因此教育变量对投票行为造成的差异可以不予考虑。

五、生产者的消费行为与态度

从整体上看，受访者在表 3-22 中所列举的 12 种消费活动中，自认为在休闲娱乐这一项中的投入程度是最高的，在 1-7 李克特量表上的均值为 4.35，其次是生活必需品，均值为 4.29。居于第三位的是文化用品，均值为 4.20，其后是服饰用品（4.10）和电子产品（4.01）。社交应酬、储蓄、美容用品、房贷 / 车贷和运动健身这五种消费活动，受访者的得分均值皆在 3-4 之间。受访者对慈善或公共事务以及政治事务这两种活动的消费投入是最低的，在 1-7 李克特量表上的均值仅为 2.84 和 1.86。

表 3-22　生产者群体在 12 种支出项目中的投入程度

	N	最小值	最大值	均值（M）	标准差（SD）
休闲娱乐	164	1	7	4.35	1.51
生活必需品	165	1	7	4.29	1.51
文化用品	166	1	7	4.20	1.49
服饰用品	163	1	7	4.10	1.65
电子产品	165	1	7	4.01	1.58
社交应酬	165	1	7	3.92	1.40
储蓄	166	1	7	3.48	1.72
美容用品	165	1	7	3.40	1.93
房贷 / 车贷	164	1	7	3.11	2.23
运动健身	164	1	7	3.01	1.60
慈善或公共事务	166	1	7	2.84	1.43
政治事务	166	1	7	1.86	1.37

注：对于各种支出项目，其变异范围为 1-7，其中 1 代表"投入比例很低"，2 代表"投入比例低"，3 代表"投入比例比较低"，4 代表"投入一般"，5 代表"投入比例比较高"，6 代表"投入比例高"，7 代表"投入比例很高"。

如表 3-23 所显示的，处于不同工作部门的受访者，在上述 12 种消费活动中的 5 种上，表现出显著的差异。首先看"休闲娱乐"（F=0.101，

$p=0.003$）。总编室的员工在这种消费活动上的投入程度为3.61，是5个部门类别中最低的群体，广告经营部门和经视员工在这种消费活动上的投入最大，分别达4.87和4.81。生产团队和调度中心及行政工作人员则居于上述两个端点之间的位置，在7点量表上的取值是4.62和4.30。

广告经营部门的员工同样在"社交应酬"这一消费活动中投入最大（4.88），其次是生产团队（4.29）。这两个部门的生产者，对社交应酬的投入程度，远远高于其他3个部门的受访者。在其他3个部门中，经视部门（3.68）的员工对该项消费活动的投入程度又高于调度中心及行政（3.48），以及总编室（3.31）的员工。

在"美容用品"这一项目上，经视部门员工的投入程度最高（4.00），其次是生产团队（3.85）和广告经营部门（3.62），在这一消费类别投入最低的是总编室（2.80）和调度中心及行政部门（2.74）的工作人员。这三个层次之间的差距非常明显。

再看"房贷／车贷"这一消费类别（$F=2.515$，$p=0.044$）。生产团队和总编室的员工在这一消费项目上的投入较大，均值分别达3.53和3.28，其次是调度中心及行政、经视部门的受访者，分别为2.92和2.81，在该项目上投入最低的是广告经营部门的受访者，他们的投入均值仅为1.70，还不及生产团队受访者的一半。

最后是"慈善或公共事务"活动的消费投入（$F=2.322$，$p=0.059$）。调度中心及行政、经视两个部门的受访者在这一项目上的投入最多（3.25），其次是广告经营部门（3.17），最后是生产团队（2.78）和总编室（2.38）。由于各个部门的受访者在这一消费类型上的投入差别并不是很大，因此单因素方差分析仅得到接近显著的结果。

表 3-23 不同部门的生产者在 5 种消费活动中的投入差异

	部门	N	均值（M）	标准差（SD）	F（Sig.）
休闲娱乐	生产团队	64	4.62	1.44	
	总编室	42	3.61	1.37	
	调度中心及行政	26	4.30	1.64	0.101（0.003）
	广告经营	16	4.87	1.08	
	经视	16	4.81	1.75	
社交应酬	生产团队	64	4.29	1.28	
	总编室	41	3.31	1.29	
	调度中心及行政	27	3.48	1.60	6.585（0.000）
	广告经营	17	4.88	1.21	
	经视	16	3.68	1.07	
美容用品	生产团队	64	3.85	1.91	
	总编室	42	2.80	1.56	
	调度中心及行政	27	2.74	1.97	3.288（0.013）
	广告经营	16	3.62	2.06	
	经视	16	4.00	2.12	
房贷 / 车贷	生产团队	64	3.53	2.41	
	总编室	42	3.28	2.15	
	调度中心及行政	25	2.92	2.11	2.515（0.044）
	广告经营	17	1.70	1.57	
	经视	16	2.81	2.04	
慈善或公共事务	生产团队	64	2.78	1.26	
	总编室	42	2.38	1.05	
	调度中心及行政	27	3.25	1.81	2.322（0.059）
	广告经营	17	3.17	1.62	
	经视	16	3.25	1.73	

至于生产者的科层级别，仅与上述 12 种消费活动中"储蓄"一项的投入之间存在显著关联性（F=8.794，p=0.003）。其中，"干部"受访者（N=27）的投入均值为 4.37（SD=1.69），而"员工"受访者（N=137）的投入均值要低得多，仅仅为 3.31（SD=1.69）。

本研究以受访者如何评价商品品牌与社会地位、身份等象征性意义的关系作为对消费主义倾向的一个测量指标。如表 3-24 所示，处于不同科层级别的受访者，对于购买品牌的态度之间存在显著差异。在1-6李克特量表上，"干部"群体对"选择名牌甚至奢侈品"的认同度为3.23，而在"员工"受访者群体，这一均值仅为2.73，两个群体之间的差异是高度显著的（*p*=0.014）。总体而言，干部群体比员工群体更看重商品的品牌，前者尽量购买名牌，而后者相对更看重物美价廉；不过，两个群体似乎均未表现出比消费商品本身更看重消费商品意义的消费主义倾向。

表3-24　受访者科层级别与其对购买品牌的态度的关联性

	N	最小值	最大值	均值（M）	标准差（SD）	Sig.(F)
干部	26	2	6	3.23	0.99	0.014
员工	121	1	5	2.73	0.90	

注：对"购买品牌的态度"，取值变异范围为1-6，其中1代表"从不买名牌"，2代表"很少买名牌，更看重物美价廉"，3表示"因看重质量而尽量购买名牌"，4表示"因同时看重质量和品位而尽量购买名牌"，5表示"喜欢奢侈品但对仿版和正版都感兴趣"，6表示"喜欢奢侈品且仅购买正品"。

所有部门中，只有广告经营部门对"选择名牌甚至奢侈品"的认同度超过3，为3.43，其他均低于3，虽然单因素方差分析表明不同部门员工之间在此问题上的差异不是显著的（F=2.015，*p*=0.095），但相对于其他部门受访者而言，广告经营部门员工对"选择名牌甚至奢侈品"的态度取值要显著地高。

六、生产者的人格特征

如表3-25所示，对受访者的人格特征测量显示湖南卫视的生产者整体具有较高的有恒性人格特征（M=7.41）[1]，对应该特征的高分特征应该表现出有恒职责、尽职尽责。经单因素方差分析检验，有恒性特征与性别、年龄、

①　有恒性的低分特征是苟且敷衍、缺乏奉公守法的精神，高分特征是有恒负责、尽职尽责。

婚姻状况、受教育程度、收入情况等各项人口信息及受访者科层级别、所属部门等各项职业信息之间均无关联，表明有恒性的高分特征在受访者群体中具有较高的一致性和普遍性。

虽然湖南卫视为观众呈现出的屏幕形象是时尚、年轻、勇于创新的，但是人格测量的结果却显示生产者总体而言并不具备敢为性（M=5.81）和实验性（M=5.97）的高分特征[1]，而是显得较为中立，换言之，受访者虽然不会对自己的行为因缺乏信心而畏怯退缩，但是在行动之前他们会有较多顾虑，不会贸然行事，他们不会固守传统，也不会过于激进。对这两项人格特征的进一步分析表明，中立的实验性人格具有广泛的一致性，所有受访者，不论部门、阶层还是各种人口学信息差异，都具有无显著差异的得分。

表 3-25　生产者的三种人格特征

	N	最小值	最大值	均值（M）	标准差（SD）
有恒性	163	4.00	9.00	7.41	1.24
敢为性	163	3.00	9.00	5.81	1.57
实验性	161	3.00	9.00	5.97	1.36

注：对此3个变量，变异范围为3-9，小于6表现为相应人格特征的低分特征，分数越低，低分特征越明显；6为中立；大于6表现为相应人格特征的高分特征，分数越高，高分特征越明显。

但是，敢为性却与诸多因素存在显著关联性。首先看职业信息，虽然不同生产部门的受访者在敢为性上没有显著差异（F=1.663，p=0.161），但在科层级别上，干部明显比员工更敢于冒险，少有顾虑（6.33 vs 5.70，F=3.639，p=0.058），这可能与不同科层级别的不同权力有关。干部群体比员工群体拥有更多决策的权力和更多承受风险的能力。

从基本人口信息来看，在性别差异上，男性受访者比女性受访者明显更具有冒险敢为的精神（6.26 vs 5.47，F=10.561，p=0.001）；在年龄差异上，平

---

① 敢为性的低分特征是畏怯退缩、缺乏自信心，高分特征是冒险敢为、少有顾虑；实验性的低分特征是保守的、尊重传统观念和行为标准，高分特征是自由、激进、不拘泥于常规。

均年龄以上的人比平均年龄以下的人更具有敢为性高分倾向（6.29 vs 5.48，F=9.75，p=0.002）。

受教育程度与敢为性存在显著关联（F=4.078，p=0.008），其中高中 / 中专和博士及以上人群的受访者因人数太少不予讨论，在另两种人数较多、具代表性的受访者群体中，硕士学历人群（M=7.14）比大专 / 本科人群（M=5.68）得分高 1.46，而且前者取值高于中间值 6，而后者低于中间值 6，表明两者之间的区别不仅是显著的，而且是质的。换言之，硕士学历的人群开始具有较为明显的敢为性高分特征，而大专 / 本科人群却较为中立，微弱偏向于敢为性低分特征。

不同收入人群的敢为性也存在明显差异（F=3.769，p=0.003），最保守和最激进人群都出现在低收入阶层，其中无稳定收入的生产者敢为性得分最低（M=5.21），这可能与他们不稳定的职场境遇相关。敢为性格最突出的是收入在 1001—2000 元的受访者（M=7.00），按收入情况看，此类人群应该是处于职业生涯从不稳定到稳定之间过渡的生产者，或者是工作收入考核方式与业绩挂钩比例非常高的生产者，他们有更多突破陈规的表现是容易理解的。敢为性高分倾向紧随其后的是月收入 5001 元以上的受访者（M ≥ 6.36），此收入群体一般在生产场域中拥有较高的科层级别和相应的决策权，这可能是解释其敢为性高分倾向的重要原因。月收入在 2001—3000 元和 3001—5000 元的受访者是生产场域中的主体，其敢为性取值分别为 5.55 和 5.66，非常接近，但略小于均值 6。

七、生产者的生活状态

本研究关于受访者生活满意度的调查包括 11 个题项（详见《湖南卫视娱乐节目生产调查问卷》第 8 题，对此各项的评价变异范围为 1–7，1 表示"非常不同意"，7 表示"非常同意"，数字越大同意程度越高），其中第 11 项为总体满意度测量，其余 10 项为分类评价①，测量内容涉及受访者对生活热情或冷漠的态度（第 11-1、11-2 项），是否具有决心与不屈服的心态（第 11-3、11-4 项）、愿望与已实现目标的统一性（第 11-5、11-6 项）、自我评价（第 11-7、11-8 项）和心境（第 11-9、11-10 项）。

从第 11 项的数据来看，受访者对生活满意程度整体较高，在 7 点李克特量表中取值 4.44，接近"比较满意"的水平。满意度在部门之间（F=1.768，p=0.138）和科层级别（F=0.945，p=0.332）之间均无显著差异，其中的微弱区别表现在广告经营部门生产者的生活满意度最高（M=5.35），其次是生产团队（M=4.53）和总编室（M=4.42）的受访者对生活也比较满意，调度中心及行政部门（M=4.14）和经视团队（M=4.06）受访者的生活满意度很一般。此外，干部的生活满意度比员工的取值略高一点（4.77 vs 4.43）。

为了进一步研究，采用探索性因子分析（exploratory factor analysis，EFA）对生活满意度的 10 项测量变量予以简化。以主成分分析（principle component analysis）作为因子提取方法，因子提取标准为特征值大于 1，采用方差最大法（varimax）旋转因子，共析出三个公共因子（KMO 值=0.713），如表 3–26 所示，第一个因子包括 6 项，分别涉及感觉生活充满乐趣；喜欢结交新朋友，兴趣爱好非常广泛；很有目标，并有计划地实现目标；从不向困难低头；感觉正处在自己的最佳状态；完全可以胜任自己的学习或工作。第二个因子包括两项，分别是感觉似乎错过了人生中的大多数机会和愿望总是很难实现。第三个因子也包括两项，分别是总是感觉忧郁和焦虑和总是感觉孤独。这三个因子共可解释原 10 种生活满意度因子的 67.263% 的方差。将第一个因子命名为"积极性与自我评价"，第二个为"心境"，第三个为"愿望与现实的统一度"，它们测量信度的 Alpha 值分别为 0.8283、0.7838 和 0.7819。

---

① 题项设计依据来自《生活满意度量表》，参见汪向东《心理卫生评定量表使用手册》，第三章，《中国心理卫生》1999 年第 12 期。

表 3-26　生产者生活满意度的因子分析

	因子 1：积极性与自我评价	因子 2：心境	因子 3：愿望与现实的统一度
我的生活充满乐趣	0.666	0.474	−0.003
我喜欢结交新朋友，兴趣爱好非常广泛	0.734	0.213	−0.172
我总是很有目标，并有计划地实现目标	0.816	0.135	−0.084
我从不向困难低头，挫折也是财富	0.768	−0.243	0.177
我似乎错过了人生中的大多数机会	−0.047	0.081	0.893
我的愿望总是很难实现	0.085	0.236	0.861
我感觉正处在自己的最佳状态	0.738	0.224	0.019
我完全可以胜任自己的学习或工作	0.565	−0.070	0.107
我总是感觉忧郁和焦虑	0.116	0.870	0.124
我总是感觉孤独	0.034	0.837	0.205
特征值	3.459	2.024	1.243
方差解释量（%）	31.268	19.222	16.773
Cronbach 信度值	0.8283	0.7838	0.7819

将三种生活满意度因子与受访者的各项人口学基本信息分别进行单因素方差分析，结果显示，性别（$p \geq 0.073$）、年龄（$p \geq 0.065$）、婚姻状况（$p \geq 0.080$）、收入情况（$p \geq 0.076$）、受教育程度（$p \geq 0.293$）与生活满意度三项因子之间均无显著相关性，但是，受访者的生活满意度与受访部门之间却存在显著关联。这一现象的原因可能确实与本研究在"生产者对时间、精力的分配情况"中得出的结果一样，工作对于湖南卫视的生产者来说是投入最多，也最为重要的事情，以至于他们对于生活满意度的评价与个体的个性化因素之间的关系被弱化了，而来自工作场合的某些差异成为影响他们对生活满意程度的唯一显著的因素。

数据显示，受访者的生活满意度在科层级别之间没有显著差异（$p \geq 0.710$），在各项生活满意度因子中，只有"心境"因子与受访者所在部门显著相关（F=3.148，p=0.016），表明不同部门的受访者在生活的积极性、自我评价和对"愿望与现实的统一度"的评价上并没有必然的不同，但是他们的心理状态可能在部门之间存在显著差异。数据显示，广告经营部门的心境最好（M=5.32），之后是总编室（M=5.15），这两个部门受访者对心境的评价在7点李克特量表中均超过5，属于比较好的。生产团队（M=4.54）和调度中心及行政（M=4.40）在心境上差不多，取值均介于4和5之间，是接近比较好的评价。而经视团队取值3.81，是唯一一个取值低于中间值4的部门，表明此部门受访者整体而言心境很一般，略偏向比较差。同样都是生产团队，经视团队的心境明显低于卫视团队，这说明可能湖南卫视和经视之间确实存在某些差异，而且比较而言，卫视的环境能让生产者更少感到孤独和焦虑。

将受访者关注信息类型与生活满意度的三个因子进行相关分析，结果表明，对政治/时事、社会/民主、时尚/娱乐、产业/财经、文化/教育、旅游/休闲、运动/健身这7种信息关注度与生活满意度中的积极性与自我评价呈现显著正相关（$r \geq 0.193$，$p<0.05$），即对这些信息关注度越高的受访者，积极性与自我评价可能越高。没有任何一种信息的关注度与生活满意度中的心境显著正相关，但是对汽车/房产的关注与心境显著负相关（$r=-0.178$，$p<0.05$），似乎对此类信息越关注的受众群体，心境越不佳。另外，也没有任何一种信息关注度与生活满意度中的愿望与现实的统一度呈显著正相关，而与之显著负相关的信息类型远远多过与心境负相关的信息类型，包括政治/财经、产业/财经、文化/教育、运动/健身，表明对这些信息关注越多的受访者，愿望与现实的满意度越低。

将受访者对公共事务、工作、家庭、学习、娱乐休闲、运动、社交方面的投入情况与生活满意度的三个因子进行相关分析发现，虽然工作是生产者投入最多时间和精力的事务，但它除了与积极性、自我评价因子显著正相关外（$r \geq 0.211$，$p<0.001$），对受访者的生活满意度没有影响。倒是对家庭和社交的投入，除了增加受访者的积极性和自我评价外，还与心境表现出显著正相关（$r \geq 0.182$，$p<0.05$），表明在此两个领域投入多的受访者，心境会更好。此外，没有任何一项事务的投入和愿望与现实统一程度存在显著关联性。

八、女性制片人

在受访者中，湖南卫视的女性制片人是非常值得关注的群体，主要有三个方面的原因。

第一，制片人是生产链条中非常重要的一环，按照《新闻学大辞典》中对"电视节目制片人"的界定，制片人"是电视节目创作集体的总负责人和制作过程的总责任者。负责拟订制作计划，确定节目主题，决定摄制形式，列出经费预算，选择撰稿人或编剧，选择导演，指导、监督摄制进程等。节目制作完成后还要负责宣传和推销。对节目制作的艺术问题和技术问题都负主要责任"[①]。在湖南卫视的节目生产链条中，制片人的重要性与此定义相比，有过之而无不及，他们是团队的领导者，也是团队中最权威的业务骨干，他们拥有较大的权力，可以根据需要对人员优化组合、自主招聘，对人员进行考核评定，对划给栏目组的广告收入可以自由支配。制片人直接对台长负责，这种机制再向前一步，就是制播分离。

第二，女性制片人的女性身份也值得被关注。如前述分析，湖南卫视生产者中女性比例略高于男性，但大多数女性处于基层工作岗位，干部群体中的女性比例仅为 29.6%，远低于男性。而在湖南卫视调度中心 2009 年提供的资料中，14 个团队的共 22 位制片人和执行制片人中，男性为 7 人，女性为 15 人，其中女性制片人在所有制片人中所占的比例达到 68.18%，不仅远高于干部群体中女性所占比例，而且高于所有生产者中女性所占比例。这足以说明湖南卫视制片人群体性别的特殊性。

第三，湖南卫视生产者群体对一线生产团队中女性工作者的职业表现给予较高的评价。在对湖南卫视女性生产者职业能力评价的调查中，有效问卷为 163 份，其中有 36% 的人认为团队中女性比男性表现得更出色；35% 的人

---

① 甘惜分：《新闻学大辞典》，河南人民出版社 1993 年版，第 240 页。

持中立态度，认为女性和男性一样出色；只有 19% 的人认为男性比女性出色。在 7 点李克特量表中，对"我们团队中女性的表现比男性更出色"一项的评分为 4.63 分，表明受访者整体上是偏向比较赞同此观点的。在进一步分析中我们发现，对女性在生产场域表现的评价与科层级别没有显著关联（F=0.052，p=0.820），但是与生产部门显著相关（F=3.336，p=0.012）。其中，经视团队对女性能力的评价最高（M=5.75），表明该部门受访者很赞同"女性表现比男性出色"的说法。卫视生产团队也比较赞同此说法（M=4.84）。但是广告部门对此项取值仅为 3.93，表明该部门受访者对女性表现比男性出色的说法保持中立，并略微偏向比较不赞同的态度。其他部门，包括调度中心（M=4.46）、总编室（M=4.28）对女性从业者职业表现的评价则比较中立，但偏向比较赞同女性表现更出色的说法。此结果说明，对一线生产团队中女性工作者职业能力的评价是高于其他部门的，而女性制片人更是一线团队中最为核心的群体。

为什么在湖南卫视电视娱乐节目的生产团队中，尤其是制片人群体中拥有这么多表现优秀的女性工作者呢？原因之一可能是女性的一些性别天赋比男性更适合娱乐节目生产的工作。电视属于视觉艺术，与绘画有着密不可分的联系。而在中国古代传说中的画祖正是一位姓"嫘"的女性。东汉许慎在《说文解字》中写道："画嫘，舜妹。画始于嫘，故曰画嫘。"女性在中国传统神话中以绘画的创始者登场说明在远古人的概念中绘画的早期创造是与女性相关的 [①]。虽然今天绘画并非女性的专属，但是从有关画嫘的传说中我们隐约可以感觉到女性在视觉艺术方面可能确实存在某种禀赋。此外，女性的天性是温柔的，她们比男性更耐心、更细心，对寂寞、压力的承受能力也被认为比男性更强，这些都非常适合电视娱乐节目生产中大量琐碎、细致的组织、协调、沟通和制作工作。而且湖南卫视的主要收视群体是女性，女性生产者对女性受众的需求可能更为了解。不过，对湖南卫视"女性制片人现象"更

---

① 廖雯：《绿肥红瘦 古代艺术中的女性形象和闺阁艺术》，重庆出版社 2005 年版，第 13 页。

为深层的解释还需要在企业制度和文化层面来寻找原因。

湖南广电早在 2001 年就提出要转变"重局轻集团，重仕轻商"的陈腐观念，前者在市场规律的制衡和经济效益的推动下已有所改善，而后者因为中国传统仕途文化的根深蒂固，加上"为官"与个体命运密不可分的利益纠葛，至今尚未完全退却，并在男性群体中表现得更为突出。但是湖南广播影视集团的成立就要用新的生产关系取代旧的生产关系。面向市场的新的生产体系与过去行政体系的根本区别在于行政体系以权力为中心，而市场化的生产体系以效益和效率为中心，它虽然潜藏着"唯利是图"的道德和伦理风险，但却在客观上消解了刻板、陈腐的政治权力。湖南卫视的"制片人制"也在这片改革浪潮之中由过去的"生产""管理"二合一转向单纯的"生产"职能。为了减少管理成本，提高工作效率，激发制片人及其团队的工作积极性，湖南卫视实行了扁平化的管理模式，制片人一般都由团队中业务水平最高、最具影响力的人担任，他们被赋予很大的权力，可以自主调配与节目生产相关的资源，并直接对台长负责。在此模式中，"制片人"作为节目创意和生产的组织、领导者，是团队的灵魂与核心，它已经成为代表专业权威的英雄符号，而非与政治权力勾连的仕途阶梯。更有意思的是扁平化的管理模式（制片人直接向台长负责）建构了"生产者"与"管理者"、"知识权威"与"政治权力"平等对话的现实景观，而这一景观正是中国传统知识分子曾经奋力争取的，也足以在一定程度上满足知识分子对自身价值和社会地位的想象。在所有的生产者中，女性比男性更容易为此而满足。不少男性生产者在接受访问时表示担任制片人不能满足他们的事业心，而不少女性生产者则说她们理想的工作状态是能带领团队制作成功的电视节目，并在节目中体现自己的思想。

将受访者对"我们团队中女性的表现比男性更出色"的评价与对"我们拥有引以为荣的团队文化和精神"的评价进行相关性分析，数据表明受访者对团队文化的认同与对女性受访者的职业评价呈现显著正关联（r=0.161，p<0.05），表明对女性生产者职业表现评价越高的人，对团队企业文化的认可程度也越高。将受访者对女性职业表现的评价与他们对工作动力和压力的

评价进行相关分析发现工作压力中的心绪压力和工作动力中的精神动力与对女性职业表现评价没有显著相关性（$r=0.123$，$p>0.05$；$r=0.150$，$p>0.05$），但实际压力和物质动力均与对女性职业表现评价呈现显著正相关（$r=0.165$，$p<0.05$；$r=0.197$，$p<0.05$），这说明对女性职业表现评价越高的人，不论男性还是女性都不会为此有任何心绪上的困扰或压力，他们的压力主要还是来自实际工作的困难，同时物质方面的激励比精神方面的激励更多地对他们发挥作用。有不少男性生产者在受访中表示他们出于男性对女性的宽容（"好男不跟女斗"），更容易倾向于赞同女性的意见，而且女性都非常卖力地工作对男性是一种更大的感染。这些信息意味着湖南卫视的工作环境是有利于女性施展才华的自由的、宽松的环境，也进一步说明在湖南卫视的生产场域中存在生成"女性制片人现象"的制度和文化土壤。

然而，湖南卫视的女性制片人在职场中获得的认可和成功并不意味着她们拥有了与男性真正平等的社会地位。其一，在制片人之上，更高的决策层是由男性绝对主导的。其二，研究数据表明对女性职业表现的评价与受访者的性别和婚姻状况存在一定的关联性，如表3-27所示，女性对女性的评价略微高于男性对女性的评价（4.86 vs 4.35），这种差异接近显著水平（$p=0.057$），虽然并不严格，但很可能意味着男性对女性职业能力的认同度并没有女性自我感觉的那么好。

表3-27　性别、婚姻状况与受访者对女性职业能力评价的相关性

	N	平均值 M	Std. Deviation	F（Sig.）
男	70	4.35	1.77	3.679（0.057）
女	91	4.86	1.59	
单身	85	4.89	1.44	5.026（0.026）
已婚	76	4.30	1.89	

注：表中是对"我们团队中女性的表现比男性更出色"说法的评价，取值变异范围为1-7，其中，1表示"非常不同意"，2表示"很不同意"，3表示"比较不同意"，4表示"中立"，5表示"比较同意"，6表示"很同意"，7表示"非常同意"。

再看婚姻状况与对女性生产者评价的相关性，两者非常显著相关（$p=0.026$），表现为单身的受访者对女性职业表现的评价明显高于已婚人士（4.89 vs 4.30）。事实上，湖南卫视娱乐节目生产团队的女性生产者，尤其是女性制片人的单身比例（包括未婚和离异）非常高[1]，而男性制片人的婚姻状况要稳定得多。女性生产者确实为了工作做出了比男性更大的牺牲，有女性受访者说：

> 工作太忙了，没有时间谈恋爱，就是谈了也吹了。
>
> 谁愿意娶个工作时间没有规律，整天不回家的人做老婆？
>
> 从做这一行起，我就没有性别的概念了。

研究者将受访者对女性职业表现的评价与他们的生活满意度进行相关分析后发现两者之间没有关系（$r \leq 0.121$，$p>0.05$），这表明受访者，尤其值得注意的是，其中的女性并不会因为自己有很好的职业表现而一定拥有更好的生活积极性与自我评价，也不一定拥有很好的心态和愿望与现实的满意度。事实上，对女性职业表现的评价与心态（$r=-0.102$）和愿望与现实的满意度（$r=-0.127$）这两个因子的相关性 r 值均为负数，但 p 值显示尚未达到显著负相关的程度（$p>0.111$）。这更进一步证实了湖南卫视的女性生产者，包括本研究最为关注的女性制片人群体从工作成就中获得的幸福感是有限的。

虽然正如恩格斯在《家庭私有制和国家的起源》中指出的那样："妇女解放的第一个先决条件就是一切女性重新回到公共的劳动中去"，因为"男子在婚姻上的统治是他的经济统治的简单的后果，它将自然地随着后者的消失而消逝"[2]，在职场获得成功的女性制片人不论其是否具有主观的意愿，都将获得

---

[1] 由于卫视娱乐节目生产团队女性制片人的群体范围已经非常明确，为了保护受访者隐私权，在此对与其婚姻状况相关具体数据和情况不予详细注明。

[2] 恩格斯：《家庭私有制和国家的起源》，人民出版社 2003 年版。

在家庭生活、两性关系中更多的话语权和主导地位。但是中国当今的社会文化依然是一种更体贴男性追求事业的父权文化，比较而言，湖南卫视的小环境更有利于女性自立自强的人格发展和优秀才能的发挥。然而，也正是这种小环境与大环境在性别文化上的差异将湖南卫视的女性生产者推向了难以实现事业与家庭两全的困境。

第二节 生产场域

上节描述了湖南卫视生产者的基本人口学结构、政治和文化取向、生活满意度及几种与研究相关的人格特征。这些生产者的特性或多或少会对其生产行为产生影响，并在最终的文化产品中得到体现。但是它们仅仅是对生产行为发挥作用的一部分因素，因为生产者的生产不可能完全按照个人意愿进行，而是要在一定的生产场所，遵照一定的制度，为了特定的目的，有组织地进行。生产行为发生的过程及其所处的环境正是本节要论述的重点——生产场域。

生产场域并不是一个固定的物理空间，它既包括相对静态的管理和服务于生产的制度和文化系统，也包括相对动态的在此系统的规约和保障下进行的生产行为。本节将从生产场域中的生产者、生产部门的组织结构及运作方式、生产的制度管理和生产场域中的文化，共四个角度，对湖南卫视电视娱乐节目的生产过程和特点进行论述。

一、生产场域中的生产者

1. 生产者对自身职业社会地位的评价

几乎所有的受访者都以自己作为湖南卫视的工作人员而感到自豪，并且认为工作成果带来的社会地位令自己感到舒服，使自己在一些场合被特别地对待，如被给予特别的尊重，被给予行使某些方面的特权等。这种自我感受与受众对媒体从业人员的评价基本相符。

表3-28　受众对媒体从业人员社会地位的评价

	N	最小值	最大值	均值（M）	标准差（SD）	02调查数据[①]
大学教授	266	1	10	7.12	2.33	8.25
律师	266	1	10	7.03	2.18	7.95
工程师	266	1	10	7.00	2.10	7.69
医生	266	1	10	6.92	2.21	7.13
电视新闻节目主持人	266	1	10	6.91	2.01	
电视娱乐节目主持人	266	1	10	6.65	2.11	7.03
电视综艺娱乐节目制作人	266	1	10	6.65	2.05	
电视新闻记者和编辑	266	1	10	6.48	2.07	
政府干部	266	1	10	6.40	2.65	7.20
中学教师	266	1	10	6.19	2.23	6.37
警察	266	1	10	6.18	2.40	5.49
护士	266	1	10	5.75	2.27	4.88
司机	266	1	10	4.54	2.46	3.95
售货员	266	1	10	4.19	2.42	3.64
保险推销	266	1	10	4.13	2.31	3.51

　　如表3-28所示，在15种不同的社会职业中，受众对电视媒体从业者的社会地位整体排名第五名，其中在10点李克特量表中，新闻节目主持人取值6.91，娱乐节目主持人取值6.65，娱乐节目制作人取值6.65，新闻记者和编辑取值6.48。与2002年《社会转型过程中传媒人职业状况调查》中媒介从业者的自我评价（陆晔，俞卫东，2003）相比，媒体从业者的社会地位与政府干部的社会地位对调，媒体从业者地位上升一位，政府干部地位下降一位。与"02调查"在排序上不同的还有医生地位由第2下降到第4，但依然高于媒体从业者；保险推销从第13下降到第15，对媒体从业者地位也没有影响。值得注意的是，受众对大学教授、律师、工程师、医生和媒体从业者社会地位的评价在10点李克特量表中的取值均低于"02调查"的结果，但是媒体从业者与大学教授间的区别也比"02调查"要小（0.64 vs 1.22）。这些表明，

①　陆晔、俞卫东：《社会转型过程中传媒人职业状况——2002年上海新闻从业者调查报告之一》，《新闻记者》2003年第1期，第44页。

受众对这些职业社会地位的评价在整体上有所下降，同时内部差异有所缩小，但是媒体从业者的社会地位在与各种职业的相对比较中有所提升。在电视媒介从业者内部，娱乐节目主持人和制作人的地位相当，介于新闻节目主持人和新闻记者、编辑之间。

2. 生产者对所属团队竞争力的评价

生产者对生产场域和团队竞争力的评价采用 7 点李克特量表进行测量，1 表示"非常不同意"，2 表示"很不同意"，3 表示"比较不同意"，4 表示"中立"，5 表示"比较同意"，6 表示"很同意"，7 表示"非常同意"。数据显示，整体而言，受访者认为团队取得的成绩主要来自团队成员之间具有很好的合作（M=5.62），而且团队具有很好的执行能力（M=5.55）。其中对团队合作能力的认可与受访者所在部门（F=1.498，p=0.205）和科层级别（F=0.694，p=0.406）均无显著相关性，具有非常广泛、一致的认可度。对于团队执行能力的评价与科层级别无关（F=0.829，p=0.364），但是与部门显著相关（F=2.903，p=0.024）。其中总编室和广告经营部门对自己团队执行能力的评价最高，在 7 点李克特量表中的取值分别是 5.95 和 5.87，表明他们都对所属团队的执行力很强的说法是很赞同的。其次是生产团队，均值得分 5.59，接近很赞同所属团队执行力很强的说法。同样是生产一线的经视团队对自我执行力的评价明显低于卫视的生产团队，均值得分为 5.18，对执行力强的说法只是比较赞同。调度中心及行政对团队执行力的评价是最低的，取值 4.85，尚未达到"比较同意"的水平。

此外，受访者还认为他们的团队具有明确的工作目标和计划（M=5.42），同时具有一定的灵活性，在遇到困难时，总能尽快寻找解决办法（M=5.41），新的创意总能被耐心听取和尊重（M=5.29），团队成员总能共同面对压力和问题（M=5.14），成员之间具有充分、良好的沟通（M=5.07）。这些评价与受访者科层级别之间均无相关性（$p \geq 0.114$），在与所属部门的单因素方差分析中，只有"新创意能否被耐心听取"一项与部门之间有接近显著的相关性

（*p*=0.057），对此项评分最高的是经视（M=5.81），取值接近6。评价最低的是调度中心与行政部门（M=4.48），取值低于5。生产团队、总编室、广告经营部门对此项的认可度都是比较高的（M ≥ 5.37）。

值得一提的是，受访者对团队的创新能力、学习能力和执行能力的评价都比较高，但是比较而言，执行能力的评价最高（M=5.55），学习能力位列第二（M=5.26），创新能力居第三（M=5.23）。

进一步相关分析表明，受访者达成共识的两个团队特性，"合作性"和"执行力"与受访者的生活满意度存在部分相关性。其中，对团队合作价值评价越高的受访者，积极性和自我评价也会越高（r=0.207，*p*<0.01），而对团队执行力的评价则除了与积极性与自我评价（r=0.304，*p*<0.01）显著正相关外，还与心境（r=0.218，*p*<0.01）显著正相关。

对团队执行力和合作性的评价与生产者对实际压力的评价均无关联，但与心绪压力都呈现显著负相关（r=-0.296，*p*<0.01；r=-0.292，*p*<0.01），与生产者工作动力的两个因子，精神动力（r=0.431，*p*<0.01；r=0.499，*p*<0.01）和物质动力（r=0.273，*p*<0.01；r=0.354，*p*<0.01）均显著正相关，表明对团队执行力与合作性评价越高的人，心绪压力越低，工作动力越大。

3. 生产者对湖南卫视的评价

本研究还考察了生产者对其所供职的湖南卫视的形象评价，并将之与受众的评价进行比较。如表3-29和图3-2所示，生产者和受众都认为湖南卫视是时尚而非传统（2.54 vs 2.60）、聪明而非笨拙的（2.64 vs 2.89），他们也对湖南卫视是比较真实而非虚幻（3.35 vs 3.62）、比较公平而非操纵（3.61 vs 3.85）、比较成熟而非冒进（3.36 vs 3.49）的评价达成共识，而且生产者比受众更倾向于左端评价，即生产者对湖南卫视的评价比受众的评价要更时尚、更聪明、更真实、更公平、更成熟，但单因素方差分析表明这种差异并不是典型、显著的（*p* ≥ 0.076）。

生产者与受众也都赞同湖南卫视给人的感觉是温暖而非残酷（3.17 vs

3.09）、理想而非现实的（3.75 vs 3.72）。对这两个变量的评价，消费者比生产者更靠近左端，即观众对湖南卫视的评价比生产者的自我评价更温暖、更理想。对于应该用高雅还是媚俗来形容湖南卫视，生产者的评价基本是中立，微弱偏向于媚俗（4.09），而受众的评价是中立，但偏向高雅（3.86）。不过两种受访者这些变量赋值的差异也并不显著（$p \geq 0.111$）。

生产者和受众对湖南卫视形象评价存在显著差异的变量有四个，分别是大众—小资（2.38 vs 2.76，F=5.638，p=0.018）、责任—商业（3.59 vs 3.93，F=3.769，p=0.053）、勇敢—懦弱（2.67 vs 3.09，F=8.827，p=0.003）和精英—草根（4.29 vs 3.62，F=16.979，p=0.000）。其中对前三个变量的差异只是量上的差异，即数据表明生产者明显比受众更认为湖南卫视很大众、有责任、很勇敢，但是在对湖南卫视的这些评价上，双方在质上还是达成了共识的。与之不同的是对"精英—草根"这对变量的评价，生产者的态度是中立偏草根，而受众认为湖南卫视的形象是中立偏精英的。

表3-29　生产者和受众对湖南卫视形象描述的对比

	生产者均值（M）	生产者标准差（SD）	受众均值（M）	受众标准差（SD）	F	Sig.
时尚—传统	2.54	1.56	2.60	1.79	0.184	0.668
大众—小资	2.38	1.58	2.76	1.80	5.638	0.018
责任—商业	3.59	1.96	3.93	1.93	3.769	0.053
真实—虚幻	3.35	1.72	3.62	1.69	3.152	0.076
精英—草根	4.29	2.03	3.62	1.78	16.979	0.000
高雅—媚俗	4.09	1.49	3.86	1.58	2.543	0.111
温暖—残酷	3.17	1.72	3.09	1.64	0.274	0.600
勇敢—懦弱	2.67	1.54	3.09	1.62	8.827	0.003
聪明—笨拙	2.64	1.56	2.89	1.65	3.073	0.080
公平—操纵	3.61	1.62	3.85	1.69	2.768	0.097
理想—现实	3.75	1.91	3.72	1.73	0.017	0.896
成熟—冒进	3.36	1.58	3.49	1.66	0.743	0.389

注：对此12组变量，变异范围为1—7，表示对每组两端形容词的赞同程度，其中1代表"完全同意左端"，2代表"同意左端"，3代表"比较同意左端"，4代表"中立"，5代表"比较同意右端"，6代表"同意右端"，7代表"完全同意右端"。

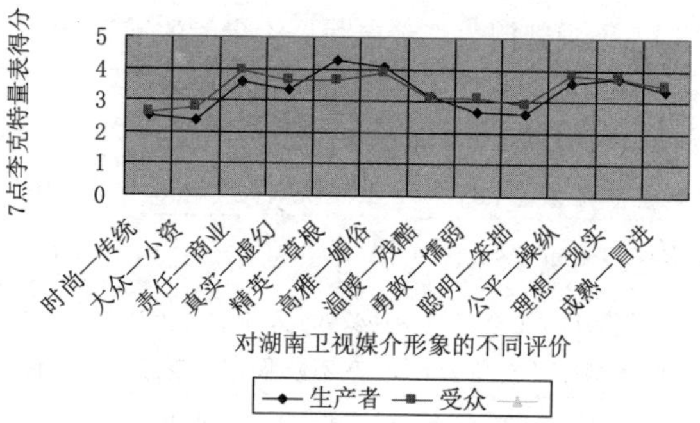

图 3-2 生产者和受众对湖南卫视形象描述的对比

4. 生产者工作压力的来源

所有部门的生产者都感觉压力比较大，其中自我压力评价最大的是广告经营部门，在 7 点李克特量表中的取值为 5.4375，之后依次是调度中心及行政（M=5.4074）、经视（M=5.0625）、生产团队（M=4.9531）和总编室（M=4.9286），然而，单因素方差分析显示这种部门之间对自我压力评价的差异并不显著（F=0.650，p=0.628）。

不过，不同部门生产者感受到的压力类型却不尽相同，如表 3-30 所示，对所有生产者来说，由"工作责任非常重"带来的压力都是非常显著和重要的，它是除经视受访者之外的其他部门受访者评价为最大的压力来源。生产团队、总编室和调度中心及行政部门的受访者在工作责任之外，感受到的最大压力都是工作量太大和担心身体健康，只是排序略有差别。对生产团队，身体健康因素排名第二，工作量带来的压力排名第三。而总编室和调度中心及行政与之相反。广告经营部门在工作责任之外，感受到的最大压力是考核和收入（M=4.87）。他们也是唯一一个将工作难度评价为压力来源前三位的受访群体。对经视受访群体而言，工作责任带来的压力排名第三，他们最担心的是身体健康状况（M=5.25），心态不够稳定也给他们带来了一些困扰。

表 3-30　不同部门生产者自我评价最大的前三种压力类型

	排名第一的压力	排名第二的压力	排名第三的压力
生产团队	工作责任非常重（4.96）	担心身体健康（4.57）	工作量太大（4.28）
总编室	工作责任非常重（4.83）	工作量太大（4.50）	担心身体健康（4.45）
调度中心及行政	工作责任非常重（5.48）	工作量太大（4.70）	担心身体健康（4.42）
广告经营	工作责任非常重（5.12）	考核和收入压力（4.87）	工作难度很高（4.18）
经视	担心身体健康（5.25）	心态不够稳定（5.12）	工作责任非常重（4.68）

注：对生产者承受压力大小的评价取值范围为 1—7，其中 1 代表"压力极小"，2 代表"压力很小"，3 代表"压力比较小"，4 代表"压力一般"，5 代表"压力比较大"，6 代表"压力很大"，7 代表"压力极大"。

需要特别说明的是，表 3-30 中受访者评价最大的前三种压力来源，虽然在类型上存在差异，但这种差异是不同压力类型相对同一部门比较的结果，而单因素方差分析显示，除"心态不够稳定"一项因素外，该表中任何一种其他的压力类型对不同部门之间都不存在显著差异（$p \geqslant 0.087$）。如"工作责任非常重"虽然对经视受访者团队而言是排名第三的压力因素，但是与其他团队对此因素的取值并没有显著区别（F=0.964，p=0.429）。

与部门之间存在显著关联的压力来源只有四种，包括同事之间关系（F=6.609，p=0.000）、感觉工作无社会价值（F=6.078，p=0.000）、感觉付出得不到认可（F=4.268，p=0.003）和心态不够稳定（F=4.622，p=0.001）。

表 3-31　与部门类型存在显著关联性的四种压力类型

	同事关系带来的困扰	感觉工作无社会价值	感觉付出得不到认可	心态不够稳定
生产团队	2.84	2.28	3.09	3.79
总编室	2.50	2.61	3.88	3.57
调度中心及行政	4.11	3.77	4.23	4.38
广告经营	3.37	1.56	2.37	2.75
经视	4.18	3.43	3.81	5.12
F（Sig.）	6.609（0.000）	6.078（0.000）	4.268（0.003）	4.622（0.001）

注：对生产者承受压力大小的评价取值范围为 1—7，其中 1 代表"压力极小"，2 代表"压力很小"，3 代表"压力比较小"，4 代表"压力一般"，5 代表"压力比较大"，6 代表"压力很大"，7 代表"压力极大"。

如表 3-31 所示，经视受访者感受到的由人事关系带来的压力和困扰（M=4.18）与卫视的调度中心及行政部门（M=4.11）几乎相当，但两者明显高于湖南卫视其他团队对此因素造成压力的评价（M ≤ 3.37），其中总编室（M=2.50）和生产团队（M=2.84）受访者对人事压力的评价都是介于"很小"和"比较小"之间的。

对于因为感觉工作无社会价值而产生的压力，各部门受访者的评价都是很低的，这表明总体而言受访者对自己工作的社会意义和价值都比较有成就感，但是其程度在部门之间还是存在较为显著的差异。其中调度中心及行政部门（M=3.77）和经视（M=3.43）受访者更多地感觉到自己的工作在社会价值上还有所欠缺，并因此产生了一些压力。而其他部门因此感受到的压力都是很小的，尤其是广告经营部门的取值仅为 1.56，与对此项感觉压力最大的调度中心及行政部门比较，还不到其取值的一半。

再看"感觉付出得不到认可"给受访者造成的压力，调度中心及行政对此感觉最为明显（M=4.23），总编室（M=3.88）和经视（M=3.81）紧随其后，对此压力感觉较为"一般"，而生产团队（M=3.09）对此压力感觉"比较小"，广告经营部门（M=2.37）对此压力的评价则接近"很小"。

在所有的部门中因为心态不稳而感觉到压力最大的部门是经视，在 7 点李克特量表中的取值为 5.12，压力是"比较大"的。其次是调度中心及行政部门也感觉到较为明显因心态不稳定造成的压力（M=4.38）。此类压力最小的是广告经营部门（M=2.75），生产团队（M=3.79）和总编室（M=3.57）对此类压力的评价也是比较小的。

由于本研究关于受访者压力来源的调查包括 9 个题项，为了进一步发现造成不同受访者压力区别的原因，采用探索性因子分析（exploratory factor analysis, EFA）对其予以简化，以利于下文的分析。以主成份分析（principle component analysis）作为因子提取方法，因子提取标准为特征值大于 1，采用方差最大法（varimax）旋转因子。下文所有的因子分析均采用类似方法。

表 3-32　受访者压力因子分析

	因子 1：实际压力	因子 2：心绪压力
同事间的关系让我烦恼，感觉很消耗	0.327	0.640
我的工作量太大了	0.778	0.196
我的工作难度很高	0.814	0.030
我的工作责任非常重	0.781	−0.013
考核和收入给我很大的压力	0.694	0.255
我感觉自己的工作没有社会价值	−0.075	0.841
我感觉自己的付出得不到充分的认可	0.078	0.804
我很担心自己的身体	0.628	0.190
我的心态不够稳定	0.278	0.712
特征值	3.591	1.770
方差解释量（%）	32.77	26.78
Cronbach 信度值	0.768	0.803

该分析共析出两个公共因子，如表 3-32 所示，第一个因子包括 5 种压力，分别涉及工作量太大、工作难度很高、工作责任非常重、考核和收入的压力和身体健康状况；第二个因子包括 4 种来源，分别是同事间关系带来的烦恼、感觉工作没有社会价值、感觉付出得不到充分认可、感觉心态不太稳定。两个因子共可解释原 9 种压力的 59.55% 的方差。将第一个因子命名为"实际压力"，第二个为"心绪压力"。其中，这两个压力变量测量信度的 Alpha 值分别为 0.768 和 0.803。如表 3-33 所示，在受访者的压力构成中，实际压力大于心绪压力（4.43 vs 3.27）。

表 3-33　受访者两种压力因子比较

	N	最小值	最大值	均值	标准差（SD）
实际压力	160	1.00	7.00	4.43	1.23143
心绪压力	164	1.00	7.00	3.27	1.37333

在此基础上，通过多元阶层回归分析发现影响受访者实际压力和心绪压力的主要因素。在性别、年龄等可能影响受访者实际压力和心绪压力的多个

自变量中，仅有"所在部门"这一变量显著影响到受访者心绪压力的评价（见表 3-34 ）。

表 3-34 影响受访者实际压力和心绪压力的多元阶层回归分析

	实际压力	心绪压力
性别	−0.063	−0.048
年龄	0.143	−0.007
教育程度	−0.099	−0.040
月收入	0.052	0.121
婚姻状态	0.076	0.037
职务级别	0.097	0.149
R^2	3.7	3.5
所在部门（生产团队 =0）		
总编室	0.003	0.025
调度中心及行政	0.046	0.306**
广告经营	−0.082	−0.137
经视	0.092	0.235**
R^2 的增加量	1.6	13.1**
最终的 R^2	5.3	16.6**

注：表格中回归系数为标准化 β 值。*$p<0.05$，**$p<0.01$，***$p<0.001$。

在表 3-34 所呈现的 2 个多元回归模型中，仅有第二个模型整体达到显著的程度。具体来看，调度中心及行政部门的工作人员相对生产部门员工的心绪压力更大（ β =0.306，$p<0.01$ ）。另外，经视部门的员工相对生产部门员工的心绪压力也更大（ β =0.235，$p<0.01$ ）。其他所有人口统计学等因素，对受访者实际压力和心绪压力感知都没有任何影响。其中，调度中心及行政相对生产团队比起经视相对于生产团队，对心绪压力的影响更大。这种影响的来源在于，调度中心及行政人员更多地感觉自己的工作没有社会价值（3.77 vs 3.43），并且付出得不到充分的认可（4.23 vs 3.81），不过他们相对于经视的工作人员来说，心态要稍微稳定一些（4.38 vs 5.12）。

5. 生产者工作动力的来源

各受访群体表现出了比较大的工作动力，在 7 点李克特量表中的总体平均值为 4.79，非常接近 5（表示"动力比较大"）。具体而言，广告经营部门的动力最大（M=5.62），之后依次是生产团队（M=4.81）、经视团队（M=4.75）、调度中心及行政（M=4.73）、总编室（M=4.50）。单因素方差分析显示，不同部门之间工作动力的差异并不显著（F=4.268，p=0.003）。

如表 3-35 所示，受访者总体而言最大的工作动力来自"为所在集体骄傲"而产生的集体荣誉感（M=5.56），其次，"对电视的热爱"（M=5.33）、"提升个人能力"（M=5.294）、"施展才华的自由"（M=5.292）、"成就感"（M=5.14）、"职业带来的社会地位"（M=4.79）都为受访者带来了比较大的动力。"奖励、激励机制"（M=4.56）、"稳定、有归属感"（M=4.54）和"领导的器重"（M=4.34）带来较为一般的生产动力。而"职位升迁"（M=3.23）对所有从业者均无明显推动作用。

表 3-35　受访者生产动力来源分析

	N	最小值	最大值	均值	标准差（SD）
为所在集体骄傲	164	1.00	7.00	5.56	1.44509
对电视的热爱	164	1.00	7.00	5.33	1.51588
提升个人能力	163	1.00	7.00	5.294	1.49457
施展才华的自由	164	1.00	7.00	5.292	1.51870
成就感	162	1.00	7.00	5.14	1.56126
职业带来的社会地位	164	1.00	7.00	4.79	1.56054
奖惩、激励机制	162	1.00	7.00	4.56	1.83459
稳定、有归属感	164	1.00	7.00	4.54	1.79742
领导的器重	164	1.00	7.00	4.34	1.65577
职位升迁	163	1.00	7.00	3.23	1.71979

注：对生产工作动力来源的评价取值范围为 1-7，其中 1 代表"动力极小"，2 代表"动力很小"，3 代表"动力比较小"，4 代表"动力一般"，5 代表"动力比较大"，6 代表"动力很大"，7 代表"动力极大"。

在各项工作动力来源中，有三项因素与受访者所在部门存在显著关联，分别是"为所在集体骄傲"（F=3.038，p=0.019）、"领导的器重"（F=3.405，p=0.011）和"奖惩、激励机制"（F=2.216，p=0.070）。

其中，从为集体骄傲而获得最大工作动力的是广告经营部门（M=6.43），这可能与广告部门是电视台与外界交流沟通最多、获得外界评价最直接的部门有关。其次是总编室（M=5.71）和生产团队（M=5.56），在此项获得动力最少的是调度中心及行政，虽然其取值为4.96，比广告部门少1.47，差距非常明显，但是也已经非常接近"动力比较大"（M=5）的评价。

在所有部门中，经视团队（M=4.93）和卫视的生产部门（M=4.76）在7点李克特量表中的取值都接近5，表明对"领导器重"较为重视，并因此获得比较大的工作动力。其他部门在此项的取值都接近4，表现为从领导的器重只能获得一般的动力，其中调度中心及行政的取值最小（M=3.69）。由"领导器重"带来的工作动力在科层级别也存在接近显著的差异（F=3.629，p=0.059），干部表现得比员工更能由此获得工作动力（4.88 vs 4.22）。

"奖惩和激励机制"对广告经营部门带来的工作动力最大（M=5.33），其次是生产团队（M=4.81），而调度中心及行政从中获得的工作动力最小，其取值仅为3.88，比广告部门低1.45，差距非常显著。

表3-36　不同部门受访者的工作动力前五名排名比较

	生产团队	总编室	调度中心及行政	广告经营	经视
第一名	为所在集体骄傲	为所在集体骄傲	对电视的热爱	为所在集体骄傲	为所在集体骄傲
第二名	施展才华的自由	提升个人能力	施展才华的自由	提升个人能力	施展才华的自由
第三名	对电视的热爱	对电视的热爱	成就感	职业带来的社会地位	对电视的热爱
第四名	成就感	施展才华的自由	提升个人能力/为所在集体骄傲	奖惩、激励机制	提升个人能力/成就感
第五名	提升个人能力	成就感	稳定、有归属感	施展才华的自由	领导的器重

如表 3-36 所示，不同部门受访者对工作动力的排名存在明显不同。排名第一的工作动力对调度中心及行政部门受访者是"对电视的热爱"，而对其他各部门都是"为所在集体骄傲"。排名第二的工作动力，对生产团队、调度中心及行政和经视团队都是"施展才华的自由"，对总编室和广告经营部门是"提升个人能力"。排名第三的工作动力，对生产团队、总编室和经视团队都是"对电视的热爱"，对调度中心及行政是"成就感"，对广告经营部门是"职业带来的社会地位"。排名第四和第五的工作动力在各部门之间的分化就非常明显了。值得注意的是，广告经营部门是唯一将"职业带来的社会地位"评价为工作动力来源前三名的部门，调度中心及行政是唯一将由"归属感"获得的动力评价为前五名的部门，经视团队是唯一将"领导的器重"评价为工作动力前五名的受访部门。

表 3-37　生产者动力因子分析

	因子 1：精神动力	因子 2：物质动力
为所在集体骄傲	0.678	0.174
对电视的热爱	0.773	−0.062
提升个人能力	0.555	0.193
施展才华的自由	0.711	0.163
成就感	0.489	0.388
职业带来的社会地位	0.706	0.378
奖惩、激励机制	0.493	0.577
稳定、有归属感	0.670	0.381
领导的器重	0.217	0.795
职位升迁	0.036	0.864
特征值	4.390	1.207
方差解释量（%）	33.48	22.48
Cronbach 信度值	0.8083	0.7367

为了进一步分析受访者的工作动力与其他因素的关系，对问卷中的 10 项相关测量项进行因子分析，如表 3-37 所示，共析出两个公共因子（KMO 值 =0.835），两个因子共可解释原 10 种动力的 55.96% 的方差。第一个因子

共 6 项，包括为所在集体骄傲，对电视的热爱，提升个人能力，施展才华的自由，职业带来的社会地位，稳定、有归宿感，将之命名为"精神动力"，其测量可信度的 Alpha 值为 0.8083；第二个因子共三项，包括奖惩、激励机制，领导的器重，职位升迁，将之命名为"物质动力"，其测量可信度的 Alpha 值为 0.7367。

将生产者动力的两个因子与各项人口学信息分别进行单因素方差分析，动力因子与受访者性别（$p \geq 0.150$）、年龄（$p \geq 0.335$）、受教育程度（$p \geq 0.621$）、收入情况（$p \geq 0.192$）、婚姻状况（$p \geq 0.238$）均无显著相关性，这表明生产者在职场中的工作动力来源不存在个体性的差异。再将动力因子与科层级别和受访部门分别进行单因素方差分析，发现动力因子与科层级别之间也没有显著相关性（$p \geq 0.306$），表明不管是普通员工还是领导干部，他们在工作动力上的差别并不显著，这进一步说明了工作动力在湖南卫视生产者群体中的平均性，也可能是该群体信奉"平等主义"文化立场的一种体现。

非常重要的是，我们在动力因子与部门之间发现了显著相关性，而且这种显著相关性只存在于物质动力因子与部门之间（F=2.645，$p=0.036$），而精神动力因子与部门是没有显著关联的（F=0.867，$p=0.485$）。这表明在湖南卫视生产者群体中存在着某种非常广泛、统一的精神文化层面的引导力，能够引导生产者更为努力地工作。这种引导力到底是什么？研究者将在下文"生产场域中的文化"中试图回答这个问题。

将两种动力因子进行比较可以发现，精神动力因子在 7 点李克特量表中的取值为 5.14，生产者对其持比较认同的态度；而物质动力因子的取值仅为 4.05，生产者基本对其不置可否。这说明湖南卫视生产团队中的精神激励文化引导力是在实际上推动生产者努力工作的主要力量，而物质方面的动力既没有发挥负面作用，让生产者感到不满意而打击他们的生产积极性，也没有对促进生产发挥太多的激励作用。当然，也有可能是所有生产者都并不看重物质激励，但这似乎不大可能。

表 3-38　生产者物质动力因子与部门的相关性

	N	均值	标准差（SD）	F（Sig.）
生产团队	64	4.38	1.31	
总编室	42	3.77	1.29	
调度中心及行政	24	3.44	1.77	2.645（0.036）
广告经营	15	4.20	1.27	
经视团队	16	4.27	1.20	

不过如前所述，物质动力在部门之间还是存在显著差异的。表 3-38 列出了详细数据，可以从中看到，卫视生产团队对物质动力的取值是最高的，达到了 4.38，其次是经视团队，为 4.27。这说明一线生产团队是物质动力最大的部门，这与湖南广电提出的集团资源向卫视倾斜和卫视提出的所有政策向一线倾斜的策略是吻合的。对物质动力评价第三的是广告经营部门，在 7 点李克特量表中取值 4.20。上述三个部门的取值均高于中间值 4，表明物质动力对这三个部门的生产者多少还是不同程度地发挥了作用，而对于取值低于 4 的总编室（M=3.77）和调度中心及行政部门（M=3.44），他们基本上不太认同物质动力给工作带来的影响。

如表 3-39 所示，三个不同的生活满意度因子之间存在部分相互关联性。积极性与自我评价和愿望与现实统一度之间没有关联性，但是它们分别都和心境呈现显著正相关（r>0.2，p<0.01），换言之，心境越好的人，积极性与自我评价越高，而且愿望与现实统一度也会越高。这说明为生产者营造有利于心境的工作环境对提升他们的生活满意度评价是最为有效的。

表 3-39　受访者生活满意度因子、工作动力、压力的相关分析

	1	2	3	4	5	6	7
1. 积极性与自我评价	1	0.270**	0.053	0.112	−0.167*	0.570**	0.287**
2. 心境		1	0.303**	−0.182*	−0.469**	0.136	0.001
3. 愿望与现实统一度			1	−0.126	−0.296**	−0.036	−0.118
4. 实际压力				1	0.356**	0.093	0.143
5. 心绪压力					1	−0.256**	−0.168*

	1	2	3	4	5	6	7
6.精神动力						1	0.557**
7.物质动力							1

注：*$p<0.05$，**$p<0.01$.

上述各项生活满意度因子的取值范围均为1—7，其中，1代表"极不满意"，2代表"很不满意"，3代表"比较不满意"，4代表"满意程度一般"，5代表"比较满意"，6代表"很满意"，7代表"极为满意"。

受访者的工作压力中实际压力与心境显著负相关（r=-0.182，$p<0.05$），表明实际压力越大，心境越不好，但是实际压力对积极性与自我评价和愿望与现实统一度不会产生显著的正向或反向的影响。心绪压力与实际压力正相关（r=0.356，$p<0.001$），即心绪压力大的受访者，实际压力也可能很大，但是心绪压力对受访者生活满意度的影响比实际压力要显著很多，它与所有生活满意度因子都呈现出负相关（r ≤ -0.167，$p<0.05$），即心绪压力大的受访者，生活满意度的各项因子，包括积极性与自我评价、心境、愿望与现实统一度都会很低。这说明好的心绪对于保持生产者的生存状态非常重要，也就是说，生产者对来自诸如工作难度之类的实际压力的承受力要强于对来自心境的困扰。减轻工作难度、压力可能会伴随出现更稳定的心境，如感觉更轻松，更少焦虑，但其作用可能仅限于此。而如果能为生产者提供简单的人际关系、轻松愉快的工作环境、对他们的工作价值给予充分的肯定，则他们的心绪压力将会减小，很可能伴随对生活满意度评价的整体提高，并形成良性循环。

生产者工作动力的两个因子精神动力和物质动力之间正向显著相关（r=0.557，$p<0.01$），它们均只与生活满意度中的积极性与自我评价一项因子有显著关联，为显著正相关（r ≥ 0.287，$p<0.01$），表明感觉工作更有动力的生产者会有更高的生活积极性和自我评价，当然，他们的心境和愿望与现实统一度不一定更高或更低。

二、生产部门的组织结构及运作方式

1. 组织结构

湖南卫视最高决策和管理层由台党委、台务会和台编委会组成。其中台党委由书记（台长）和台委委员组成，台务会由副台长和台长助理组成，这两个是成员固定的常设机构。而台编委会可以根据实际情况灵活召集。

在此最高层之下是 20 多个平行部门和 20 个生产团队，他们共同构成了湖南卫视扁平化管理的组织架构。这 20 多个部门包括台办公室、政治部、财务部、物资中心、工会、老干办、保卫部、纪检监察、广告部、拓展部（下属有一个负责电信增值、网络等电视衍生业务的公司"阳光快乐公司"）、总编室、宣管办（负责把握导向，审片，监屏）、新闻中心、研发中心、调度中心、技术中心（负责技术人员和技术设备的管理）、技术办（负责技术管理、规划、考核和新技术推广、培训）、传输中心、覆盖办、电视剧中心（负责拍摄和制作电视剧）、金鹰办、期刊社、北京办事处、全资子公司天娱（负责大型活动和艺员管理）、合资公司响巢（制作电视剧，如《丑女无敌》）和芒果公司（电影生产）。

在这 20 多个部门中与电视娱乐节目生产最密切相关的是总编室、生产团队和调度中心。

湖南卫视总编室是功能非常强大的一个部门，虽然在功能上类似大型企业的"市场部"，但因为湖南卫视已经进入了以频道生产和经营为核心，而非过去以节目生产和经营为核心的阶段，而且广告商投放广告的标准也不再是单一的节目，而是更为看重媒体的定位、品牌形象和影响力，因此从频道经营理念出发，总编室才是生产的核心部门。而生产团队虽然是生产一线部门，但其功能更像零部件供应商。

总编室由一位主任和 4 位副主任领导，下设 9 个部门，分别是规划编排部（14 人）、播出部（30 人）、形象工作室（29 人）、企划推广部（14 人）、品牌管理部（8人）、外制节目部（5人）、剧类资源部（3人）、节目统筹部（3人）和综合部（3人），其结构方式如图3-3所示（综合部是一个事务性部门，未在图中列出）。

　　规划编排部是总编室最为核心的部门，其职责主要有四项。其一是节目规划，在市场调研的基础上进行频道品牌建设（包括品牌的升级、拓展、包装、频道内推广和后期维护）和内容建设（如研究频道需要什么样的节目，如何编排播出，节目预算等）。节目规划的提前量是正式实施前的大半年到一年。其二是节目统筹，包括生产与播出对接的管理、节目播出过程中的统筹安排和节目在频道内的推广（所谓频道内是指观众可以在电视频道中看到的部门）。其三是节目及节目带的维护管理，此项管理从节目生产环节就开始介入，包括确保节目时长零误差、安排广告制作、编排等。而在节目播出之后，节目带作为固定资产的管理和利用也由此部门负责。其四是根据市场变化进行电视剧的前景论证、后期包装、推广、炒作、宣传（频道内）和编排播出。整体而言，编排部对节目的生产过程提供了前景论证、策划、生产管理、编排播出和产后评估的深度介入，为节目生产提供了基于打造和维护频道品牌价值的宏观视角和方向。

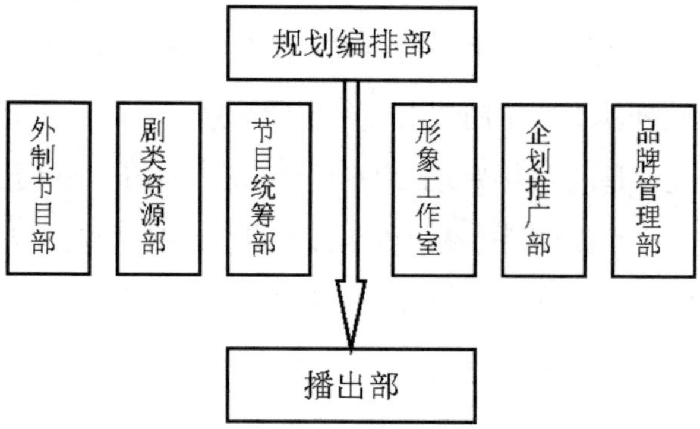

图3-3　湖南卫视总编室组织结构

　　其他各部门也都有明确的职能，品牌管理部负责总体上的品牌管理、提供完善节目考核管理机制和备播节目的准备；企划推广部负责所有频道外的媒介推广、舆情掌控和危机公关；形象工作室负责对节目和频道进行视觉化包装，制作各类宣传片；节目统筹部负责对内进行节目的统筹管理；剧类资源部负责电视剧资源的管理；外制节目部负责制播分离节目的引进和管理；播出部负责播出。这些部门相互配合，实现了对卫视频道各类节目生产、编排、播出、推广的无缝管理。这正是湖南卫视虽然是目前自办节目最多的省级卫星频道，但其屏幕形象却鲜明统一的重要原因。

特别值得注意的是，湖南卫视总编室的组织结构中囊括了除生产团队外，所有可能影响最终屏幕内容和形象的环节，它有效地降低了因部门壁垒而造成的沟通、协调和管理成本，使每一个有利于屏幕形象的决策和方案能以最快、最保真的速度得以实现。例如，湖南卫视屏幕右下方不时出现最新节目播出预告，这个工作最有效率的实现方式是在播出线上完成，而播出部属于总编室，这样当编排部确定此方案后，无须多费口舌，立刻可以执行。试想，如果播出部不属于总编室，情况将会复杂很多，需要跨部门沟通、申报、批示……一个流程走下来，可能已经错过了时机，甚至未等流程走完，创意已经被抹杀了。湖南卫视屏幕形象的精致是由细节决定的，而细节需要科学的生产和管理制度作为保障。

湖南卫视生产组织结构中的另一特点是台领导直接分管团队，而团队由制片人领导，这样就形成了制片人与台领导的直接对话，它给予了制片人更大的权力和责任，是湖南卫视实施扁平化管理的第一步。在调度中心 2009 年提供的资料中，人数最少的团队仅由 3 人组成，最多的有 29 人。这些团队有一个共同的特点是团队成员的教育背景非常丰富，文、史、理、工、农、医都有涉及，不过整体而言还是以文科，尤其是人文、艺术类更多。每个团队的人员设置不尽相同，如《天天向上》团队设置了主创导演、导演、责编、嘉宾导演、开场秀导演和制片主任；《背后的故事》仅设置了编导和美编两种岗位；制作《金牌魔术团》的易骅团队则没有明确岗位设置，都是根据不同项目灵活安排。但一般而言，任何一个团队内都会有人承担导演、编辑和制片这三种工作。导演负责节目创造、策划、录制。编辑负责编排剪辑。制片负责各种事务性的工作，包括报批设备清单等。一线生产团队的工作人员一般都比较受尊重，因为湖南卫视所有部门的生产者对一线生产的重要性已经达成共识，大家都知道只有节目做好了，才能有效益。因此各种人、财、物的政策都向一线倾斜，所有部门都为一线服务。这确实在客观上有助于保持一线工作人员的创作热情。生产团队被如此重视的现象在国内电视台并不普遍存在。不少跳槽去其他电视台的湖南电视台员工都会因此在工作场域中感觉严重水土不服，并最终选择回归。不过正如前文所述，与频道经营理念相符的生产核心部门应该是总编室而不是生产团队，只是在目前无法实现完全市场化制播分离的情况下，频道对团队的依赖是无法改变的。

湖南卫视组织结构的第三大特点是调度中心。该中心成立于2007年，是湖南卫视实现扁平化管理的第二步。调度中心负责对所有生产要素进行调度和安排以保证生产的顺利进行。下设调度办、演艺事务部、制片部、演播部和制作统筹部。其中调度办负责对各种资源进行动态管理，包括物资、车辆、人员、技术、设备的调度和整体协调。一般他们会提前一个月或至少两周至三周与节目组沟通制定工作安排。在节目现场录制时还会安排1–2人现场跟踪，主要是为了监督除团队外的各种资源的执行情况并解决现场的突发问题。此外，调度办也负责处理调度中心的各种日常事务。演艺事业部主要负责艺员、主持人的协调及其聘请合同的签订。制片部主要负责各种活动的制片工作和新项目的上报审批等比较灵活的事务性工作。演播部负责舞美道具的制作，演播厅的管理，灯光、屏幕等设备不足时的租赁补给，技术人员、设备的外请等。制作统筹部下设三个小组，分别是摄像组、化妆组和服装组。

调度中心是湖南卫视组织结构中很有特色的一个部门，在其他电视台亦不多见，它最大的作用在于消除技术壁垒，降低内耗，为生产提供资源保障。在传统的电视台组织结构中，技术部门容易倚仗技术门槛，滋生权力腐败，"技术部门都是爷，都得被求着"。常常可以遇到的情况有如谎称设备有问题、谎称技术无法实现等，他们可以找到多种借口对生产团队说NO。但建立调度中心之后，相当于出现了对技术部门的管理和制衡机构，它会掌握包括技术能力、设备状态等所有资源的情况，不论生产团队提出任何资源上的要求，只要是必需的，调度中心就会想尽一切办法组织调度，甚至包括借用外部资源。

除上述三个部门之外，研发中心也参与了市场和节目的研究与开发工作，主要是推动新节目的研发、样片经费审核、部分样片制作和部分季播节目的生产（如《成人礼》）。到本书截稿时，该部门办有三份研究性刊物，包括每周的《创新周刊》，每月的《模式研究报告》和《电视新战略》，主要偏向宏观战略的研究。虽然都进行市场和战略研究，但研发中心与总编室的区别在于总编室是一个职能部门，拥有一些权力，如签订购买节目模式的合同，对节目进行收视率考核，决定节目的上下、编排方式、时间长短等，而研发中心则偏向服务功能。

2. 决策和生产流程

湖南卫视为新节目制定了规范的准入流程和创意评价标准。按照准入流程，新节目在准入之前需要经过"市场需求分析→产生创意→创意论证→形成概念及节目立项→组织招标及指定策划人→样片中试与评估→节目试播"的过程。对于创意的评价标准由基本指标、竞争力指标和效益指标三个部分组成，其中基本指标包括是否与频道定位契合，是否具有可操作性；竞争力指标包括是否具有原创性（节目形式、内容和形态等），是否具有资源的独占性，目标受众是否大众化，是否具有功能性（娱乐、信息、交流、教育等）；效益指标包括是不是好的广告载体，资金运作是否有保障，是否具有进入节目市场的潜质。[①]

不过，实际的操作要比上述制度灵活得多，目前湖南卫视的节目中有60%是直接来自领导创意；30%是根据市场需求定制，如青岛啤酒指定要做

---

① 《湖南卫视管理制度汇编》，第29-31页。

运动节目，结合体育真人秀节目《青岛啤酒·我是冠军》；只有剩下的 10%
是来自自下而上的创意，包括研发中心认可的或制作团队提出的。也就是说，
目前湖南卫视的创新、研发能力主要体现在个人，尤其是领导身上，而非来
自体制的保障，也并不是所有的节目都有严格的自主研发、反复论证的过程。
如 2005 年《超级女声》进入尾期时，面对即将出现的播出空当，台里非常
着急，编委会会商的结果是接下来的新节目要与超女有一定延续性，但令人
满意的可行性方案一时没有出现，在此情况下湖南卫视购买了 BBC 的《The
just two of us》的模式，并在购买后的 20 天做出了《名声大震》。以此为起点，
湖南卫视开始了与海外媒体更深入的合作。

节目引进使得湖南卫视的节目来源更加多样化，也带来一些制作理念的
变化，如节目生产的计划性、创作的多元化都有所增强，但其可能带来的负
面影响则是对自主创新的压制，因为成熟的节目模式毕竟意味着更少的市场
风险，出于趋利避害的考虑，新创意更容易被搁置。但是，引进模式的产业
链价值远不及自主研发的节目。

除了从国外购买节目模式外，湖南卫视还首创了"内部制播分离"，在
集团内各频道整合优质资源。例如《快乐大本营》来自湖南经济电视台的《幸
运 3721》；《天天向上》来自湖南经视的《越策越开心》；《超级女声》《快乐男
生》《跨年演唱会》均来自湖南电视台娱乐频道。对于这些优秀资源的整合
方式有两种：一种是人员整合，将优秀节目团队调入卫视；另一种是节目整
合，通过一次性购买的方式将地面频道的节目模式购买后由卫视自己的团队
制作。由于这些被整合的节目资源都已经在地面频道经过了收视率检验，因
此在客观上有效地降低了卫视的创新风险和由此带来的成本。

虽然节目的来源有多种，但不管是自主创新、模式购买还是内部制播分
离，都必须统一于节目编排的需要。除了台领导直接创意之外，通常都是由
总编室根据收视和市场分析召集研发中心、调度中心、广告部门进行会商，
讨论市场需求，确定需要的节目类型，经编委会审议通过后确定节目来源类
型，或者购买，或者向合适的生产团队定制。一般来说，湖南卫视不倾向于

直接购买成品节目，因为外制节目可能需要面临价值观和理念上的修正问题，而且外制对人员的管理与考核也不及对内部人员方便。

如果选择购买，下一步可能面临的是节目模式的本土化改造，但一些成熟的节目模式提供商并不允许对其模式随意更改，因此需要进行复杂的沟通工作。

如果选择向团队定制，接下来会进入创意→创意论证→样片制作→样片评估的过程。湖南卫视拥有数十支各具风格但均经验丰富的团队，他们有的擅长访谈节目，有的擅长音乐节目，有的擅长娱乐节目，有的擅长游戏节目。通常台领导会根据新节目的需要直接指定合适的生产团队进行制作。在访谈中多位团队制片人均表示，在湖南卫视，内部团队之间的竞争是良性、公平的，大家各尽所长，更大的竞争是来自与其他频道同时段节目的收视竞争。

虽然一线生产团队是需要不断产生新创意的部门，但是湖南卫视的生产团队的核心人员构成却非常稳定，绝大多数制片人和主力编导都已在湖南电视台工作5—8年，甚至上十年。虽然有观点认为湖南台喜欢用"熟悉的人"，这样会增加创新的难度，但这种稳定的团队结构显然具有另一方面的优势，即丰富的经验和有效率的融合。几乎所有的生产者在受访中都强调在对市场的判断、节目方向和制作细节的把握上，经验是他们最重要的依据之一。以《快乐大本营》为例，据说该节目已经积累了一本颇有厚度的"葵花宝典"，对于主题的确定也有规可循。主要依据四方面因素：第一，约1/3选题依据特殊节日或纪念日策划。第二，约1/4选题根据重大题材，包括一些临时性重要活动确定。第三，如有企事业单位加入的，则协商确定选题，标准之一是要与大众息息相关。如与华北制药厂合作的节目主题为"健康每一天"；与湖南梦洁床上用品公司合作的项目，主题为"爱在家庭"。第四，由编导根据社会、市场需要讨论确定主题，具有较大随意性。（王炳文，2000）

除了"经验"及生产者自己的意见外，影响某一生产行为可行性判断的因素还有生产团队的意见、领导的意见、受众需要、经费限制、技术可能性和宣传纪律。不同制片人对这些因素重要性的排列各不相同，但其中有一些共通的规律。除前述他们都非常看重自己的感觉和判断外，他们也都非常看重受众的需要，而对宣传纪律的重要性评价是最低的。原因并非不重视，而是在此问题上没有可商榷的余地。此外，他们都认为创新是最大的困难之一。

如表 3-40 所示，生产者整体认为评判节目最重要的因素是收视率，其在 7 点李克特量表中的取值为 6.15。其次是团队讨论意见（M=5.41），该项取值也接近 6。之后是观众反馈意见和上层领导意见，两者取值几乎一样（5.14 vs 5.13），这似乎验证了访谈中一位制片人说的话：

观众喜欢的肯定就是领导喜欢的。

表 3-40　生产者对节目评价因素的排序

	N	最小值	最大值	均值（M）	标准差（SD.）
收视率	165	1.00	7.00	6.15	1.30
团队讨论意见	164	1.00	7.00	5.41	1.48
观众的反馈	164	1.00	7.00	5.14	1.58
上层领导	163	1.00	7.00	5.13	1.77
业内权威人士	163	1.00	7.00	4.85	1.60
自己的判断	163	1.00	7.00	4.79	1.67
朋友或亲人的意见	163	1.00	7.00	4.28	1.67

注：节目评价因素重要性的取值范围为 1-7，1 代表"很不重要"，2 代表"不重要"，3 代表"不太重要"，4 代表"中立"，5 代表"比较重要"，6 代表"重要"，7 代表"很重要"。

的确，在湖南卫视娱乐节目的生产场域中，上层领导更多的是对方向的把关，而非对生产细节的介入，而他们对方向的理解一是政治导向上要慎重，二就是市场需要。因此，上层领导和观众反馈对于评价节目同样重要就不难理解了。

没有达到"比较重要"程度，即取值小于 5 的节目评价因素有三项，分别是业内权威人士（M=4.85）、自己的判断（M=4.79）和朋友或亲人的意见（M=4.28）。

上述排序充分说明湖南卫视的娱乐节目生产是完全以市场、受众为导向的。其中值得注意的是，虽然生产者在生产决策中非常看重自己个人的感觉和经验，但是在节目评价时，"自己的判断"却变得并不重要，这说明生产者对自己经验的自信并不是盲目、僵化的，而是更看重市场的检验。也许只有这样对市场永远保持开放的态度才能积累更多有价值的经验。

将各节目评价因素因子与受访者所属部门进行单因素方差分析，发现了一项显著相关性。数据显示对"上层领导意见"重要性的评价在部门之间存在显著差异（F=3.113，p=0.017），其中认为领导意见对评价节目最重要的是调度中心及行政部门（M=5.73），之后依次是生产团队（M=5.39）、总编室（M=4.90）、经视团队（M=4.86）、广告部（M=4.00）。

在各节目评价因子与受访者所属阶层进行单因素方差分析也发现一项显著相关性，数据显示，干部群体明显比普通员工更加认为"自己的判断"对节目评价很重要（5.42 vs 4.65，F=4.699，p=0.032）。对干部群体而言，"自己的判断"是除"收视率"之外，他们认为最重要的节目评价因素；而对于普通员工而言，"自己的判断"仅位列各项因素重要性的倒数第二名，与生产者的整体数据一致。此结果似乎与湖南卫视的领导者几乎都是业务型的领导者，而且目前节目创新也主要来自领导创意的现象存在关联。

3. 编排

电视节目的价值由三个因素构成：节目质量、节目成本、节目收视率。而频道价值是节目价值的有机组合。频道管理的基本目标是通过对频道节目结构的调整、对编播结构的优化，实现频道价值的最大化。[1]

湖南卫视的节目编排由总编室节目规划编排科负责，该科室的工作口号是"全年无休，天天在编"。不论节假日，每天早上 9：30 向收视调查公司调取收视数据对前一天播出的节目进行评价、研究是他们工作的常态。以此为基础，他们对所有呈现于湖南卫视屏幕中的内容，包括节目、宣传片、广告

---

[1] 王旭波：《从节目质量到频道价值——湖南电视台频道制管理观念透析》，《试听界》2007 年第 3 期，第 24-26 页。

进行统一规划和编排。他们有决定节目长度、播出时段和去留的权力，从编排角度对节目生产提出建议。这种管理是动态的，完全以收视指标考核为指向，例如，如果新节目上档第二天，节目收视落于全国同时段八九名之外，总编室就可能会召集节目团队制片人、导演、总编等进行"会诊"。在制度上，总编室会对每一个节目下发《节目编排通知单》，严格明确播出时间、播出时段、播出时长、广告个数、节目总数、宣传要求和宣传限制；对于节目和频道的宣传片一般由节目组、总编室或领导提出创意，形象工作室统一制作，总编室编排科统一管理。总编室对宣传片的播出频率有严格规定：常规节目宣传片，白天和晚上时段，每天各 15 次；活动宣传片，白天和晚上，每天 20 次。此外按照湖南卫视"亮化屏幕"的要求，总编室还对屏幕上的字幕、角标都进行统一规划和管理，对广告进行散点式编排，使观众不感觉冗长。对节目编排权力的高度集中不仅避免了多头管理的死角，实现对屏幕细节的无缝覆盖，而且降低内耗，提高工作效率，更为重要的是，它为塑造湖南卫视鲜明、统一的屏幕形象提供了制度保障。

湖南卫视的编排理念发生过一些变迁。2003 年的编排策略是以电视剧为基础，辅以各季不同的主题活动和常规自办栏目的动态管理与宏观调控。在 1 月和 7 月分别进行了两次较大规模的节目编排改版，针对不同时段受众需求开辟了《经典剧场》《真情剧场》《开心剧场》《金鹰剧场》《精选剧场》这五大剧场。第一次改版后湖南卫视在白天（早、午间除外）、傍晚和晚间黄金及次黄金段收视竞争力明显提高，并首次打破傍晚时段（18：00—19：30）的收视"瓶颈"；第二次改版后早间（7：00—8：00）和午间时段（12：00—13：00）的收视"瓶颈"也开始松动。除剧场外，湖南卫视对金鹰节、美丽村姑等大型活动的操作和对春节、暑期等特殊时期的挖掘，及常规栏目的编排也为 2003 年卫视品牌增值做出了贡献。CSM 提供的数据显示，2003 年卫视收视率达到 1.56，比 2002 年上升 33.3 个百分点，位居所有省级卫视第一（李萍，2004）。其间出现的三个收视高点分别是 2 月份的《羊年元宵喜乐会》、7 月份的《金鹰剧场——还珠格格精装版》和 9 月份的《金鹰节新秀晚会》《金鹰节闭幕式晚会》，这证明了根据节庆、假期进行针对性节目开发和编排的效果，也说明了大型活动对收视率的拉动作用，为近两年开始实施的季播策略埋下伏笔。

2004 年、2005 年湖南卫视的收视情况一直是白天强，晚上弱，黄金段收视率低迷，在编排上白天时段也以剧场偏多，这其实是反映了中国多年来电视编排和收视的一个"传统"——电视剧是唯一能创造收视神话的品种。但剧类资源的竞争非常激烈，收视好的剧目一般先在地面频道"轰炸"一番，然后才可能卖给卫星频道，加上国家广电总局对剧类资源的统一管理，使得卫视在电视剧领域的选择有限。但 2005 年的《超级女声》让湖南卫视看到了自办节目，尤其是大型活动的巨大收视潜力，湖南卫视开始在每周五晚间都安排大型活动，这被看作其近年来实施季播编排模式的开始①。此外，2005 年"超女"之后的《大长今》又奠定了湖南卫视对国外引进剧，尤其是励志题材电视剧的信心。然而，很快广电总局出台了对选秀节目的限制措施，又规定晚间 22：00，即黄金时段之前只能播放国产剧。虽然这些规定并非针对湖南卫视一家电视台，但对其造成的压力是明显的。

在此背景下，湖南卫视于 2006 年 1 月 4 日开始实施全新编排方案，在全国首开"晚间 730 节目带"，22：00 之前全部由自办节目支撑，电视剧退出黄金时段，周五晚间都是大型活动。这在中国电视节目编排历史上是一个大胆的突破，其背后既有在市场和政策的双重压力下谋求生存发展的无奈、决心和自信，又有生产理念上的重要转变。他们认为自办栏目可能不如电视剧的收视率高，但是能够培养电视台的品牌，比如观众喜欢看《中国式离婚》，但可能不记得自己是在哪个频道看的，也可能在这个频道看几集，在另一个频道看几集。但是喜欢看"超女"的观众一定知道这个节目是湖南卫视举办的。这种观念的转变意味着湖南卫视的品牌概念被进一步明确、强化，生产的目的不再是单个节目，而是由节目支撑的、整体的频道形象。

2007 年湖南卫视开始正式推出阶段性季播编排模式，也称 4+3 编排模式，

---

① 湖南卫视最早尝试季播是 1999 年的《千年论坛》，2005 年的《超级女声》《闪亮新主播》让季播的思路重新得到重视。

即周一至周四连续四天带状播出，晚间时段由"两档节目＋短剧"构成，每月交替上演一个特色栏目或特色活动。周末三天另成板块，由"快乐中国"大型活动和品牌栏目构成主体框架。

湖南卫视也许并不是中国第一家实行"季播"编排的电视台，但其季播理念与中国传统季播理念存在显著差异。之前中国电视台的所谓"季播"主要经历了三个阶段：第一阶段是以在节假日重播经典老剧为特点的资源分散型应季播出；第二阶段转变为资源整合后的被动填充，操作方法是在节假日利用现有资源制作精编、集锦类节目；第三阶段是在特殊时期开发新节目，主动填充。湖南卫视的季播概念与这三种都有本质上的区别，这三种都是以节假日、寒暑假等特殊时间为中心，而湖南卫视的季播是与美国五大电视网类似的，是主动开发应季。当然现在这种季播理念已经不是湖南卫视的专属了，但湖南卫视已经在此方面获得了领先一步的优势。

季播对于增加湖南卫视频道竞争力的作用主要体现在四个方面。第一是促进创新，增加节目生产和编排的灵活度。一方面季播需要不断创新新节目，对生产团队形成压力和促动，有助于保持其创新活力；另一方面季播增加了时段的灵活度，为新的创意提供了接受收视检验的机会。在季播中表现好的节目可能会成为常规节目，一个典型的例子是《天天向上》。该节目于2008年8月首播，本来打算做成季播，接前一季《舞动奇迹》的时间段。但是播出3天后发现效果不错，于是被安排在周五晚间播出。虽然在当时奥运会期间央视对奥运节目资源相对垄断的大背景下，节目的收视表现并不理想，但9月之后的两个月节目收视率不断攀升，最后该节目被稳定在每周五晚黄金时段播出。周五的《天天向上》和周六的《快乐大本营》形成了湖南卫视的收视"双子星"，它改变了从2005年至2008年每周五晚间都是大型活动的编排历史，而且以常规节目代替大型活动在周末播出，因其收视更具稳定性和持续性，对树立和维护频道品牌形象带来了促进作用。此外，对于收视表现不佳的季播节目，因为它在编排上是灵活的，可以随时替换，对频道影响是可控的。例如《变形记》《以一敌百》都是因为收视不够理想而被撤销的。

第二，季播为湖南卫视提供了新的广告增量空间。相对于季播而言，过去对点状节目的广告经营有点类似时段的批发，而季播相当于零售，一年有4—5个播出季，累计的广告收益肯定超过批发。湖南卫视已经形成了一定的品牌优势，所以虽然季播节目没有常规节目稳定，但是广告商都愿意跟进，而这种情况却不一定发生在其他电视台，这也正是大家都看到季播的优势，但是依然有很多媒体不敢跟进的原因。

第三，季播是打造频道品牌的需要。娱乐节目的淘汰率和资源消耗率比新闻和专题节目都更快，大部分传统节目都难以维持稳定的收视率高位。季播可以使频道不断出现亮点，为观众带来新鲜感，而"喜新厌旧"正是娱乐节目观众的收视习惯。

第四，季播有助于保持竞争优势。因为新的节目层出不穷，变化多端，竞争对手难以仿效跟进，这样更有助于湖南卫视掌控竞争节奏，把握主动权。

三、生产的制度管理

1. 与生产相关的四项管理

与生产相关的管理主要涉及人员管理、成本管理、节目（项目）管理和经营管理。

湖南卫视的人员管理一方面通过逐步裁员增效、严格进入制度、定岗定编、严格落实离退休制度等措施，精简机构、控制人员规模；另一方面通过全员招聘，建立能上能下、能进能出的人员使用机制，增强内部竞争力和员工活力。更为重要的是，湖南卫视通过一系列措施稳定优秀人才，将人员流动性保持在可控范围内。具体而言，一是靠事业留人，湖南卫视的用人机制灵活，唯才是举，进出自由，所有资源向节目生产一线倾斜。在生产场域中，很多传统观念，包括"单位院落化"的排外思想，"身份档案化"的歧视思想，"晋升排队化"的辈分思想，"精英仕途化"的官本位思想都被一一打破（《湖南广播电视年鉴》，2006）。对人才的基本态度是三点：尊重、使用和宽松[1]。二是感情留人，不仅关心员工的技能培训，也关心员工的健康和幸福。单位筹建金鹰小区，提出"建设职工文体活动中心就是要投资生命，投资健康，投资员工的快乐和尊严，还要特别关爱老同志、老干部，这既是为了建设善意和仁慈的企业文化，也是为了让创业的年青一代对未来充满信心"[2]。2008年金融危机，卫视提出不裁员，不进行末位淘汰。三是靠适当的待遇留人，对做出成绩的员工给予各种奖励。对人员的考核与激励将在下一小点详细论述。

"成本管理"是以投入产出效率比作为权衡一切行为的杠杆。湖南卫视的成本管理一方面是通过集团化、集约化使用资源，"面向市场，确保重点，同类合并，优势互补，协同发展"。2002年原湖南经视、都市、生活频道整合成新经视后，当年效益增长30%，支出减少20%。2003年湖南广电总局下文（湘广字〔2003〕78号）对集团各项资源进行了全面整合与开发，包括频道资源、报刊资源、娱乐资源、印象资源、技术与设备和印刷厂。

另一方面是严格控制生产成本，如制片人虽然具有一定的分配权，但制片人只能在政策允许的范围内开支费用，并按严格的财务程序操作。所有分配不得记入成本。对重大收入和设备的购买进行科学论证，必须按照使用部门提交方案，主管台领导审批，物资部门采购，计财部门审核的程序操作。在具体操作过程中遵循"四丢""四最"的原则，即"丢掉先入为主，丢掉门户之见，丢掉部门利益，丢掉个人面子和个人关系"，以"最合理的价格"，按"最严谨的程序"，与"最可靠的厂家合作"去购买"最需要、最好的东西"。（欧阳常林，2001）

节目（项目）管理是在"制播分离"的趋势下提出的对节目生产方式、内容、定价等方面的决策和管理。值得一提的是制片人负责制，早在第一轮以转换机制为重点的改革中，湖南卫视就推行了独立制片人制。由制片人直接支配、管理节目生产要素，如人员、经费、设备、车辆等，并具有一定的

---

① 魏文彬：《深化第二轮改革 加快跨越式发展》，《湖南广播电视年鉴》，2002年版，第69页。
② 《湖南广播电视年鉴》，方志出版社2007年版，第41页。

分配权。制片人制在当时极大地调动了节目生产人员的积极性和创造性，但它的缺陷在于，它在执行时成为生产与管理合一的机制，几乎所有的独立制片人都是由部门负责人兼任，这实际上将节目播出由两审变成了一审，因为制片人出于自身利益考虑几乎不可能"枪毙"自己的节目。这不仅对政策性、政治性强的节目带来导向隐患，而且在管理上存在漏洞。（欧阳常林，2001）为此，2001 年湖南卫视开始将生产和管理分开，而为了提高工作效率，减少管理成本，设立了扁平式的管理模式。取消了传统模式中部门级，制片人领导节目生产团队直接向台长负责。

此外，湖南卫视于 2003 年建立了"先评估再评优"的节目评价体系，主要从收视率[①]、收视份额[②]、投入产出比[③]和技术设备使用率[④]四个方面对节目进行评价，这就避免了过去成本高、收视率差的节目也能被评优的不合理现象，也向节目生产注入了更为体制化、规范化的管理理念。2005 年集团对评估方案进行了调整，收视率和收视份额依然是最重要的评价标准，但去掉了"技术设备使用率"指标，引入了"专家意见"的新指标，并对"投入产出比"进行了重新界定[⑤]。最终的权重公式为：

收视份额 ×50% + 投入产出比 ×30% + 专家意见 ×20% ＝ 综合评估值

[①] "收视率"是指在特定时间段内收看某一节目的观众数量占电视观众总数的比率，它反映的是特定时间段内稳定收看某一节目的观众规模。

[②] "收视份额"是指在特定时段内收看某一节目的观众数占分析区域内该时段正在收看电视的观众总数的比例，它反映的是在特定时段内该节目的竞争力。

[③] 2003 年的"投入产出比"是指栏目全年广告创收（包括一类、二类及冠名，及其他自营收入）除以栏目年直接成本（包括人头经费和制作经费，不包括车辆、设备及办公场地的投入）所得的百分比，比值大于 100% 为盈利栏目，比值小于 100% 为亏损栏目。

[④] "技术设备使用率"是指根据节目时长与用机时间长度（包括前期设备、后期设备和演播厅的使用时间），在节目时长相同的情况下，用机时间最短的为 A，其次为 B、C。上述四项节目评价指标的界定参见《湖南广播影视集团 2003 年度自办栏目、重点栏目综合评估报告》，载《湖南广播电视年鉴》，湖南教育出版社 2004 年版，第 187 页。

[⑤] 2005 年的"投入产出比"是指成本指标、节目投入产出状况的量化值。"投入"包括人员工资、设备成本（以湖南卫视标准估价折算）以及直接经费投入等。产出指标包括各类广告收入、节目发行及短信等增值收入。与 2003 年的定义相比，"投入"项中新增了设备成本，此项在 2003 年是以"技术设备使用率"进行单独考核的。"产出"项比 2003 年有更为具体、明确的规定。这也是对湖南卫视产业化拓展盈利模式的跟进和反映。

在所有节目中只有《湖南新闻联播》不参加投入产出比的考核，该节目的评价公式为：

收视份额 ×50% + 专家意见 ×50% = 综合评估值（《湖南广播电视年鉴》，2006）

经营管理主要涉及广告创收、节目市场拓展和相关产业开发。湖南卫视对广告资源进行了统一管理，避免相互压价和各种内耗。同时，通过统一思想，相互协作，避免广告营销与节目、覆盖和播出脱节。事实上，广告部是节目生产与市场对接的重要窗口。一般从生产团队确定节目方案时，广告部门就开始介入，提供广告方案。在对维护品牌形象和价值达成共识的前提下，广告部门还会及时地将市场需求反馈给生产团队和总编室，在企业需求与生产/编排意见发生矛盾时，进行协调与沟通，当矛盾无法调和时，如广告商的品牌形象或要求有损于湖南卫视品牌价值时，就会放弃短期效益，而保全长远利益。因此，我们在湖南卫视的屏幕上看不到购物类、专题类和 SP 广告。此外，总编室会对广告的播出频次、长度、时段进行统一编排管理。

对于节目市场拓展和相关产业开发，湖南卫视也积极尝试在政策范围内剥离部分资源，设立新的经营主体进行完全市场化的产业开发。

2. 效率机制、竞争机制和激励机制

机制是生产过程中各种环节、因素的结构组成及其相互关系。湖南卫视最重要的三种机制是效率机制、竞争机制和激励机制[①]。对资源使用效率的控制问题在 2000 年左右已经提出，但至今没有很好地解决。虽然表面看来湖南卫视的节目不断推陈出新，具有在短时间内完成大量节目制作的能力，似乎工作效率已经非常高，但严格来说，其节目生产过程中对很多资源的控制还

---

① 　《湖南广播电视年鉴》，今日中国出版社 2000 年版，第 61 页。

有欠精细，尤其是对演播室等技术资源的使用并未达到与完全市场化适应的效率水平。

如前文所述，"收视率"是湖南卫视各部门达成共识的最为重要的节目评价因素，它也是对生产团队进行考核的核心标准。湖南卫视从 1997 年开始接触收视率。1998 年正式开展收视分析工作并将收视数据运用到日常节目生产、宣传管理和广告经营中，收视数据由央视—索福瑞媒介研究有限公司提供。以收视率为依据的考核最初是对所有自办节目按照绝对收视率、相对收视率和市场份额，一周一次、一季度一次进行打分排队，并将情况张榜公布。现在则是有"每日台情"，在湖南广电总局大楼的大厅里有一面巨大的电子显示屏，每天都滚动显示各频道各节目的收视情况和各种最新动态。收视考核为节目生产提供了一个以市场为主导的客观的决策标准和能上能下、具有灵活性的编排依据。收视不达标的节目会被新节目取而代之，如《玫瑰之约》就是在卫视上星之初一个叫《周末创意》的栏目被淘汰后推出的。到 2000 年，在收视率的检验下，卫视播出之初的每周一次，一次 20 分钟的节目都因为缺乏冲击力、竞争力而被淘汰，取而代之的是 50 分钟以上的版块节目（曾凡安，2000）。

其他部门的考核标准与生产团队有所不同，如形象工作室的考核主要是作品质量和评奖。曾经对数量有要求，但为了以考核促质量，防止追求数量而影响质量，后被取消。对质量的核定是由总编室、节目制片人、导演组成的评审组每月集中评定打分。评奖既有总编室组织的季度评定，也有部门内部评定。对总编室编排科的考核要素有差错率、创新点和工作量。对调度中心的评价主要是靠节目团队认可，到本书截稿时还没有明确的考核标准。

所有明确了的考核标准都是与收入挂钩的，如对生产团队实施奖励的依据是"收视率"。湖南卫视 1998 年开始进行收视率考核，"人财物开始向名牌、品牌倾斜"[①]，当年就奖励《快乐大本营》20 万元，《玫瑰之约》《潇湘晨光》《真

---

① 《湖南广播电视年鉴》，今日中国出版社 2000 年版，第 56 页。

情对对碰》各 10 万元。

1999 年湖南卫视开始大力推广之前在《快乐大本营》《潇湘晨光》试运行的"差额留成，自主经营"的栏目管理办法，通过对人、财、物权力的下放激发员工积极性。

然而控制收入分配的差距是需要控制分寸的，差距过大会影响团结、稳定和部分员工积极性。这种情况很快暴露出来，为此，湖南卫视于 2001 年重新调整分配制度，提出缩小分配差距，调动更多人员的积极性。(《湖南广播电视年鉴》，2002)

2003 年湖南卫视提出今后要逐步从机制上明确对有重大贡献的创新者，不仅可以奖车子、奖房子，而且还可以占股份（《湖南广播电视年鉴》，2004)。2006 年湖南广电总局曾拿出 500 万元作为大片生产的奖励基金，但相当一段时间卫视的相关制度尚未得到完善。湖南卫视政治部 2009 年的调查显示湖南卫视二、三线部门工作人员的收入高于全国平均水平，但一线生产人员的收入低于全国平均水平，这说明生产者的收入回报很可能与其付出存在差距。在访谈中，很多受访者都认同了这种情况，但他们同时表示工作的最大动力并非来自收入，而是对集体和工作的荣誉感、成就感。这种说法在前述问卷调查中也得到了证实。其间曾出现数起卫视团队被竞争媒体挖墙脚的事件，虽然最终多数人回归，但卫视也越来越意识到物质激励的紧迫性。随后湖南卫视的措施是"收视奖"，对收视率达到全国同时段前三名，且收视份额达标的团队给予数万元至数十万元不等的现金奖励，达标一次奖励一次，累计数额将相当可观。在本书截稿时，湖南卫视政治部正在着手对人员工资结构和奖励措施进行重新调整。

竞争考核和与之挂钩的激励机制虽然在一定程度上会促发员工的自我激励，但其营造的是较为残酷的竞争环境和管理氛围，并不利于加强员工与企业间的情感纽带，而更倾向于将两者间的关系转化为单纯的利益交换。为了避免由竞争考核带来的负面影响，并带来员工创作的可持续性动力，湖南卫视引入"以人为本"的管理理念，"用机制、制度和人文关怀培养员工对频道的忠诚度、提高执行力，激发创新热情"①。对表现优秀的团队或个人，湖南卫视会不定期颁布台长嘉奖令，一年5次评选星级员工，这些荣誉都是对员工的精神激励。不过研究者认为从湖南卫视上星至今，在漫长的十多年的时间里，能够让生产者对工作保持源源不断的热情和奉献精神的绝不可能是至今尚未形成系统的物质奖励办法，也不可能是一块奖牌，深层的原因可能存在于精神文化层面。

四、生产场域中的文化

正如前文已经论述的那样，在湖南卫视的生产场域中可能确实存在某种能够有效促进生产的精神文化动力。在161位参与对团队文化评价的受访者中，有69%的人认为"我们拥有引以为荣的团队文化和精神"，对此观点保持中立态度的占15.5%，另外只有15.5%的受众不赞同此观点。对此项的整体评价在7点李克特量表中得分为5.18，表明受访者整体而言比较赞同团队的文化和精神，而且这种"认同"既不存在科层级别间的差异（F=0.664，p=0.416），也与生产者所属部门没有显著关联（F=0.415，p=0.498），甚至与受访者的性别、年龄、婚姻状况、受教育程度、收入情况等基本信息亦无相关性（$p \geqslant 0.060$），在受访样本中具有非常广泛的普遍性。

研究者在田野考察和深度访谈中发现，湖南卫视生产场域中主要存在两种文化氛围，其一是湖湘文化，其二是英雄文化。

1. 湖湘文化

电视湘军的成就是否与湖湘文化存在关联？对此问题的回答，在之前的研究中存在两种不同的观点。一种观点认为用地域文化来解释电视湘军的崛起是很牵强的。第一，文化并不是造就一个成功媒介的直接生产力，从媒介经营、产品生产等角度进行研究会比对文化的搜寻更加清晰明了。而且媒介

---

① 欧阳常林：《以务实抓创新 以创新促发展》，《湖南广播电视年鉴》，方志出版社2006年版，第55页。

常常被政治、经济等因素所裹挟，只不过文化因其抽象性和包容性被推上了前台。第二，"文化杂交化在全世界越来越成为正常事了，而在此情形下，任何企图捍卫本土文化或现实文化完整性的努力都很容易变成以保守态度捍卫对往昔充满眷恋之情的看法"①。对地域文化的认同就与这样一种情感有关，而地域不过是一种主观的想象空间。第三，湖湘文化本质上是一种精英文化，是"以儒学为正宗的中国传统政治文化的最重要的精神特质"。②它有着儒家文化"外圣内王"的政治观，忠孝尊卑的伦理观，仁义礼智信的道德观，以及修齐治平的个人成就观。这与湖南电视的大众娱乐文化是矛盾的，后者颠覆了传统文化的历史根性，使人们沉浸在当下的消遣、娱乐之中。③

对此作者有不同观点。首先，对于文化产业而言，凝结于产品中的文化观念、文化内涵是其核心竞争力不可或缺的重要组成部分。生产场域中的文化价值前文也已论述。因此对于"文化并不是造就一个成功媒介的直接生产力"的说法，研究者无法赞同。其次，研究者不否认文化全球化和文化杂交的现实，但是在当今社会，文化融合的程度显然尚未达到高度统一的程度，不论是地域文化、民族文化还是国家文化都依然存在多样性。最后，任何一种文化都有着丰富的内涵，而且文化是有生命的，在不同的时期，不同的环境可能有不同的表达。湖湘文化确实有浓厚的精英文化气质，在清末民初曾对中国产生巨大影响，历史上人才辈出，曾孕育出改变中国命运的历史伟人毛泽东，文学湘军也曾在茅盾文学奖中三分天下有其一。但湖湘文化也是讲究经世致用、敢为人先的。虽然是以大众娱乐文化为突破口，却坚持不断创新，立志将之做到最好，做到极致，而且最初的梦想是要"为中国老百姓提供真正的精神产品"④，这难道不也是寻求社会抱负的一种表达吗？

另一种观点则认为湖南电视在娱乐节目上的成功与楚湘民间文化中的情感表达和审美意识也有着不可分割的联系。因为楚湘人自古以来，就有着十

---

① 戴维·莫利、凯文·罗宾斯：《认同的空间》，南京大学出版社2001年版，第175页。
② 田中阳：《湖湘文化精神与二十世纪中国文学》，岳麓书社2000年版。
③ 刘国强：《湖南电视现象的文化解释》，《新闻界》2006年第1期，第31-32页。
④ 黄晓阳：《魏文彬和他的电视湘军》，新华出版社2006年版，第5页。

分浪漫、浓烈的情感。如楚辞，古楚人的巫术，在这样的文化传统下，民间歌舞十分盛行，傩戏、赛龙舟、唱山歌等传统，至今湖南的歌手在全国也是颇有影响的。这也是湖南电视娱乐节目发展、创新并形成自己的鲜明特色的文化背景。不仅是电视媒介，湖南当地的娱乐业也很发达。"娱乐"在湖南是一种文化时尚，它既标新立异，又求同于众。"制作电视节目只需把区域'个性'上升为社会'共性'。"①

对此观点，作者表示赞同，在湖南卫视的节目中，我们确实可以发现浓郁的湖湘情结。如娱乐脱口秀节目《天天向上》的嘉宾有不少是湖南本地人或湘籍人士，他们在身份上与湖南的联系会被作为一种节目元素得到运用。当主持人提及嘉宾的"湖南人"身份时，在其语调、表情、潜台词和现场的氛围中都可以感受到他们对本土文化的荣誉感。湖南方言也在该节目中大量运用，虽然常常是作为笑料包袱，以插科打诨的方式出现，但这种幽默却正体现着他们对本土语言魅力的自信。在湖南卫视国庆 60 周年文艺晚会上，几乎所有的歌手都是湖南人，这一点在该晚会的宣传片中被强化和放大，"湘籍歌手颂三湘"成为晚会看点。不过，此观点只在一定层面阐释了湖湘文化与湖南电视娱乐文化形成的关联，但并未解释湖湘文化是如何有效推动湖南卫视电视娱乐节目生产的。

在本研究访谈中绝大多数受访者肯定了湖湘文化对湖南卫视企业文化和生产行为的影响，他们用这样的词和句子形容自己对湖湘文化的理解：

> 霸蛮；敢想、敢做、敢突破；不怕困难，能吃苦；天生反骨，倔强；包容性好；突破狭隘封闭的地域，冲出湖南；惊世骇俗，敢为天下先。

魏文彬在 2004 年年初的工作会议上说"湘军"是一个团队，一种精神，

---

① 鲁佑文：《湖湘文化与电视湘军崛起》，《当代传媒》2003 年第 2 期，第 61—62 页。

一种上下求索、敢为人先、屡败屡战、百折不挠的精神。团队推崇信念至上、事业为天的精神，团队的环境是宽松的、感情是融洽的、步调是整齐的、目标是一致的。（魏文彬，2005）

欧阳常林 2008 年在大英博物馆的演讲中说："中国的湖南人和英国的爱尔兰人，德国的普鲁士人，被英国学者并称为世界上三大倔强种族。湖南人天生倔强坚韧，充满激情活力。我们在高举娱乐大旗、不断创新的过程中，遇到了来自方方面面的压力、争议和风险，但我们从来没有屈服过，从来没有放弃过，我们总有办法渡过难关。"[①]

由此可见，湖南卫视从历任领导到普通员工都对湖湘文化的意义达成了高度共识。这个群体在中国电视史上创造的一个又一个第一次，也正是他们对"敢为人先、义无反顾、顽强拼搏、兼容并蓄"[②]的湖湘精神最好的诠释。

如果将湖南卫视的发展历程比喻成一场媒介战争，可以发现它与毛泽东当年领导的中国红军在"农村包围城市"战略上的相似性。毛泽东以农村为根据地，充分调动广大农民的革命积极性，而湖南卫视也是以草根娱乐打天下，非常注重节目的平民性和参与性，而且非常看重农村市场。早在 1999 年，湖南卫视就开设了面向农村的专题节目《乡村发现》，这个节目被打造为卫视的品牌栏目，虽历经多次改版，但一直保存至今。它是除《快乐大本营》外，湖南卫视最为"高寿"的电视节目。一个被认为当今中国最时尚的电视频道却坚持开办着一档农村节目——湖南卫视在以自己的媒介实践修饰、改造着这对传统社会观念中的"矛盾"，也在其中坚定地体现出"立足草根，辐射精英"的战略构想。2005 年《超级女声》带来的社会轰动不正证明了草根文化强大的生命力吗？但是正如"农村"不是毛泽东的最终目标，"草根"也不是湖南卫视期许的唯一战场。在站稳电视大众娱乐市场之后，湖南卫视已经开始逐步实施"娱乐与高端并进"的战略，"走出中国，立足世界"，成为下一

[①]　欧阳常林：《让创意更精彩　让大众更快乐——永远创造快乐的湖南电视》，http://www.gbs.cn/Article/xinwen/oyclfy/200810/20081029095727.html。

[②]　欧阳常林：《强化媒体责任　提升品牌内涵　创立"中国制造"》，《湖南广播电视年鉴》，方志出版社 2006 年版，第 114 页。

步奋斗目标。

在管理方法上，湖南卫视在从旧的体制走出来之后也使用了这种领导者身先士卒、言传身教的管理模式。第一届领导人魏文彬总是以极富激情的演讲激励大家，他会亲自到晚会现场看制作，会常态关注节目播出动态，亲笔写信与节目组沟通。第二届领导人欧阳常林更被同事们评价为一个亲力亲为的实干家，他一手打造了湖南广电最早、最富活力的"自留地"——湖南经济电视台。在当时那个年轻的团队，所有人，不论职务高低都冲在生产前线，部门主任、制片人均由业务能力最强的精兵强将担当。这种文化也被植入卫视，"以创造为荣，以享受为耻"，欧阳常林会尽可能关注每一档节目的生产策划细节，生产团队的领导者一定是团队中的业务权威，并参与执行日常生产。而在其他媒体，更为常见的情形是做了领导后就不会再做业务。"这种从一把手开始身教重于言传，长期积累下来的拖不垮、打不烂的执行力正是电视湘军的看家本领。"①

2.英雄文化

湖南卫视与任何一家电视台一样，设有不同的职务级别，但其似乎与典型的科层制存在明显区别。一般而言，"科层制是或多或少的匿名者的集合体，它们按照定规惯例来运营组织，通常有权力等级（hierarchy of authority），处理问题时不具人情味，并充斥官样文章"②。它以公正有效的方式处理大批人群事件，有助于提高社会运作效率，但因缺乏人情味具有产生疏离感的倾向。过度的疏离感会导致人的异化。"异化"（alienation）的字面意思是"没有联系"（no ties），指疏远、隔离的感觉。被异化的人感觉自己是一个陌生人，与社会或社会团体毫无关系。然而在前述对受访者动力评价的分析中可以看到，虽然归属感并不是生产者工作动力的最主要来源，但受访者在7点李克特量表中对该项评价的平均值超过中间值4，表明受访者在

---

① 《专论》，《湖南广播电视年鉴》，方志出版社2007年版，第125页。
② 阿瑟·阿萨·伯杰：《媒介分析技巧》，中国人民大学出版社2005年版，第126-127页。

团队中可以感受到明显的归属感。而在对团队价值的评价中，合作性是被评价最高的团队特点。对这两个因子的评价在不同级别的受访者群体之间均无显著差异。这说明湖南卫视的工作人员不但没有因为科层级别的存在而产生彼此的疏离感，而且保持了很好的相互合作关系。回顾前述对生产者的各种分析还可以发现对很多项因子（如生活满意度）的评价都与科层级别没有显著相关性。这些数据表明在湖南卫视生产场域中，由职务级别带来的等级差异可能已经非常弱化了。那么，是什么因素取而代之，决定着生产者在生产场域中的地位呢？

研究者在田野观察和访谈中了解到，决定一个人在生产团队中地位的因素，除了兼顾人品、合作性之外，最为重要的是业务能力。问卷调查数据也支持此发现，受访者对"团队中的优秀者总是受到大家尊重"的评价在 7 点李克特量表中取值 5.45，表明受访者比较赞同这种说法，而且此观点与受访者所在部门（F=0.485，p=0.747）、所属科层级别（F=0.297，p=0.586）之间均无显著相关性，表明对此观点的认同在湖南卫视的生产场域中具有广泛性和普遍性。

此外，虽然受访者认为团队的成绩主要来自大家的合作（M=5.62），但是精英对团队的作用也并未被忽视，对"我们的成绩更应归功于团队中的精英"这一说法的认可程度，在 7 点李克特量表中的取值为 4.80。相关分析表明，受访者对合作的认可与对精英的认可之间没有关系（r=0.154，p>0.05），换言之，对合作价值的认可与对团队中精英作用的认可之间并不相互冲突。

而对"团队中的优秀者总是受到大家尊重"的评价与对合作和精英对团队价值的评价均为显著正相关（r=0.593，p<0.01；r=0.404，p<0.01），表明越认为团队中的优秀者会受到尊重的人，同时越认为团队和精英都对团队的成功发挥重要作用。

综合这些发现似乎可以得出一个结论，湖南卫视的生产场域具有在团结、合作的基础上，鼓励优秀个体施展才能的特点。

湖南卫视的各层领导，从团队制片人到总台台长都是业务型的领导。很多受访者表示，他们对自己的领导很信任，甚至很崇拜。魏文彬被评价为天生的演说家，具有浓烈的理想主义气质。欧阳常林则被评价为实干家，最被同事们津津乐道的是"老欧的骡子精神"。这两位历任卫视领导人都经历过脚踏实地的个人奋斗，同样坚韧、执着、不会屈服，非常符合神话中的英雄形象（阿瑟·阿萨·伯杰，2005），他们是很多员工的榜样。这种追随英雄，并努力成为优秀个体的氛围在湖南卫视的生产场域中非常普遍，尤其是在与生产关系紧密的部门中最为明显，很可能是因为他们的工作更容易获得来自收视评价和市场认可的成就感，因此更能激发他们的英雄情结。

从湖南卫视的一些奖励制度中也可看到鼓励优秀个体、树立榜样的英雄主义文化的痕迹，如 1998 年奖励《快乐大本营》20 万元，"就是要营造谁创品牌谁英雄，谁创品牌谁光荣"的职场氛围（《湖南广播电视年鉴》，1999）。1999 年评选出了"十佳公仆""十佳主持人"等八个方面的"十佳"，鼓励"把大家的事当作自己的事来办"的实干家①。2006 年，为了"调动人才积极性、创造性，拓宽人才发展渠道，发挥高层人才领军作用"，湖南广电总局制定颁发了《首席记者、编辑、播音员、主持人评聘管理试行办法》（湘广人字〔2006〕57 号），2007 年湖南卫视新闻中心首先开始推出首席制，2008 年至 2009 年首席制在湖南卫视的各个部门得到进一步推广。首席制的评价标准同样是以业务能力作为主要标准。如 2009 年 6 月湖南卫视总编室下属形象工作室开始设立"首席设计师"，评定的标准是得奖情况、设计制作作品的数量和质量。首席设计师不仅在收入上比普通设计师每月高 2000 元，而且可以拥有优先选择项目的权力，可以承担频道级别的项目。但是首席设计师并不是终身制，而是每半年改选一次，如果因为自己是首席拥有选择项目的权力而总是避重就轻，作品缺乏难度和创意，则很容易在改选中被淘汰。除首席制外，湖南卫视每季度和年终都会评定星级员工，不定期会颁发台长嘉奖令。这些机制都是要在生产场域中鼓励钻研业务、为集体无私奉献的优秀个体，树立

---

① 《湖南广播电视年鉴》，今日中国出版社 2000 年版，第 64 页。

榜样标杆。

　　将受访者对团队中精英价值和优秀个体受尊重程度的评价与生活满意度、工作动力、压力进行相关性因子分析。数据表明，对精英价值的评价与工作动力中的精神动力存在显著关联性（r=0.287，p<0.01），这可能暗示着，对成为团队中精英的期望，或者对团队中精英的肯定都为生产者提供了工作的精神动力。而对"团队中的优秀者总是受到大家的尊重"一项与受访者生活满意度中的"积极性与自我评价"一项（r=0.242，p<0.01）和工作中的精神动力（r=0.444，p<0.01）、物质动力（r=0.351，p<0.01）均显著相关，表明越认为团队中的优秀者受到了尊重的人，生活的积极性、自我评价会越高，同时工作动力越大。

　　这些数据表明，在生产场域中树立英雄典型能够激发生产者斗志，提高他们的自我评价。而且鼓励个人的突出表现与团队合作之间是并不矛盾的。这点非常重要，因为电视节目制作是需要团队合作才能完成的工作。研究数据还显示，在所有受访者中，只有24%的人表示他们更喜欢单独工作，21%的人不置可否，而55%的人认为他们是喜欢与人合作的。虽然在受访者中，对是否认同"我喜欢独自工作而不是与人合作"的评价[①]与部门之间显著关联，其中经视团队的受访者表示他们更喜欢独自工作（M=4.81），但其他部门都表示更愿意与他人合作（M≤3.57），其中，生产团队（M=3.01）和总编室（M=3.02）的合作性倾向是最强的。

　　"世界上无论多么先进的航空母舰，拆散了，就是一堆破铜烂铁"[②]，对于提高人的凝聚力，文化是一种很好的黏合剂。从上述分析也可以看到，不论是湖湘文化还是英雄文化都有效地发挥了凝聚集体、促进生产的作用。

　　将受访者对"我们拥有引以为荣的团队文化和精神"的评价与工作压力和动力进行因子相关性分析可以发现，对团队文化的认可虽然并不能帮助受

---

　　①　对此评价的取值范围是1—7，其中，1表示"非常不同意"，2表示"很不同意"，3表示"比较不同意"，4表示"中立"，5表示"比较同意"，6表示"很同意"，7表示"非常同意"。

　　②　《湖南广播电视年鉴》，方志出版社2007年版，第41页。

访者面对生产场域的实际困难（r=0.092，$p>0.05$），但它与心绪压力之间显著负相关（r=-0.227，$p<0.01$），也就是说，对团队文化越认可的人，感觉到的心绪压力会越小。

对团队文化的认可还与生产者工作动力的两个因子——精神动力（r=0.560，$p<0.01$）和物质动力（r=0.378，$p<0.01$）都显著正相关，表明对团队文化认同高的人，会具有更高的工作动力。相关分析还表明，对团队文化的认可也与团队的合作性（r=0.622，$p<0.01$）和执行力（r=0.603，$p<0.01$）显著正相关，表明对团队文化评价高的受访者对团队合作的重要性和团队执行力的评价也会越高。

此外，对团队文化认同度高的人，虽然心境和愿望与现实的统一度不一定更高（$r \leqslant 0.097$，$p>0.05$），但他们的积极性与自我评价因子的取值一定会更高（r=0.252，$p<0.01$）。

第三节　娱乐文本

娱乐节目文本是生产过程的最终呈现，也是将生产与消费衔接起来的中介，而且"真正具有学术价值的文化批评的政治关怀是建立在深刻、细致、扎实的文本分析基础上的，而不是建立在学术与政治的简单比附上，否则文化研究的政治关怀就成为空洞的口号而不是扎实的学术研究"①，因此，对湖南卫视娱乐节目文本的分析非常有必要。本节探讨娱乐文本的第一点是从文本的视听呈现入手。鉴于文化研究最遭人非议的弱点是对于美学判断的缺失，"它关注文本中要素的关系与意义的产生，却忽略了作品本身的本质……这就好比有人以佐料的品质来评价食物的好坏，却全然不顾烹煮的方法或品尝的味道一样"②，因此对此部分的论述会兼顾美学、技术和文化的角度。第二点将探讨湖南卫视娱乐节目文本中的经典娱乐模式，它们是湖南卫视娱乐节目不同于其他同类娱乐节目的核心特质。

一、娱乐文本的视听呈现

电视本质上是一种视听艺术，观众停留于某一个频道的时间与该频道中呈现的声画品质不无关系。湖南卫视给人的整体感觉是娱乐、时尚、年轻，而不同节目在统一风格的基础上又各具特色，如《快乐大本营》轻松、快乐；《背后的故事》情感浓郁；《天天向上》幽默风趣中不乏文化气质；《快乐女声》青春、励志。不论是共性还是个性，其建构途径只有两种：其一是内容，主

①　陶东风、徐艳蕊：《当代中国的文化批评》，北京大学出版社 2006 年版，第 47 页。
②　阿瑟·阿萨·伯杰：《媒介分析技巧》，中国人民大学出版社 2005 年版，第 47 页。

要指节目要素的结构方式；其二是形式，主要指节目要素的视听呈现。

在视觉上我们可以看到的是色彩和画面，它们不仅要具备一定的审美价值，而且还要具备可识别性，并能呈现节目理念。

湖南卫视从 2004 年开始着手建构品牌视觉识别系统，从建构历程来看，2004 年是定位期，同年确定了"快乐中国"的频道品牌概念；2005 年是建立期；2006 年是整固期，推出屏幕亮化工程，对栏目尾字幕时长、格式均设立标准规范，统一风格，美化包装，为了精简屏幕空间，珍惜频道分秒资源，台领导带头不署名，足以表明他们对屏幕形象的重视；2007 年进入效应扩大期；2008 年进一步整固拓展，面对冰灾、震灾、奥运、神七、改革开放 30 年这些大悲大喜的宣传主题，湖南卫视在形象包装上以"我＋一起来快乐＋中国＋世界"为策略打通全年；2009 年进入提升期，基本思路是"包装宣传要提高品牌的传播力、影响力和话语权，做到：娱乐与高端融合，主流与时尚融合，传统媒体与新媒体融合"。2009 年以来，我们看到湖南卫视的节目导视中运用的类似网页切换的视觉特效和鼠标点击的声音特效就是新媒体概念的呈现。此外，在 2009 年全球金融危机和中华人民共和国六十华诞的背景下，湖南卫视将形象宣传的主体确定为"信心＋快乐＋责任"，于是我们看到了各种主题化包装，如"信心 09，快乐跨年""信心 09，快乐新年""信心 09，快乐春天"……它们体现的是媒体与受众温情互动、共渡难关的理念。

在湖南卫视的视觉识别系统中，频道橙和频道灰是整体色系，其中橙色是暖色，给人以温暖、热情的感觉，且与以新闻立台的频道惯用的蓝色反差显著，而灰色是橙色的平衡色，提升亮度，增加时尚感。除基本色调外，视觉识别系统还对冠名、角标的出现方式、节目导视系统、宣传片的时长及其中可能出现的文字（中文或英文），如播出日期、播出时间、冠名商、节目名称、副标题的字体和大小，及其在起幅、中间、落幅间的变化等均有明确规范。

不同节目的 LOGO 作为频道的品牌形象视觉资产，不仅要呈现、支持频道整体形象，还要体现节目个性和内涵。我们以几档代表性节目的 LOGO

为例说明这个问题。如图 3-4 所示,《天天向上》是一档寓教于乐,突出礼仪文化特色的娱乐脱口秀,该节目制片人张一蓓和主持人汪涵均生于 20 世纪 70 年代,其 LOGO 中也采用了大量 20 世纪七八十年代的绘画元素和当时流行的版画风格,麦穗、向日葵、表盘、齿轮、路标、路标上的英文、代表荣誉的绶带、绶带上的拼音,还有最中间"天天向上"几个大字构成了该 LOGO 的全部内容,散发出浓郁的怀旧气氛,又携带着来自那个年代高涨的生产热情和单纯、热烈的时代情感,配合那个年代的流行口号"好好学习,天天向上",非常契合节目主题,且有整体感。该节目录制现场的舞美设计中也有很多类似的元素,如黑板和黑板上的板报、老式电视柜和电视机、墙上的老式招贴画等。该 LOGO 还特意被设计成校徽的形状,与"将节目做成礼仪文化学堂"的创作理念吻合,而且其平面感的美术风格非常适合被做成实物徽章,在节目中给主持人佩戴或作为礼物赠送。该 LOGO 在颜色上与频道色统一,主体为灰色,"天天向上"及其拼音作为 LOGO 突出的重点,采用橙色向红色的渐变色。

《节节高声》与《天天向上》的怀旧风格正好相反,追求新锐、时尚。在其 LOGO 中,我们可以看到"新锐"的字样,"节节高声"四个字使用了硬朗风格的字体,此外还有大量金属元素,如麦克风、喇叭、金属机械支架,这些元素的色彩也保留了金属色,LOGO 还配合了金属风格的音效。当然麦克风和大大小小的喇叭也是为了表现节目的音乐主题。还有一个设计的细节体现在"节节高声"的拼音缩写"JJGS"镶嵌在文字之中。该 LOGO 的主体颜色同样是橙色和高调灰。

同样作为音乐类节目的《挑战麦克风》的 LOGO 风格与《节节高声》明显不同,《节节高声》LOGO 的色彩基调是暖色,而《挑战麦克风》LOGO 的背景色是比较深沉的蓝绿色,属于冷色。这种差别一方面是因为对频道内的不同节目要有所区别,另一方面是因为"挑麦"的核心看点是声音评价软件,科技含量比较高,而高科技一般是与冷峻之类的形容词联系在一起的。该节目的现场舞美布置也很强调声、光、电的高科技元素。在第三季的节目中，舞台被打造成一个太空舱，第一期节目中主持人的造型也从太空服中借鉴了大量设计元素。此外，该LOGO中有一个醒目的麦克风，是节目中的虚拟判官Mr.麦的形象，还有一个流线型的M镶嵌于"麦克风"的汉字中，这些都是对节目个性的强调。特别值得留意的是"麦克风"下的五角星，这个细节会根据每一季的主题相应变化。五角星是2008年年底的第一季中采用的，配合的主题是"唱响30年"。2009年年初第一季是两朵幻化成盛开的橙黄色鲜花的留声机，配合的主题是"唱响春天"。这是一个可以体现湖南卫视创新意识的细节。在《跨年演唱会》的LOGO中，我们也可以看到类似的现象，字体周围轮廓的颜色和质感每年都有所不同（见图3-4）。

图3-4　湖南卫视代表节目LOGO
（《天天向上》《节节高声》《挑战麦克风》《跨年演唱会》）

《超级女声》是曾创下湖南卫视历史上最高收视率的节目，但其LOGO的设计风格似乎与前三种节目存在明显差异，如它的立体感主要体现在背景，而前三种的立体感主要体现在节目名称的主体部分；又如，前三种LOGO中都有具象的设计元素，而"超女"的LOGO中只在女字上方有一个象征性的图案。这些差异的原因在于该节目最初是来源于湖南电视娱乐频道，其LOGO的第一标也是娱乐频道制作的。湖南卫视引进该节目后为了保留节目品牌资源没有对原LOGO改头换面，而只是进行不断的微调和优化。如女字上的抽象图案最初代表一个飞扬着长发的女性头像，而现在被变形成一只翅膀。此外还加入了"快乐中国"和"Super Girl"，前者体现湖南卫视的品牌理念，后者符合其国际化的战略规划。由此个案中我们可以看到，虽然湖南卫视节目来源日益多样化，但节目引进只是方式，目的还是要建构自己的品牌形象和价值，因此适当的改造必不可少。这也进一步说明湖南卫视具有非常明确的品牌意识。

　　不过有些节目提供商对他们自己的品牌也非常看重，如《名声大震》的提供商不允许改动节目模式，包括节目包装，因此该节目在第一季播出时的包装完全按照英国原版制作。这一方面进一步说明了品牌和版权对创意产业的重要性，另一方面也说明在引进节目时不仅需要考虑其收视价值，也要兼顾其与本频道定位、风格的一致性。与此类似的是《舞动奇迹》。不过，在下图 3-5 中我们可以看到，这两个节目 LOGO 的风格截然不同，完全吻合它们在内容上和名称上的差异。《舞动奇迹》以国标舞为主要内容，名称中有"奇迹"，因此 LOGO 的整体风格是充满梦幻、流光溢彩。在细节上，字体笔触好似流畅的舞步，背景有数道光晕，仿佛舞动的衣衫，"迹"字上的一点幻化成一颗星星，增添了梦幻的氛围。而《名声大震》是以唱歌比赛为内容，与之配合，我们在 LOGO 中看到了象征声音的声波；节目名字由 LED 灯组成，营造出舞台情景；不论声波还是节目名称都从中间向四周放大，营造振聋发聩的震撼感，与"震"字吻合；此外，这个 LOGO 的画面是中轴对称的，强化了节目情节上两两组合和两两对抗的竞争性（见图 3-5）。

图 3-5　湖南卫视代表节目 LOGO
（《快乐女声》《舞动奇迹》《名声大震》《乡村发现》）

　　即使是在《乡村发现》这个反映"三农"问题的节目的 LOGO 中，我们依然可以找到与时尚、快乐吻合的设计元素。例如，其整体设计风格是简洁、清新的，让人感觉轻松；"发"字的点被一个鼠标光标代替，"乡村发现"的下方还有一个网页中的拉动条，这些来自新媒体技术的细节，既符合"新农村"的"新"字主题,又增加了时尚感,更重要的是符合湖南卫视"传统媒体与新媒体融合"的战略构想。

《勇往直前》和《智勇大冲关》是近两年流行的体育娱乐节目,前者以户外拓展和极限运动为内容,更偏向挑战性;而后者以场地项目为主,更偏向游戏性。从它们的 LOGO 中就可以很清楚地感受到这种差异。前者的字体更有力量感,造型中有奔跑的节奏感和速度感。而后者看起来更像游乐园,而且因为节目现场有很多水上项目,LOGO 底色采用了水的蓝色;前景以橙色和棕色作对比色,既吻合频道色调,又符合木质船体的质感;此外,"智勇大冲关"这 5 个字都变形出尖锐的笔画,以体现"冲"的速度和力度。

图 3-6 湖南卫视代表节目 LOGO
(《智勇大冲关》《勇往直前》《听我非常道》)

需要特别说明的是,《勇往直前》的名字在 LOGO 中使用的是红色,这是第一季广告商为了推广凯越 SRT 红色轿车特别要求的。这也是广告商的意见影响生产的一个小例子。不过对广告商冠名的视觉效果是有执行标准的,包括当冠名和节目 LOGO 组合出现时,客户 LOGO 与节目 LOGO 在视觉面积上的比例不能超过 1∶9,客户 LOGO 中的主体文字与节目 LOGO 中的主体文字在大小的比例上不能超过 1∶2;在位置上,客户 LOGO 与节目 LOGO 的组合位置以整体的美观、不引起歧义或误读为原则,可灵活设计;LOGO 组合经确定后不能随意变更。而在角标设计中,则对时长和字体都进行了统一,还规定不得使用企业图形 LOGO,只能使用企业标准字,而且标准字的大小不能大于节目 LOGO。这些规定都表明了湖南卫视对自有品牌的保护,说明他们对广告商并非完全迎合,也正是这种原则和态度保持了湖南卫视品牌形象在其屏幕中的统一性和主体感。

最后再看《零点锋云》和《听我非常道》，这是湖南卫视的两档零点时段的节目，前者是文化类，后者是财经类，它们都是湖南卫视高端策略的尝试。它们的 LOGO 与前述各种娱乐节目的 LOGO（其中《乡村发现》不是娱乐节目，但非常娱乐化）在风格上完全不同，尤其是《零点锋云》，采用深浅不一的蓝色调，字体笔锋尖锐，体现出冷峻、先锋的节目风格。《听我非常道》的 LOGO 中"道"字后的"俄罗斯方块"意喻解构、分析，是财经节目的常用风格。（见图 3-6）

图 3-7 《零点锋云》LOGO

在听觉方面，音响效果对节目氛围的营造起着重要的作用，包括有节奏感、有层次性、有侧重点地拾取现场声源，对背景音乐的选择、剪辑、随机播放等，都是要通过对节目声源的综合性、艺术性的控制来烘托现场气氛，配合节目进程，强化感染力和现场感。

例如《快乐大本营》的音响基调是明亮、轻快。每期开场都会有开场舞（很多节目都有，如《天天向上》），主持人和现场观众一起高喊"快乐大本营，天天好心情"，不仅营造了欢快、热烈的开场氛围，而且通过调动现场观众的参与性消除其心理上的陌生感，为随后的互动做铺垫。为了突出开场的宏大气势，增强感染力，音响师对这句"营号"的处理是"宁过勿压，全场气氛拾音话筒一齐推上"，[①] 对主持人的声音略加修饰，通过突出中高频增加明

---

① 李建京：《〈快乐大本营〉音响的现场运作》，载《湖南广播电视年鉴》，今日中国出版社 2000 年版，第 166-168 页。

亮度，再通过激励器处理使声音更为清亮透彻，更为亲切。在游戏环节，将音乐推至较前景位置，并适时抓取现场气氛声，以突出欢快诙谐的效果；在语言交谈环节，音乐成为背景声，人声置前，同时重点抓取观众席的反应声。通过这些有重点、有节奏、有层次的声音拾取为电视机前的观众营造出身临其境的热烈、欢快的娱乐效果。

当然，除了上述例子之外，视听呈现的效果还取决于诸多细节，如节目名称、舞美、服饰、音乐、音效、画面的拍摄角度和剪接方式等，在此不一一展开论述。研究者想要表明的观点是节目的可看性和吸引力体现于视听呈现的各种细节中，而这些细节的设计却不仅要充分考虑其审美价值，也携带着多重意义，包括节目的内容和风格、生产者的观念、湖南卫视的战略构想和品牌内涵，还有广告商的需求。而在所有的意义中，频道的品牌价值被赋予至高无上的重要性，不同内容和风格的节目是对统一的频道形象和理念的多样化建构，广告商的需求也只能有条件地表达，这意味着湖南卫视具有非常明确的品牌意识和以频道为中心的生产理念。当然，一个有个性差异，但整体统一的屏幕视听形象不是仅靠意识或观念就能实现的，它需要有制度的保障，更需要组织结构的支持。对此点在生产场域中已有论述，在此不予重复。

二、娱乐文本的模式分析——以《超级女声》为例

1996 年，电影《甜蜜蜜》大获成功，获得金马奖最佳编剧等多项大奖。该片以 20 世纪七八十年代为背景，张曼玉饰演的李翘与黎明饰演的黎小军十年间相遇、相爱、分离又重逢的过程由邓丽君的歌曲《甜蜜蜜》贯穿始终。正如该影片中展示的那样，邓丽君缠绵悱恻、温婉曼妙的歌声是那个时代中国社会挥之不去的一抹底色。虽然她曾被台湾视为"台湾之宝"，她的歌声在当时冰冷的两岸对峙中承担着"软化武器"的角色。[1]大陆方面也曾将邓

---

① 《两岸心战 60 年："台湾之音"见证两岸关系变迁》，新华网转引《国际先驱导报》2008 年 10 月 20 日，http://news.xinhuanet.com/herald/2008-10/20/content_10221430.htm。

丽君的歌声斥为"流毒""靡靡之音",专门出版了《怎样鉴别黄色歌曲》一书①。但这些并未妨碍民众对邓丽君的广泛喜爱。当时甚至出现一句口头禅:"白天听老邓,晚上听小邓"——"老邓"指的是邓小平,而"小邓"则是邓丽君。② 在那个情感封闭的年代,对于在政治宣言式的"高强冷硬"的音乐与歌声中浸泡多年的大陆青年来说,邓丽君婉转轻浅的声音是一种不可思议的感官体验。"它模糊了政治立场,夸张了个人的情感,唤回了人们心中沉睡已久的温情与美好,让人们得以拥有了自由呼吸的空气与土壤。"③ 邓丽君成为无数人的"梦中情人",人们不但广泛传唱她的歌曲,还追随她的卷发、鲜艳的衣裙。 人们为能得到一本印有邓丽君照片的挂历激动不已④。这位娱乐明星与数学家陈景润并称为20世纪70年代中国两大时代偶像⑤,分别代表着对个人情感自由、解放的追求和对"科技就是生产力"这一时代号角的回应。而从邓丽君开始,当代中国社会对娱乐明星的崇拜和追逐变得不再新鲜。

我们既有对娱乐明星的个体狂迷,也曾体验过大众的集体娱乐狂欢。1983年至今,中央电视台的春节联欢晚会已经连续举办了30多年。回顾最初的节目,可以发现大量因制作水平或条件落后带来的缺憾,如灯光单调、布景简陋、平庸的塑料花、摇晃的镜头、穿帮的摄像师……但这些并不妨碍人们将春晚视作举国同庆、合家团圆的隆重仪式。在此仪式中,家庭的血缘关系更为凝固,国土的疆域意识更加坚定。春晚在实现对"共同时空"的神圣化建构过程中,也给予民众打破等级束缚,在笑声和狂欢中释放自我的机会。它因此成为中国人生活当中的一件大事。每到除夕夜晚,一家团圆,包

---

① 《改革开放:靡靡之音战胜〈怎样鉴别黄色歌曲〉》,中国财经网,2008年10月16日,http://www.fec.com.cn/hzhb/u_whlyty/content.php3?id=1352&subsortid=。
② 《改革开放:靡靡之音战胜〈怎样鉴别黄色歌曲〉》,中国财经网,2008年10月16日,http://www.fec.com.cn/hzhb/u_whlyty/content.php3?id=1352&subsortid=。
③ 《改革开放:靡靡之音战胜〈怎样鉴别黄色歌曲〉》,中国财经网,2008年10月16日,http://www.fec.com.cn/hzhb/u_whlyty/content.php3?id=1352&subsortid=。
④ 《小挂历承载大时代 挂历里浓缩的流行与变迁》,《泉州晚报》2008年10月21日,http://www.qzwb.com/gb/content/2008-10/21/content_2956958.htm。
⑤ 梁凤芳:《世易时移30年偶像变迁》,《泉州晚报》2008年10月14日,http://www.qzwb.com/gb/content/2008-10/14/content_2951023.htm。

饺子、炸春卷、看春晚、放鞭炮，这就是现代中国人辞旧迎新的年俗。虽然在娱乐之外，有学者解读出春晚中意识形态的压迫和对社会权力的崇拜，认为弱势群体的诉求被掩盖，演员被道具化，被剥夺话语权。[①] 笔者也部分认同此观点，但春晚确实曾给中国人带来强烈而真切的欢腾感和释放感，也成为中国电视娱乐所带来的最早的全民狂欢体验。

人们不光喜欢从他人的表演中获得娱乐，也热衷自娱自乐。20 世纪 80 年代末 90 年代初，卡拉 OK 进入中国大陆，并迅速成为普及性的娱乐活动。一位网民在一篇名为《我的卡拉 OK 情结》的博文中写道："那时的人们并不富裕，万元户就是有钱人了。省吃俭用花两三千元买一套组合音响，放上一盘录像带，就可以在家里高歌一曲。"[②] 在研究者的童年记忆中，从家通往学校的马路两旁一到傍晚便出现很多由一台电视机和一套音响组成的简易卡拉 OK。街坊四邻聚在一起引吭高歌。不着雕饰的笑脸、声嘶力竭的喊叫或深情投入的演唱，还有毫不吝啬的掌声和叫好声都成为人们宣泄情感的方式。不只在中国大陆，到 20 世纪 90 年代末期，卡拉 OK 已经在亚洲成为娱乐神话[③]。此"神话"意指一项人为的创造在特定的社会和文化环境中演进，被接受并成为该环境中自然的一部分[④]。直到今天，卡拉 OK 依然是社交公关、聚会娱乐的惯常选择之一，但其意义早已超越了单纯的娱乐。有研究表明，卡拉 OK 演唱者需要在正常的社群空间（normative social space）和不寻常的戏剧空间（dramatic space）之间频繁转换角色（shifting roles），这会令新手忐忑不安，但深谙其道的人却能娴熟地借由它建立身份认同、促进人际关系。[⑤] 台

① 吕新雨：《中央电视台 2002 "春节联欢晚会"解读》，《读书》2003 年第 1 期。
② 简约：《我的卡拉 OK 情结》，2008 年 7 月 28 日，http://blog.sina.com.cn/s/blog_4460fea40100acl8.html。
③ 李哲宏：《台北：揽客花招推陈出新》；林凡、陆家：《香港：各路歌曲百家争鸣》；明心：《北京：层出新招拉揽新客群》；陆家：《广州：五光十色愈来愈热》，《中國时報周刊》1992 年 12 月 27 日，第 14–17 页。唐镕：《卡拉 OK 在狮城》，《光华》1991 年，第 86 页。
④ Barthes, R., Mythologies. New York: Hill and Wang.1972.
⑤ 林文刚：《卡拉 OK 在身份认同构成中的模糊特性》，《新闻学研究》1998 年第 56 期，第 65–83 页。

湾的一些政客也加入卡拉 OK 的行列，期望借此赢得选民支持①。富有戏剧性的是，卡拉 OK 的发明者——日本人井上大佑虽然因并未申请专利而与财富擦肩而过，但他却于 2004 年 10 月 1 日，在美国哈佛大学举行的另类诺贝尔奖（Ig Nobel Prize）颁奖大会上，因"发明卡拉 OK，向人们提供了互相宽容谅解的新工具"获得和平奖②。此外，卡拉 OK 娱乐业的兴起还促进了我国《著作权法》的修订完善③。

　　个体狂迷、集体狂欢、自娱自乐，上述三个典型个案或可作为微缩的坐标勾勒出娱乐体验模式的基本形态，并说明"娱乐"对当代中国人来说并非遥远、陌生的话题，其对社会之影响也是广泛、深刻的。

　　2005 年夏季，湖南卫视模仿《American Idol》推出的娱乐选秀节目《超级女声》再次制造了全民娱乐热情的井喷。"英雄不问出处，只要你足够热爱"，该比赛"不分唱法、不计年龄、不论外形、不问地域"的"零门槛"原则充满号召力，在这个冠名"超级"、包装时尚的娱乐节目里可以看到"咿咿呀呀"腔调无序、白发苍苍的老人④。明明是"女声"比赛，居然有男性公民溜进海选现场，只为"请给我一个机会"。与赛场内同样令人惊叹的还有场外超女粉丝团的拉票大战。根据支持超女的不同，粉丝团被很有娱乐精神地冠以个性化的名称⑤。他们有组织，有明确的自律公约⑥，为了心中的偶像不遗余力："我们是真心喜欢，不求回报。"自制标签、标语上街拉票是最普通的行为。有狂热的"玉米"一掷 50 万元为李宇春投票。⑦有"芝麻"通过 MSN 强

---

　　①　Ma, R., Ethos derived from karaoke performance in Taiwan. Paper presented at the 85th Eastern Communication Association Conference, Washington, D.C, 1994； Wei, H−c., Cramming for karaoke. Sinorama, 1992a, pp. 38−41.

　　②　《卡拉 OK 发明人未成富豪却获另类诺贝尔和平奖》，《中国新闻网》2004 年 11 月 23 日 http://news.ccidnet.com/art/948/20041123/180619_1.html。

　　③　李桂茹：《MTV 不具备艺术独创性，不是著作权法保护作品》，《中国青年报》2004 年 12 月 8 日，http://review.jcrb.com/zyw/n448/ca324740.htm。

　　④　湖南卫视：《湖南卫视 2005 全记录》，长江文艺出版社 2006 年版，第 10 页。

　　⑤　如李宇春——玉米；谭维维——维生素；尚雯婕——芝麻；周笔畅——笔迷等；参见《关于今年超女的粉丝团名称？》，http://zhidao.baidu.com/question/12766177.html。

　　⑥　《所有凉粉统一着装 各超女粉丝团发布自律公约》，《重庆晨报》2005 年 10 月 14 日，http://yule.sohu.com/20051014/n227197127.shtml。

　　⑦　李琴：《黑楠退出 新疆超女粉丝团拉票酣战》，天山网转《新疆都市报》2005 年 8 月 25 日，http://www.tianshannet.com.cn/GB/channel3/19/200511/25/180070.html。

迫他人下载尚雯婕的照片。①

反观《超级女声》会发现它在本质上是一场由"个体狂迷"助推的"集体狂欢"式的"卡拉 OK"运动，提供的是经典娱乐模式的集中体验。在此点上似乎并无更多新意，但却恰恰证明了这些经典娱乐模式的生命力。事实上，与"个体狂迷"对应的"明星崇拜"，与"集体狂欢"对应的"大众化"和"卡拉 OK"在本质上的"自娱自乐"正是湖南卫视电视娱乐节目中最重要的三种娱乐要素。例如 2009 年以来湖南卫视屏幕上可见的节目中，《快乐大本营》《背后的故事》《快乐心灵·说出你的故事》都是以明星为核心，而且后两个访谈节目的嘉宾越来越偏向娱乐明星；《智勇大冲关》和《全家一起上》都是全民游戏节目，既大众化，又自娱自乐，两者的区别仅在于游戏的项目和参赛者身份不同，前者是室外，后者是室内，前者以个体或组合为参加单位，后者以家庭为单位；《挑战麦克风》和《快乐女声》都是演唱类节目，前者更偏重自娱自乐，没有选秀机制，而后者沿袭了《超级女声》的选秀传统。

特别值得一提的是《天天向上》，该节目虽然常常涉及礼仪、文化和高雅艺术的话题，但节目中同样使用了三种基本娱乐模式。如其访谈的嘉宾要么是明星、名人，要么是普通人中的佼佼者，如最高学府的学生、高考状元、某行业或某方面的专家等，多少借鉴了一点明星光环效应。又如，在节目中主持人经常邀请现场普通观众上台体验或大家一起做游戏，这也是大众参与性自娱自乐的一种表达。

从《超级女声》的个案中还可以看到"自娱自乐"不仅可以发生在屏幕内，也可以发生在屏幕外，受众的投票参与和超女迷群都是很好的例子，尤其是超女迷群甚至向人们展示出了娱乐文化强大的动员能力。美国社会学家、符号互动理论的主要倡导者和定名人 Blumer 从社会互动论的理论出发，将社会群体分为三种形态：聚众、公众和大众②。电视机前的观众在通常情况下是

---

① 颜氏阿开：《超女粉丝团太可怕叻！》，2006 年 10 月 13 日，http://blog.sina.com.cn/s/blog_473fa352010006t8.html。

② 阿瑟·阿萨·伯杰：《媒介分析技巧》，中国人民大学出版社 2005 年版，第 132 页。

存在很多差异，广泛分散，缺少交往，彼此匿名的大众群体，可是对明星的共同喜爱使他们聚集在一起，成为临时的群体。一位匿名网民在天涯论坛发帖将超女粉丝团比作黑社会，戏称之为"粉社会"。他认为从超女开始，粉丝团步入"组织化时代"。以支持尚雯婕的"芝麻"为例，该团体结构中包括迷总、各大城市召集人、核心芝麻层、铁杆芝麻层和散芝麻。不同层级有不同的联络方式，各展所长，各司其职。他们的活动包括：组织投票；组织写手挖掘题材、系统地吹捧偶像并反击不同言论；派遣成员渗入大众评审团；组织成员上街、上机场等，制造社会人气；组织网络刷票、刷帖、踩人、HC 等不一而足①。这样看来，由互动参与形成的自娱自乐的迷群虽然尚不属于 Blumer 界定的"有相对严密的组织和共通的议题，并对议题充满争议，就议题如何解决展开讨论"的"公众"，但是他们的性质也已经超越"没有任何组织，吸引他们的临时性事物一消失，这个群体也随之消失"的聚众。这就难怪有人会将之与民主意识的萌芽联系在一起，不过这种自娱自乐的深层社会影响力可能是生产者没有预料到的。

根据对生产者的访谈，研究者了解到，迷群主要是从网络集结而来，公共论坛在其中发挥了重要作用。在论坛中网友分享他们对明星或节目的看法和各种体验，是一种虚假环境中的拟人际传播活动。罗杰斯和休梅克在《创新扩散》的早期版本中曾写道："大众媒介与人际传播的结合是传播新观念和说服人们利用这些创新方法的最有效途径。"②这似乎可以为我们理解迷群的来源提供一种思路。很有可能正是网络论坛的拟人际传播强化、放大了电视频道中节目播放的大众传播效果。虽然还无法得知生产者是否有意为之，而且很多论坛是受众自发建立的，但可以看到的事实是湖南卫视已经从 2008 年开始重视对网络新技术的应用，而且目前其所有的节目和节目中的明星都有相关论坛。

---

① lypgv0：《[超级女声]超女粉丝团与黑社会》，《天涯》2006 年第 10 期，http://www.tianya.cn/publicforum/Content/funstribe/1/64278.shtml。

② Werner J. Severin 、James W. Tankard, Jr, 郭镇之主译：《传播理论起源、方法与应用》；中国传媒大学出版社 2006 年版，第 183 页。

从不同节目的收视表现来看，似乎当上述三种娱乐元素集中呈现的时候会产生最佳的叠加放大效应。例如，《名声大震》和《超级女声》一样都有明星，但前者没有后者那样广泛的平民参与性即大众性，而且也不是完全"自娱自乐"，而是加入明星表演成分。从收视率来看，前者不如后者。与此类似，《挑战麦克风》是把演播室变成了大的卡拉 OK 厅，嘉宾被分成龙凤队进行团队比赛，其间穿插"原声回放"，节目形式非常大众化，完全自娱自乐，但是该节目没有明星，尤其是没有从普通人中打造明星的选秀机制，其收视率也不如"超女"。来自收视率的数据还表明，该节目中，当老师（明星）演唱时的收视率要高于平民演唱时的收视率，这说明观众是喜欢观看明星表演的，也可能在心理层面他们确实是需要明星的，对此点将在下一章"湖南卫视电视娱乐节目的消费"中从受众的消费动机寻找答案。

不管是大众化还是自娱自乐的娱乐模式中都体现了一种平等参与的精神。为什么湖南卫视的娱乐节目会存在这种精神？受众的需要当然是不可忽视的原因，与此同时研究者发现这和湖南卫视生产者的政治文化取向也存在关联。

政治学家 Aron Wildavsky 认为现代社会存在四种政治文化：治国的精英主义者（hierarchical elitists）[1]、竞争性的个人主义者（competitive individualists）[2]、平等主义者（egalitarians）和宿命论者（fatalists）[3]，这四种文化相互补充，都是维持政治秩序必不可少的（阿瑟·阿萨·伯杰，2005）Wildavsky 认为："对身份问题的回答可以说明个体属于某个强大的组织，这个集体融会所有成员的意见做出决定。"[4] 因此本研究试图通过对生产者政治文化类别的测量为其作为媒介整体的行为寻找一种依据，并为进一步理解湖南卫视通过其电视娱乐产品对社会发挥何种作用提供基础。

如表 3-41 所示，认同平等主义的受访者人数占总体的 50.4%，远远高于

---

① 治国的精英主义相信社会分层，相信上层社会有义务照顾中下阶层。
② 竞争性的个人主义主要对自身有兴趣，渴望得到有政府提供保护的自由竞争。
③ 宿命论文化相信在政治体系之外还存在着幸运和选择。
④ Wildavsky,A., Choosing preference by constructing institutions: A culture theory of preference formation, Presidential address delivered at the annual meeting of the American Political Science Association, 1989, P.25.

持其他类型政治文化观念的受访者所占的比例。受访者政治文化观念与其所在阶层、所属部门、年龄、受教育程度、婚姻状况和收入情况都没有显著关联，但是他们在男女性别之间表现出了显著差异（F=4.099，p=0.045），不论男性还是女性的取值均介于 2 和 3 之间①，但男性（M=2.48）更偏向自由竞争的个人主义，而女性（M=2.80）更偏向平等主义。

表 3-41　受访者对四种政治文化的赞同度

	频数	百分比（%）	累计百分比（%）
精英主义	22	15.8	15.8
个人主义	25	18.0	33.8
平等主义	70	50.4	84.2
宿命论	22	15.8	100
合计	139	100	

平等主义文化是一种强调平等的政治文化观念，它支持人们在需求上的平等，认为人们之间的差异是由社会造成的，而不是先天存在的，应当竭力减小这种差距。上述数据显示湖南卫视的大多数生产者都赞同此观点，而且，因为女性比男性更偏向此观点，而湖南卫视最靠近生产一线的部门，包括生产团队、总编室、调度中心的女性员工比例都高于男性，这都使得湖南卫视在以节目生产主体的身份出现时具有明显的"平等主义"气质，而这种在整体上的政治文化类型取向也不可避免地在其生产的文化产品中得到表达。如湖南卫视员工对自己媒介形象的评价更倾向草根而非精英，他们最早推出的《超级女声》实行无门槛海选，并以此为起点推动了一系列平民造星运动，还包括多档全民参与的互动娱乐节目，如《我是冠军》《智勇大冲关》等，它们的基本节目模式就是给予普通人展示自我、挑战自我，甚至只是游戏娱乐的机会，而其中最重要的精神内核正是"平等"。

一个信奉"平等主义"的群体制作展现平等理念的节目，这显得顺其自

---

① 对受访者政治文化身份的评价取值范围为 1-4，1 代表"精英主义"，2 代表"个人主义"，3 代表"平等主义"，4 代表"宿命论者"。

然。也许这能提供一个角度，帮助我们理解为什么湖南卫视的娱乐节目具有浓郁的大众性和参与性的特点。

湖南卫视在节目生产中确实非常有意识地向大众和娱乐靠拢，甚至在非娱乐类节目中也有所体现，例如早在2000年，《乡村发现》操办了《湖南首届农民特长擂台赛》，当时广受好评，其基本形态正是大众参与的自娱自乐。直到现在该节目依然尽可能体现这些元素，他们将镜头对准最普通的农民，在表现手法上比较娱乐化，有时为记录的人物设计搞笑的动作，有时是记者自己在镜头中滑稽表演，体现的都是自娱自乐的精神。在一些大型文艺晚会中，湖南卫视也会采用其在娱乐节目中惯用的大众化手法，如2005年湖南卫视春节联欢晚会有一个"相见2005"的观众拜年活动，特意从全国挑选观众代表在晚会现场向亲友"真情告白"。2008年12月31日，湖南卫视、江苏卫视、东方卫视等几家电视台同时举办了跨年演唱会，可以非常明显地感觉到它们在风格上的差异：东方卫视的演唱会让人想到十里洋场和夜上海；江苏卫视重金邀请了各路明星，阵容强大，更像流行音乐会；而湖南卫视的演唱会甚至可以让你不用看台标都知道肯定是它举办的：他们也请了不少明星，但其中少不了的是快男、超女这些自产的草根明星。他们的画面中总是可以看到大量观众狂欢的镜头，在零点钟声敲响时，主持人也是站在人群中和大家一起欢呼、倒计时。收视率显示，当晚湖南卫视跨年演唱会的收视率全国第一。

除了明星崇拜、大众参与和自娱自乐这三种主要的娱乐模式外，在湖南卫视的电视娱乐节目中还可以看到一些其他的娱乐化手法，如真人秀的大量使用，它提供的是没有剧本的喜剧化；《天天向上》中的男性主持群既借用了男性话语尺度比较大，适合脱口秀的优势，又似乎在某种程度上满足了湖南卫视的主要收视群体——女性对男性的审美需要；又如，湖南卫视的选秀节目是以温情励志而非冷漠批判为主，这一方面是考虑到该频道快乐、阳光、健康的整体定位，又似乎是对受众心理需求的配合。因为观众并不喜欢对选手恶语相加，他们更希望从中看到激励的力量，对此，从网络上对黑嘴评审的批判可见一斑。也许正如弗洛伊德对文明的代价所做出的解释那样，虽然"人类不是那种渴望被爱与受攻击时至多能保护自己的温和动物。相反，人类是具有强大侵犯性天赋本能的动物"①，但是文明作为侵犯性的对抗力量，通过压抑、监督、裁决本能的冲动而使我们深受罪恶感的折磨。为了逃避罪恶感，人们还转向了欣赏"幽默"。

　　最后需要强调的是，不管是哪一种娱乐模式或表现手法，其在湖南卫视娱乐节目的生产中被使用的目的只有一个，就是服务于频道品牌内涵和影响力的建构和维护。

---

①　Freud, S., Civilization and its discontents, New York: W.W.Norton, 1962, p.58.

第四章

湖南卫视电视娱乐节目的消费

如果将电视娱乐节目视作一种文化工业商品，那么节目生产必须服务于受众消费。因为只有消费才能将生产中的劳动力转化为利润，实现其交换价值和使用价值。在此意义上，消费对于生产的作用是不容忽视的，这也使得对受众消费行为的研究与对生产者的生产研究密不可分。有学者认为："电视娱乐节目的出现既是一种自身演变的必然，又是对人本质天性的认知。"[①] 这种观点为我们理解受众的消费行为提供了一种基本假设，但是"天性"似乎无法解释受众选择观看电视娱乐节目的全部动因。那么到底是什么样的人，以何种方式，为了何种目的消费湖南卫视的电视娱乐节目？本章将以实证调查资料为依据试图回答这些问题，并以此为基础论述受众消费行为可能发挥的社会功能和产生的社会后果。

第一节　受众特征概述

一、信息偏好

1. 信息偏好概述

如表 4-1 所示，湖南卫视电视娱乐节目的受众样本最为关注的信息是时尚 / 娱乐类信息，在 7 点李克特量表中的取值为 5.15，是唯一一个受众的关注度超过"比较关心"程度的信息类型。紧随其后的是音乐 / 美术（M=4.80）、旅游 / 休闲信息（M=4.80）、社会 / 民主（M=4.78）、文化 / 教育（M=4.71），

---

① 朱羽君、殷乐：《减压阀·电视娱乐节目——电视节目形态研究之一》，《现代传播》2001 年第 1 期，第 95 页。

受众对这些信息的关注度均接近"比较关心"的水平。此外，受访者对政治/时事（M=4.54）和运动/健身（M=4.38）类信息的关注度是接近"无所谓"，但偏向"比较关心"；对数码IT（M=3.89）、网络/游戏（M=3.85）的关注度是接近"无所谓"，但偏向"不太关心"；对产业/财经（M=3.50）、汽车/房产（M=3.46）则是都"不太关心"。

将生产者和受众对不同信息的关注情况进行比较后发现，两者只在社会/民生（F=8.019，p=0.005）和汽车/房产（F=13.727，p=0.000）两类信息的关注存在显著差异。生产者明显比受众更关注社会/民生和汽车/房产类信息（5.17 vs 4.78，4.04 vs 3.46）。此外，受众和生产者对政治/时事类信息的关注度也达到了接近显著程度的差异（F=3.682，p=0.055），生产者对此类信息的关注度也略高于受众（4.84 vs 4.54）。

受众最为关注的前三种信息类型与生产者作为整体最关注的前三种类型具有很大差异，前者是时尚/娱乐、音乐/美术和旅游/休闲信息，而后者是社会/民生、时尚/娱乐、政治/时事。受众对社会/民生、政治/时事类信息的关注明显少于生产者（4.78 vs 5.17；4.54 vs 4.84），但是他们对时尚/娱乐信息的关注程度却略高于生产者（5.15 vs 5.04）。

但有意思的是，在考虑到不同部门生产者关注的信息类型存在排序上的差异后，可以发现受访者最关注的三种信息类型与生产团队最为关注的前三种信息类型是完全吻合的，差异仅在于后两种信息类型：音乐/美术和旅游/休闲类的顺序互换（见表4-1）。然而，目前还无法判断是受众影响了生产者的信息关注取向，还是生产者引导了受众的信息关注取向，或者两者之间并无相关性。

表4-1　受众对不同类型信息的关注度

	N	最小值	最大值	均值（M）	标准差（SD）
时尚/娱乐	581	1	7	5.15	1.61
音乐/美术	585	1	7	4.80	1.68
旅游/休闲	578	1	7	4.80	1.59

续表

	N	最小值	最大值	均值（M）	标准差（SD）
社会 / 民生	581	1	7	4.78	1.58
文化 / 教育	575	1	7	4.71	1.56
政治 / 时事	586	1	7	4.54	1.72
运动 / 健身	573	1	7	4.38	1.74
数码 IT	569	1	7	3.89	1.75
游戏 / 网络	573	1	7	3.85	1.96
产业 / 财经	573	1	7	3.50	1.80
汽车 / 房产	576	1	7	3.46	1.78

注：表中数值为受访者对各种信息关注度在 7 点李克特量表中的均值得分。1 代表"完全不关心"，2 代表"不关心"，3 代表"不太关心"，4 代表"无所谓"，5 代表"比较关心"，6 代表"关心"，7 代表"非常关心"。

2. 信息偏好与人口学变量间的关系

将信息关注度与受访者基本人口信息进行单因素方差分析也可以发现受众群体与生产者群体的明显不同。受众群体与生产者群体相比明显更具有内部差异性，换言之，生产者群体对信息的关注情况更趋向同质化。

例如，在生产者群体中，对时尚 / 娱乐信息的关注在不同性别之间是无显著差异的，但是对于受众群体而言，两者显著正相关（F=34.360，p=0.000），男性对此类信息的关注度明显低于女性（4.64 vs 5.45），这可能意味着生产者群体对时尚 / 娱乐信息无性别差异的广泛关注带有鲜明的职场特性。与此类似的信息类型还有音乐 / 美术、旅游 / 休闲、社会 / 民生、运动 / 健身和数码 IT。对这些信息的关注在生产者群体中均无性别间的显著差异，但是受众中差异是显著的（$p \leqslant 0.026$），女性比男性更关注音乐 / 美术（5.06 vs 4.38）和旅游 / 休闲（4.90 vs 4.58），而男性比女性更关注社会 / 民生（5.03 vs 4.61）、运动 / 健身（4.70 vs 4.15）和数码 IT（4.22 vs 3.70）。

信息关注度与年龄的相关性在受众群体中也远比生产者群体中要复杂，生产者的年龄组只与社会 / 民生、政治 / 时事、数码 IT 和产业 / 财经这四类信息显著相关，而受众的年龄与除了旅游 / 休闲和文化 / 教育两类信息无显著关联外，与其他各类信息都显著相关（$p \leqslant 0.049$），这可能一方面与生产者的职业需要相关，另一方面也因为受众的年龄结构比生产者的年龄结构丰富很多。

生产者的职务阶层只对政治 / 时事、社会 / 民生两类信息的关注度产生明显差异，而受访者的职业身份却与政治 / 时事、社会 / 民生、汽车 / 房产、产业 / 经济四类信息显著相关（$p \leq 0.005$）。如表 4-2 所示，受访者中干部群体对政治 / 时事的关注度最高（M=5.00），学生群体对此类信息的关注度最低（M=4.35），此结果与生产者群体中干部比员工更关注政治 / 时事是一致的。但是对于社会 / 民生类信息的关注情况却有所不同，生产者群体中是干部对此类信息的关注度高于员工，而在受众群体中，普通职员对社会 / 民生类信息的关注度是最高的（M=5.10），其次才是干部（M=5.04），对此类信息关注度最低的也是学生（M=4.57）。对汽车 / 房产和产业 / 经济类信息的关注度因为整体太低（M $\leq$ 4.48），未予列出。

对于与本研究密切相关的时尚 / 娱乐类信息的关注度，在职务身份之间没有显著差异（F=1.223，p=0.301），但从调查数据来看，似乎普通职员和学生群体的关注度会比干部群体略高一点，自由职业及无业者的关注度介于中间。

表 4-2　受众职务身份与三种信息类型关注程度的关系

		样本数	平均值	标准差	F 值（Sig.）
政治 / 时事	干部	63	5.00	1.84	3.890（0.009）
	普通职员	93	4.83	1.75	
	自由职业及无业	60	4.61	1.79	
	学生	359	4.35	1.65	
社会 / 民生	干部	63	5.04	1.67	4.368（0.005）
	普通职员	93	5.10	1.63	
	自由职业及无业	59	5.01	1.59	
	学生	355	4.57	1.52	
时尚 / 娱乐	干部	61	4.80	1.61	1.223（0.301）
	普通职员	95	5.26	1.56	
	自由职业及无业	60	5.13	1.78	
	学生	354	5.20	1.59	

　　在对生产者的研究中，因为其受教育程度高度集中于大专／本科层次，因此不同受教育群体在信息关注类型上的差异被忽略了，而在受众群体中，这个问题是无法回避的。单因素方差分析显示，受众的受教育程度与对社会／民生、时尚／娱乐、音乐／美术、游戏／网络、汽车／房产、产业／财经六类信息的关注度有显著关联性（F ≥ 3.142，$p \leq 0.014$）。因各教育层次受访者对后两种信息的关注度都很低，在7点李克特量表中的取值均等于或小于4，在此不予讨论。

　　受众的受教育程度与其他四种信息类型关注度的关系如表4-3所示。数据显示，初中及以下群体对社会／民生信息的关注不太关心（M=3.80），是所有受教育层次人群中对此类信息最不关注的群体，但同时，他们又是对时尚／娱乐（M=6.20）、音乐／美术（M=5.93）和游戏／网络（M=5.20）最为关心的群体，而且其关注度明显超过其他教育程度人群。

　　如对社会／民生类信息，高中以上人群的关注度差异很小，取值都比较接近5，说明他们都比较关心此类信息，其中硕士群体的关注度最高（M=4.97），取值比初中及以下人群高1.17。

　　对时尚／娱乐类信息，初中及以下受教育水平的人群非常关心，其关注度在7点李克特量表中取值6.20；高中／中专受教育水平的人群也很关心（M=5.85），其取值接近6；大专及以上人群的关注度取值则是接近5，仅为比较关心。

　　对音乐／美术类信息，初中及以下受教育水平人群的关注度取值接近6，表现为很关心（M=5.93），高中／中专比大专／本科人群对此类信息的关注度略高（5.31 vs 4.75），但都可算作比较关心的；硕士和博士及以上人群对此类信息基本都是无所谓关不关心，其中硕士群体对此项取值略高于中间值4，博士及以上群体对此项取值略低于4。

　　对游戏／网络类信息的关注度与对时尚／娱乐和音乐／美术类信息的关注类似，都是受教育程度越高的人关心程度越低。对此类信息，除了初中及以下人群比较关注（M=5.20），高中／中专人群无所谓但偏向比较关注外

（M=4.22），其他人群都不太关心（M<4），尤其是博士及以上人群，关注度取值仅为2.55。

表4-3 受众的受教育程度与四种信息类型关注程度的关系

		样本数	平均值	标准差	F值（Sig.）
社会/民生	初中及以下	30	3.80	1.71	3.142（0.014）
	高中/中专	62	4.74	1.91	
	大专/本科	419	4.80	1.50	
	硕士	41	4.97	1.55	
	博士及以上	18	4.88	1.52	
时尚/娱乐	初中及以下	30	6.20	1.32	8.021（0.000）
	高中/中专	63	5.85	1.37	
	大专/本科	418	5.04	1.61	
	硕士	41	4.70	1.58	
	博士及以上	18	4.77	1.62	
音乐/美术	初中及以下	30	5.93	1.52	7.621（0.000）
	高中/中专	63	5.31	1.62	
	大专/本科	422	4.75	1.64	
	硕士	41	4.29	1.64	
	博士及以上	18	3.88	1.64	
游戏/网络	初中及以下	29	5.20	1.63	7.724（0.000）
	高中/中专	61	4.22	1.99	
	大专/本科	415	3.83	1.93	
	硕士	41	3.12	1.86	
	博士及以上	18	2.55	2.06	

受访者收入与对时尚/娱乐类信息的关注度之间没有显著关联性（F=1.300，p=0.255），月收入在5001-10000元的受访者对此类信息的关注度最高（M=5.44），月收入1000元以下的受访者对此类信息的关注度最低（M=4.41），但这种差异并不是严格显著的，事实上即使是对时尚/娱乐信息最不关注的群体，其关注度也接近"比较关心"的程度。

与收入存在显著关联的有五类信息，分别是政治/时事（F=2.343，p=0.030）、社会/民生（F=2.837，p=0.010）、汽车/房产（F=6.664，p=0.000）、

产 业 / 财 经（F=4.411，p=0.000）和 游 戏 / 网 络（F=2.568，p=0.018）。其中各种收入人群对游戏/网络的关注度虽然差异很大，但整体关注度太低（M ≤ 4.00），因此不予讨论。

如表 4-4 所示，对其他四类信息关注度最高的人群都是月收入在 5001-10000 元的受访者，如对政治/时事类信息，月收入 5001-10000 元的受访者对政治/时事类信息的关注度取值在 7 点李克特量表中超过 5（M=5.07），而其他各收入群体取值均不超过 5，其中收入在 1000 元以下的人群对政治/时事的关注度最低，仅为 4.31，基本是无所谓关心与否的态度。值得注意的是，月收入在 10000 元以上的受访者对政治/时事的关注度也不算高（M=4.58），介于"无所谓"和"比较关心"之间。

不同收入群体对社会/民生信息的关心度整体要高于对政治/时事的关心，但与之类似的是，关注度最高的人群是月收入在 5001-10000 元的人群（M=5.34），关注度最低的是月收入在 1000 元以下的人群（M=4.50）。月收入在 1 万元以上的受众对此类信息也接近"比较关心"的程度（M=4.83）。

对汽车/房产和产业/财经类信息，月收入在 5001-10000 元的群体是唯一表现出明显兴趣，倾向于比较关心这类信息的群体（M=4.96；M=4.50）。其他群体对这些信息的关注度取值均低于 4.0，倾向于不太关心，其中最不关心的群体都是无稳定收入的人群（M=3.15；M=3.19），其次是月收入在 1 万元以上的群体（M=3.33；M=3.16）和月收入在 3001-5000 元的群体（M=3.30；M=3.78）。

此外，受访者所属地域与其信息关注类型之间没有显著关联性（p ≥ 0.115）。

表 4-4 受众的收入与四种信息类型关注程度的关系

		样本数	平均值	标准差	F 值（Sig.）
政治/时事	无稳定收入	332	4.33	1.65	2.343（0.030）
	1000 元以下	19	4.31	1.66	
	1001-2000 元	79	4.84	1.63	
	2001-3000 元	52	4.71	1.91	
	3001-5000 元	44	5.00	1.80	
	5001-10000 元	26	5.07	1.87	
	1 万元以上	12	4.58	1.78	
社会/民生	无稳定收入	330	4.55	1.56	2.837（0.010）
	1000 元以下	18	4.50	1.65	
	1001-2000 元	78	5.07	1.46	
	2001-3000 元	53	4.98	1.71	
	3001-5000 元	44	5.18	1.54	
	5001-10000 元	26	5.34	1.69	
	1 万元以上	12	4.83	1.46	
汽车/房产	无稳定收入	328	3.15	1.74	6.664（0.000）
	1000 元以下	18	3.44	1.75	
	1001-2000 元	76	3.96	1.75	
	2001-3000 元	52	3.92	1.69	
	3001-5000 元	43	3.30	1.65	
	5001-10000 元	26	4.96	1.90	
	1 万元以上	12	3.33	1.55	
产业/财经	无稳定收入	326	3.19	1.75	4.411（0.000）
	1000 元以下	19	3.84	1.67	
	1001-2000 元	76	3.86	1.74	
	2001-3000 元	52	3.96	1.78	
	3001-5000 元	42	3.78	1.94	
	5001-10000 元	26	4.50	2.06	
	1 万元以上	12	3.16	1.46	

二、受众对时间、精力的分配和社会参与情况

1. 受众与生产者对时间、精力分配和社会参与的比较

收看湖南卫视娱乐节目属于休闲娱乐的一种方式，对这种行为的评价，

包括这种行为对受访者是否重要，是否占用了受访者很多时间和精力，可能对受访者产生多大的影响，对这些问题的回答都需要在一个有参照物的框架内进行具有可比较性的研究。本研究为休闲娱乐事务提供了 6 个参照项，包括学习、家庭、工作、社交、运动和公共事务。

如表 4-5 所示，总体而言，没有任何一项事务是受访者认为投入了很多时间和精力的。投入最多的领域是学习，在 7 点李克特量表中的取值为 5.07，投入程度为"比较多"，其次是家庭（M=4.70）和休闲娱乐（M=4.66），接近投入比较多的评价。对工作（M=4.47）和社交（M=4.33）的投入均介于"投入一般"和"投入比较多"之间，并偏向于"投入一般"。对运动的投入一般（M=3.92），对公共事务的投入则是比较少的（M=3.35）。

表 4-5　受众和生产者对不同事务投入时间、精力的比较

		样本数	平均值	标准差	F 值（Sig.）
学习 **	受众	576	5.07	1.52	13.621（0.000）
	生产者	163	4.58	1.38	
家庭	受众	574	4.70	1.68	0.666（0.415）
	生产者	163	4.57	1.76	
休闲娱乐 *	受众	576	4.66	1.48	4.821（0.028）
	生产者	157	4.36	1.72	
工作 **	受众	575	4.47	1.86	117.967（0.000）
	生产者	164	6.13	1.12	
社交 **	受众	582	4.33	1.51	7.598（0.006）
	生产者	162	3.95	1.70	
运动	受众	574	3.92	1.65	0.675（0.412）
	生产者	162	3.80	1.75	
公共事务 **	受众	576	3.35	1.59	9.058（0.003）
	生产者	157	3.80	1.79	

注：表中数值为受访者对各种事务的投入情况在 7 点李克特量表中的均值得分。1 代表"投入很少"，2 代表"投入少"，3 代表"投入比较少"，4 代表"投入一般"，5 代表"投入比较多"，6 代表"投入多"，7 代表"投入很多"。* 表示对此项单因素方差分析 p<0.05，** 表示对此项单因素方差分析 p<0.01。

受众与生产者比较而言，两者非常大的不同在于，生产者对工作的投入比例是其对所有事务投入中最高的，在 7 点李克特量表中的取值超过 6（M=6.13），而且这种投入程度也是受众对任何一项事务的投入程度无法与之相比的。但除此之外，受众和生产者对其他事务投入情况的排序是完全一样的。

排序上的相同并不意味着生产者和受众对同一事务的投入是无差别的，单因素方差分析显示，对除家庭和运动这两项事务外的其他各项事务，生产者与受众都存在投入上的显著差异。生产者对学习（4.58 vs 5.07，F=13.621，p=0.000）、家庭（4.57 vs 4.70，F=0.666，p=0.415）、休闲娱乐（4.36 vs 4.66，F=4.821，p=0.028）和社交（3.95 vs 4.33，F=7.598，p=0.006）的投入均低于受众，但是生产者在工作（6.13 vs 4.47，F=117.967，p=0.000）和公共事务（3.80 vs 3.35，F=9.058，p=0.003）上的投入高于受众。这种差别很可能与生产者在工作上的投入太高密切相关，在有限的时间和精力里，对工作的投入必然会减少对其他事务的投入。然而即便在此情况下生产者对公共事务的投入依然高于受众，这说明湖南卫视的媒体从业者确实比普通观众更关注公共事务。

然而生产者参与社会事务投票的频度却并不比受众高（见表 4-6），而是相反，略低于受众（3.11 vs 3.14），但这种差异是很微弱的，而且也并不是严格显著的（F=0.032，p=0.857）。这说明生产者对于公共事务的更多关注并未体现在对社会事务的选举或投票方面，这可能与受访者参与选举或投票这种表达意见和主张的方式实际上并不多见有关。事实上不论是生产者还是受访者，参与各类投票或选举的频度都是较少的，甚至很少的（M ≤ 3.14）。这充分说明了不论是普通民众还是拥有一定话语权的媒体从业者，都非常缺乏以投票或选举的方式表达自己意见的机会和体验，并且对于政治事务选举的参与度位居对各类投票选举参与频度的最后一名。

表4-6　受众和生产者社会参与行为、态度比较

		样本数	平均值	标准差	F值（Sig.）
参与社会事务投票 [1]	受众	577	3.14	1.97	0.032（0.857）
	生产者	163	3.11	2.02	
参与组织任用投票 [**1]	受众	576	2.96	1.91	6.916（0.009）
	生产者	165	2.52	1.66	
参与娱乐休闲投票 [*1]	受众	580	2.87	2.00	4.473（0.035）
	生产者	165	2.50	1.88	
参与政治事务选举 [**1]	受众	580	2.10	1.58	6.861（0.009）
	生产者	164	1.74	1.38	
参加选举或投票的态度 [2]	受众	505	2.38	1.06	1.498（0.221）
	生产者	157	2.31	0.67	
主动参加公益活动频率 [3]	受众	567	2.46	0.74	3.571（0.059）
	生产者	162	2.58	0.59	

注：[1] 对此4个变量，变异范围为1-7，表示参加的频度，其中1代表"极少"，2代表"少"，3代表"较少"，4代表"一般"，5代表"较多"，6代表"多"，7代表"很多"。

[2] 该变量的变异范围为1-3，代表参与投票/选举的态度，其中1代表"很随意的投票（无具体原则或请他人代投）"，2代表"比较认真地投票"，3代表"综合各方面信息，深思熟虑后投票"。

[3] 该变量的变异范围为1-4，表示参加的频率，其中1代表"从未参加"，2代表"偶尔参加过几次"，3代表"无规律地参加过多次"，4代表"有规律地经常参加"。

[*] 表示对此项单因素方差分析 $p < 0.05$，[**] 表示对此项单因素方差分析 $p < 0.01$。

在整体很低的参与频度下，生产者和受众的参与行为依然存在明显差异，受众对组织任用（2.96 vs 2.52，F=6.916，p=0.009）、娱乐休闲（2.87 vs 2.50，F=4.473，p=0.035）、政治事务（2.10 vs 1.74，F=6.861，p=0.009）这三个领域投票或选举的参与频度均高于生产者。这些差异经单因素方差检验都是严格显著的。不过生产者对各种公益慈善活动的参与频度似乎要略高于受众，在1-4的变量变异范围中，生产者取值2.58，受众取值2.46，这种差异虽然不严格显著，但接近显著（F=3.571，p=0.059）。然而与对各项选举或投票的参与程度一样，受访者对社会公益事务的参与也只是偶尔为之，甚至还未达到"无规律参加过多次"的水平（M<3），更不用说成为一种规律性的自觉

行为。

本研究通过受访者对参加选举或投票的态度来测量其社会参与态度。数据显示，虽然受访者实际参与各类选举或投票的频度并不高，但他们的态度比较认真。在受众中，只有 6.5% 的人会没有任何原则或依据地随意投票；有 43.4% 的人会根据自己的第一印象投票，4.8% 的人会参考他人意见投票，这两类都算有所依据，比较认真地投票，合计为 48.2%；还有 45.3% 的人会深思熟虑后非常认真地投票。在生产者中，随意投票的比例稍高一些，为 11.5%；比较认真投票的比例却更低，为 45.2%；深思熟虑后非常认真地投票的比例也比受众少 2 个百分点，为 43.3%。这样，整体而言，生产者取值略低于受众（2.31 vs 2.38），不过单因素方差分析表明受访者是受众或生产者的身份与其参加选举或投票的态度之间没有显著相关性。

2. 受众信息关注度与对时间、精力分配关系

受众信息关注类型与将受众最为关注的三种信息类型时尚/娱乐、音乐/美术、旅游/休闲和本研究关注的社会/民生、政治/时事共 5 类信息及受众对不同事务的投入进行相关分析，如表 4-7 所示。对时尚/娱乐信息的关注与除对公共事务和工作外其他各项事务的投入均显著正相关，表明对时尚/娱乐信息更关心的人不一定对公共事务和工作投入更多或投入更少（$p>0.05$），但是对家庭、学习、休闲娱乐、运动和社交的投入都会更高（$p<0.05$）。值得注意的是，时尚/娱乐类信息是 5 种信息类型中唯一与公共事务没有显著正相关的信息类型。

表 4-7　受众对各项事务的投入程度与对五种信息关注度的相关分析

	时尚/娱乐	音乐/美术	旅游/休闲	社会/民生	政治/时事
公共事务	0.054	0.134**	0.115**	0.220**	0.251**
工作	0.081	0.043	0.171**	0.255**	0.302**
家庭	0.177**	0.094*	0.185**	0.130**	0.147**
学习	0.114**	0.137**	0.133**	0.151**	0.195**

续表

	时尚／娱乐	音乐／美术	旅游／休闲	社会／民生	政治／时事
休闲娱乐	0.289**	0.292**	0.245**	−0.038	−0.030
运动	0.095*	0.157**	0.229**	0.077	0.087*
社交	0.095*	0.079	0.200**	0.112**	0.131**

注：$*p<0.05$，$**p<0.01$。

对音乐／美术信息的关注度则与对除工作和社交外的各项事务的投入显著正相关（$p<0.05$），表明对音乐／美术类信息关注度越高的人，对公共事务、家庭生活、学习、休闲娱乐和运动的投入也会更高，但是他们不一定在工作和社交方面也投入更多时间和精力，当然也不一定投入更少（$p>0.05$）。音乐／美术信息相对于时尚／娱乐信息而言，前者更偏向高雅文化，后者更偏向流行文化，两者对各项事务投入程度相关性上的差异很可能意味着对高雅文化感兴趣的人比对流行文化感兴趣的人更关注社会公共事务。

对旅游／休闲信息的关注度与各项事务的投入存在显著的正向关联（$p<0.01$），对此类信息感兴趣程度越高，对各项事务的投入也会越高。这很可能是因为对旅游／休闲的喜爱常常与一个人乐观、放松的心态联系在一起，它可能意味着这样的人更倾向于具有积极的生活心态和对各项事务更多的投入。

对社会／民生类信息的关注度与除对休闲娱乐和运动之外其他各种事务的投入都显著正相关（$p<0.01$），而对政治／时事类信息的关注度只与对休闲娱乐事务的投入没有显著相关性（$p>0.05$）。这表明对这两类信息关注度越高，对公共事务、工作、家庭、学习和社交的投入都会越高，更关注政治／时事的人也可能对运动更有兴趣，但是他们对休闲娱乐事务并不会表现出明显的兴趣。

3. 受众信息关注度与对社会参与度的关系

将上述 5 种类型信息关注度及受众受访者的社会参与行为和态度评价

项进行相关分析，如表 4-8 所示，对时尚/娱乐信息和音乐/美术信息的关注只与对娱乐休闲类投票行为显著正相关（r=0.189，$p<0.01$；r=0.140，$p<0.01$），表明对此类信息越关注的人，参与娱乐休闲类投票的频度也会越高，但其参与投票的态度不一定更认真，对其他类型投票或选举的参与频度也不一定更高，也不见得更热衷于参加各种社会公益慈善事业。需要特别注意的是，对时尚/娱乐信息的关注度与对政治事务投票的参与频度之间的相关系数 r 为负数，不过两者尚未达到显著负相关的程度（r=-0.069，$p>0.05$）。

表 4-8　受众对不同事务的投入与对五种信息关注度的相关分析

	时尚/娱乐	音乐/美术	旅游/休闲	社会/民生	政治/时事
参与政治事务投票	−0.069	0.023	0.084*	0.131**	0.189**
参与社会事务投票	0.029	0.044	0.116**	0.158**	0.206**
参与组织任用投票	0.017	0.035	0.109**	0.179**	0.238**
参与娱乐休闲投票	0.189**	0.140**	0.172**	−0.022	−0.071
参加选举或投票的态度	0.011	0.056	−0.004	0.111*	0.123**
主动参加公益活动频率	0.035	−0.021	0.047	0.044	0.116**

注：*$p<0.05$，**$p<0.01$.

对旅游/休闲类信息更关注的人群可能对各种类型的投票、选举都会抱有更浓厚的参与热情（$p<0.01$），但他们不一定有更认真的参与态度（r=-0.004，$p>0.05$），对社会公益事务的参与频度也不一定更高（r=0.047，$p>0.05$）。

上述三种信息是受众最为关注的信息类型，但很显然，对这三种信息的关注都不一定能够促使受众更为认真地对待自己的意见表达权利，也不一定能够促使他们更多地承担起作为公民的社会公益责任。

然而对社会/民生类信息和政治/时事类信息的关注度却与参加投票或选举的态度呈现显著正相关（r=0.111，$p<0.05$；r=0.123，$p<0.01$），也与对除娱乐休闲类投票外的其他三类投票或选举行为显著正相关（$p<0.01$）。这表明对这两类信息的关注度越高，参与政治、社会和组织任用类选举或投票的频

率会越高，参与的态度也会越认真。

此外，对社会/民生类信息的关注度越高，不一定就对社会公益事业的参与性越强，但是对政治/时事类信息越关心的人，参加各种公益活动的频度却可能越高（r=0.116，p<0.01）。

4. 受访者对时间、精力的分配与社会参与行为间的关系

将受访者对不同事务的投入、社会参与行为和态度进行相关性分析，表4-9是对受众的分析结果，表4-10是对生产者的分析结果，将两者对比可以发现明显的不同。对受众群体，对公共事务投入越多的人对各种选举、投票和社会公益事务的参与频度都会越高（p<0.01），但他们对待选举或投票的态度不一定会越认真（p>0.05）；而对于生产者群体而言，对公共事务的更多投入也意味着对各种选举或投票的参与频度会越高（p<0.01），而且态度会越认真（r=0.235，p<0.01），但是却并不意味着他们会参加更多的公益活动。

表4-9　受众对不同事务的投入与社会参与行为、态度的相关分析

	公共事务	工作	家庭	学习	休闲娱乐	运动	社交
参与政治事务投票	0.278**	0.179**	0.113**	-0.027	-0.098*	0.168**	0.086*
参与社会事务投票	0.293**	0.237**	0.178**	0.088*	0.087*	0.196**	0.184**
参与组织任用投票	0.311**	0.281**	0.184**	0.134**	-0.023	0.221**	0.260**
参与娱乐休闲投票	0.290**	0.118**	0.135**	0.043	0.225**	0.240**	0.270**
参加选举或投票的态度	0.069	0.140**	0.152**	0.143**	0.014	0.073	0.155**
主动参加公益活动频率	0.164**	0.103*	0.120**	0.133**	0.023	0.079	0.080

注：*p<0.05，**p<0.01.

表4-10　生产者对不同事务的投入与社会参与行为、态度的相关分析

	公共事务	工作	家庭	学习	休闲娱乐	运动	社交
参与政治事务投票	0.315**	-0.021	0.204**	0.200*	0.138	0.272**	0.248**
参与社会事务投票	0.353**	-0.009	0.173*	0.226**	0.037	0.118	0.238**
参与组织任用投票	0.241**	-0.062	0.239**	0.165*	0.233**	0.183*	0.212**
参与娱乐休闲投票	0.282**	-0.007	0.245**	0.282**	0.311**	0.283**	0.384**

	公共事务	工作	家庭	学习	休闲娱乐	运动	社交
参加选举或投票的态度	0.235**	0.181*	0.127	0.282**	0.058	0.080	0.172*
主动参加公益活动频率	0.064	−0.023	−0.052	0.174*	−0.115	−0.026	−0.001

注：*$p<0.05$，**$p<0.01$.

受众群体中对工作和家庭投入越多的人不仅对各种选举、投票（$p<0.01$）和社会公益事业（$r=0.103$，$p<0.05$；$r=0.120$，$p<0.01$）的投入越多，而且他们对待这些事务的态度也越认真（$r=0.140$，$p<0.01$；$r=0.152$，$p<0.01$）。但是对于生产者而言，似乎工作占用了他们太多的时间和精力，对工作的投入与参与各种选举、投票和社会公益活动的频度虽然未达到显著负相关，但其相关系数均为负数（$r \leqslant -0.007$，$p>0.05$），不过他们对参加各项选举或投票的态度与对工作的投入是显著正相关的（$r=0.181$，$p<0.05$），表明对工作投入越多的生产者虽然不一定在实际上参与更多的选举或投票，但他们对行使选举或投票权的态度是更为认真的。对家庭投入多的生产者参与各种选举的频度会越高（$p<0.05$），但他们的投票态度和对公益事务的参与度不一定更高（$p>0.05$）。

学习是受众投入时间和精力最多的事务，对生产者也是在工作之外投入最多的事务。数据显示对生产者而言，对学习投入更多的人，对各种选举、投票和社会公益事务的参与度都会更高（$p<0.05$），对选举的态度也更慎重（$r=0.174$，$p<0.05$），但是受众群体中对学习投入多的人不一定热衷参与娱乐休闲类投票（$r=0.043$，$p>0.05$），对政治事务投票的参与性也不一定高（$r=-0.027$，$p>0.05$）。

对社交的投入与受访者的社会参与行为、态度之间的相关性在生产者和受众中是完全一致的，对社交投入越多的人，对各种投票或选举的参与频度和参与态度都会越高（$p<0.05$），但是他们并不一定更多地参与社会公益事业（$p>0.05$）。

对运动投入更多的受众对各种投票的参与度都更高（$p<0.05$），但态度

不一定很认真，当然也不一定不认真（r=0.073，*p*>0.05），同时他们也不一定更多地参与社会公益事业（r=0.079，*p*>0.05）。对生产者而言，对运动的投入和受众类似，与受访者的选举投票态度和对公益事业的参与度没有相关性（*p*>0.05），而且和对社会事务投票的参与度也没有相关性（r=0.118，*p*>0.05）。不过，对运动投入更多的生产者通常对政治、组织任用和娱乐休闲类选举或投票的参与频度也会越高（*p*<0.05）。

最值得关注的是，对休闲娱乐事务的投入与受访者社会参与行为、态度的关系，在受众群体中，对休闲娱乐事务的投入只与对社会事务投票（r=0.087，*p*<0.05）和娱乐休闲类选举或投票（r=0.225，*p*<0.01）频度显著正相关，表明对休闲娱乐投入越多的人参与社会事务投票和娱乐休闲类投票的频度会越高，但是他们参与投票的态度并不一定是更认真的（r=0.014，*p*>0.05）。更为重要的是对休闲娱乐的投入程度与参加政治事务选举的频度显著负相关（r=-0.098，*p*<0.05），表明对休闲娱乐投入越多的受众，参与政治事务选举的频率会越低，这很可能意味着受众对休闲娱乐参与越多，对政治事务的参与就会越少。但是在生产者群体中，对休闲娱乐的投入与对政治事务选举的参与频度之间没有显著相关性（r=0.138，*p*>0.05），表明对休闲娱乐事务投入更多时间和精力的受访者不一定更少或更多地参与政治事务投票。生产者与受众在此点上的差异可能是因为娱乐节目生产者长期浸染于各种娱乐事务和娱乐信息中，他们比受众更了解娱乐取悦大众的真实目的和各种娱乐背后的"内幕"，因此相比受众而言，他们更容易对娱乐休闲保持冷静、客观的态度，而且，出于安全生产的考虑，他们必须保持对政治事务的敏感度。反之，受众很可能更容易盲目地陷入休闲娱乐的快感之中，而失去对其他事务的兴趣。虽然研究者目前还无法判断，对政治事务的参与感在多大程度上与对休闲娱乐事务的投入有关，但受众群体在两者之间的显著负相关性已经值得引起注意。另外，受众群体对娱乐事务的投入程度与他们参与选举或投票的态度（r=0.014，*p*>0.05）和对公益事业的参与频度（r=0.023，*p*>0.05）之间均无显著相关性。

5. 受众对时间、精力的分配和社会参与行为与人口学变量的关系

受众对各项事务分配时间、精力的情况和社会参与行为与态度均与其基本人口学特征存在不同程度的显著关联性。具体而言，受众性别与其在家庭（F=0.097，p=0.755）、学习（F=0.005，p=0.945）和休闲娱乐（F=3.364，p=0.067）三项事务上的投入没有显著相关性，但男性在公共事务（3.73 vs 3.14，F=18.004，p=0.000）、工作（4.95 vs 4.19，F=22.039，p=0.000）、运动（4.34 vs 3.67，F=21.656，p=0.000）、社交（4.61 vs 4.15，F=12.475，p=0.000）方面的投入均高于女性，而且这种差异是严格显著的。受访者性别还与他们对政治事务（2.54 vs 1.82，F=28.985，p=0.000）、社会事务（3.49 vs 2.91，F=11.223，p=0.001）和组织任用（3.36 vs 2.68，F=16.626，p=0.000）方面的选举或投票的参与频度显著相关，男性对这些事务的参与度均高于女性，不过，男性受访者并不一定比女性更热衷参与娱乐休闲类投票（F=2.467，p=0.117），此外，受访者性别与他们参与各种投票的态度和对社会公益事务的参与度之间均无显著相关性（F=1.612，p=0.205；F=0.088，p=0.767）。整体而言，男性的社会参与程度是高于女性的。

受访者年龄与其在整体上投入最多的三种事务，学习（F=6.583，p=0.000）、家庭（F=2.873，p=0.009）、休闲娱乐（F=8.446，p=0.000）均有显著相关性。对学习投入最多的人是15岁以下（M=6.42）和61岁以上（M=6.50）人群，在7点李克特量表中的取值均超过6，投入程度很高。其次是15~25岁的人群，取值介于5和6之间，投入比较多。最后是26~50岁的人群，取值介于4和5之间，其中31~40岁的人群对学习的投入是最少的（M=4.31）。在对家庭的投入方面，15岁以下和40岁以上人群（M ≥ 5.44）的投入明显高于其他年龄层（M ≤ 5.08）。对休闲娱乐事务的投入最多的是15岁以下人群（M=5.53），其次在60岁以下人群中。年龄越大，对此项事务投入越低，但60岁以上人群对此项事务的投入却很高（M=5.50），几乎与15岁以下人群相当，这可能因为60岁是退休年龄，退休后人们有更多的时间和精力可以投入与学习、家庭和休闲娱乐。

不同年龄段的人对政治事务（F=7.341，p=0.000）和社会事务类（F=4674.059，p=0.001）投票选举的参与度也存在显著差异。年龄在41-50岁的人群对政治事务选举的参与度最高，取值4.70，60岁以上人群取值与之类似为4.5，而其他各年龄阶层对此项的取值最高不超过2.14（26-30岁人群对此项的取值），还不到4.5的一半，而且这种区别是本质上的。前者的参与度接近"比较多"，而后者的参与度接近"很少"。对社会事务投票参与度在年龄间的差异与对政治事务投票参与度的差异非常类似，41-50岁人群参与度最高（M=4.4），60岁以上人群参与度与之类似，取值4.0，之后是26-30岁人群（M=3.59），15岁以下人群的参与度最低（M=1.76）。对这两类选举或投票的参与度基本是年龄越大，参与度越高。需特别注意的是，对娱乐休闲投票的投入程度虽然没有在单因素方差分析中表现出与受访者年龄存在显著相关性（F=1.784，p=0.100），但数据显示出受访者对此项的参与行为表现出与对政治和社会事务选举正好相反的规律，即年龄越大参与度越低，41-50岁人群成为对此项的参与度最低的人群（M=1.9），而60岁以上人群（M=4.00）和15岁以下人群（M=3.15）的参与度最高。这一规律与前述不同年龄层受众对休闲娱乐事务投入上的区别基本吻合。另外，年龄段与受访者对选举、投票的态度和社会公益事业的参与度均无显著相关性。

受访者婚姻状况与对公共事务（F=1.609，p=0.205）和社交（F=1.001，p=0.318）的投入没有显著相关性，但已婚人士比未婚人士更多地将时间和精力投入于工作（5.24 vs 4.34，F=16.184，p=0.000）和家庭（5.31 vs 4.57，F=13.206，p=0.000），而未婚人士比已婚人士更多地投入学习（5.16 vs 4.57，F=9.769，p=0.002）、休闲娱乐（4.79 vs 3.92，F=25.228，p=0.000）和运动（4.01 vs 3.52，F=14.403，p=0.000），这些差异都是显著的。婚姻状况还与受访者对政治事务选举（F=4.382，p=0.037）和娱乐休闲投票（F=4.366，p=0.037）的参与频度显著相关，已婚人士比未婚人士更多地参与政治事务类投票（2.42 vs 2.02），未婚人士比已婚人士对娱乐类投票的参与度更高（2.90 vs 2.40）。

受教育程度与受众对公共事务、运动、社交的投入没有相关性

（$p \geq 0.153$），但与对工作（F=3.854，$p=0.004$）、家庭（F=2.794，$p=0.026$）、学习（F=2.996，$p=0.018$）和休闲娱乐（F=4.259，$p=0.002$）的投入显著相关，受教育层次越高的群体对工作的投入越高，对家庭和休闲娱乐的投入越少。对学习的投入，初中及以下人群的投入最高，在7点李克特量表中取值为6，而在高中及以上学历层次中则是受教育程度越高，对学习的投入也越高。不同受教育程度的人在各类选举或投票中，只对娱乐休闲事务的投票参与度存在显著差异，初中及以下人群对此类投票参与度最高，在7点李克特量表中取值3.7，受教育水平越高，参与度越低，博士及以上人群对此项取值仅为2.0。受访者的投票态度和对社会公益事务的参与度与其受教育程度之间均无显著关联（F=1.575，$p=0.180$；F=1.453，$p=0.215$）。

受访者收入与其对社会公益事业的参与度和对各种选举、投票的参与度、参与态度之间均无显著关联（$p \geq 0.053$）。在家庭、运动和社交方面，不同收入人群的投入也没有显著差异（$p \geq 0.113$），但他们在对公共事务、工作、学习和休闲娱乐方面投入的区别却是显著的（$p \leq 0.013$）。对公共事务投入最多的是月收入在1001~2000元（M=3.73）和5001~10000元（M=3.73）的群体，投入最少的是月收入1万元以上的群体（M=2.08）。对工作投入最多的也是月收入5001~10000元的人群（M=5.65），投入最少的是无稳定收入人群（M=3.89）。对学习投入最多的是月收入在1000元以下（M=5.57）和无稳定收入的群体（M=5.29）。无稳定收入群体中很多都是学生，这可能是此群体在学习方面投入很多的原因之一。对学习投入最少的是月收入1万元以上群体（M=3.83）。对休闲娱乐投入最多的是无稳定收入（M=4.81）和月收入少于1000元的群体（M=4.84），其次是月收入在5001~10000元（M=4.64）和1001~2000元的群体（M=4.60），投入最少的是月收入1万元以上群体（M=3.50）。

受访者社会职业身份只与他们在工作（F=29.680，$p=0.000$）、学习（F=12.382，$p=0.000$）和休闲娱乐（F=3.823，$p=0.010$）方面对时间和精力的分配显著相关，如表4-11所示，干部对工作投入最多（M=5.50），之后依次是普通职员（M=5.45）、自由职业及无业（M=4.94）、学生（M=3.93）；对学习投入最多的是学生（M=5.36），之后是普通职员（M=4.70）、干部（M=4.64）、自由职业及无业（M=4.38）；对休闲娱乐投入最多的也是学生（M=4.82），其次是普通职员（M=4.54）、自由职业及无业（M=4.40），对休闲娱乐投入最少的是干部（M=4.24）。

表4-11 受众职务身份与三种事务投入程度的相关性

		样本数	平均值	标准差	F 值（Sig.）
工作	干部	64	5.50	1.66	29.680（0.000）
	普通职员	93	5.45	1.22	
	自由职业及无业	59	4.94	1.76	
	学生	349	3.93	1.86	
学习	干部	62	4.64	1.42	12.382（0.000）
	普通职员	92	4.70	1.48	
	自由职业及无业	57	4.38	1.56	
	学生	355	5.36	1.47	
休闲娱乐	干部	61	4.24	1.60	3.823（0.010）
	普通职员	93	4.54	1.47	
	自由职业及无业	59	4.40	1.59	
	学生	353	4.82	1.40	

不同身份的受访者对社会事务类投票、娱乐休闲类投票的参与度及参与态度没有显著差异，他们的身份与对社会公益事务的参与度也没有显著关联，但对政治类选举（F=3.796，p=0.010），干部群体（M=2.70）的参与度最高，其次是普通职员（M=2.15）和学生（M=2.00），最后是自由职业者及无业人员（M=1.94）。对组织任用方面的投票（F=4.930，p=0.002），干部群体（M=3.82）的参与度也是最高的，其次是学生（M=2.86）和普通职员（M=2.85），自由职业者及无业人员（M=2.78）的参与度最低。

以上述分析为基础可以勾勒出各项事务的投入程度高的典型受众群体人口信息。对政治事务的投入程度在不同人群中没有明显差异。对运动和社交，男性投入多于女性，其他因素均无影响；对公共事务的高投入群体典型特征是男性，月收入在 1001-2000 元或 5001-10000 元；对学习投入最高的人群是 15 岁以下学生，他们的文化程度还处于初中及以下，没有稳定收入，或月收入不超过 1000 元，此外，60 岁以上的人群也是对学习高投入的典型人群；对家庭投入最多的典型人群是 15 岁以下的学生或 40 岁以上的已婚人士；对工作投入最多的群体是男士，已婚，硕士及以上的高学历，月收入 5001-10000 元，在职业场域中属干部群体。对休闲娱乐投入最多的典型群体是 15 岁以下的学生和 60 岁以上的群体，他们其他方面的典型人口特征还包括未婚、初中及以下文化水平、无稳定收入或月收入 1000 元以下。

对参与选举投票的态度和社会公益事业的参与度与各项人口信息都没有显著关联性。对政治选举参与度高的典型人群是男性，41-50 岁，已婚，担任干部。对社会选举参与度高的典型人群是男性，41-50 岁。对组织任用选举高参与的典型人群是男性干部。对娱乐休闲类投票高参与的典型人群是 60 岁以上或 15 岁以下，未婚，初中及以下文化水平。

三、消费行为与态度

1. 生产者与受众消费行为和态度的比较

如表 4-12 所示，从整体而言，受众群体投入最多的三个领域和生产者投入最多的三个领域是相同的，均为生活必需品、休闲娱乐和文化用品，但三项在排序上略有不同。

表 4-12　受众在 12 种支出项目中的投入程度

	N	最小值	最大值	均值（M）	标准差（SD）	生产者对此项取值
生活必需品	580	1.00	7.00	4.50	1.67	4.29
休闲娱乐	571	1.00	7.00	4.14	1.67	4.35
文化用品	575	1.00	7.00	4.12	1.60	4.20
电子产品	574	1.00	7.00	4.06	1.66	4.01
服饰用品	575	1.00	7.00	3.92	1.71	4.10

续表

	N	最小值	最大值	均值（M）	标准差（SD）	生产者对此项取值
社交应酬	575	1.00	7.00	3.44	1.63	3.92
美容用品	567	1.00	7.00	3.35	1.89	3.40
储蓄	571	1.00	7.00	3.06	1.76	3.48
慈善或公共事务	571	1.00	7.00	3.04	1.60	2.84
运动健身	566	1.00	7.00	3.00	1.65	3.01
政治事务	577	1.00	7.00	2.26	1.67	1.86
房贷/车贷	570	1.00	7.00	2.09	1.75	3.11

注：对于各种支出项目，其变异范围为1-7，其中1代表"投入比例很低"，2代表"投入比例低"，3代表"投入比例比较低"，4代表"投入一般"，5代表"投入比例比较高"，6代表"投入比例高"，7代表"投入比例很高"。

对受众来说，排名第一的消费项目是生活必需品（M=4.50），之后依次是休闲娱乐（M=4.14）、文化用品（M=4.12），而生产者投入最多是休闲娱乐（M=4.35），之后依次是生活必需品（M=4.29）和文化用品（M=4.20）。

受众消费投入一般的项目有两个，包括电子产品（M=4.06）和服饰用品（M=3.92），而生产者投入一般的有三个，在电子产品和服饰用品之外，对社交应酬的投入也很一般。对其余各项支出，不论生产者（M ≤ 3.48）还是受众（M ≤ 3.44）的投入比例都是偏向比较低，甚至低的程度。

需要注意的是，受众与生产者在对偿还车贷/房贷、储蓄、社交应酬、参与政治团体/参与政治事务四个方面存在显著差异（p ≤ 0.006），对前三种事务，生产者的消费比例比受众高（3.11 vs 2.09，3.48 vs 3.06，3.92 vs 3.44），而在最后一项参与政治团体/参与政治事务，受众的投入比生产者高（2.26 vs 1.86）。

上述分析表明，受众的整体生活水平似乎比生产者略低一点，生活必需品依然占据了他们对收入支出的最多部分，他们只在社交、储蓄和房贷/车贷三项消费中与生产者存在显著差异，但实际上，在包括这三项的各种消费型投入中受众的取值都是低于生产者的。

此外，受众比生产者对参与政治团体或政治事务的投入更高，这个结果是很有意思的，还有待进一步发现其中的细节和原因。

表 4-13　受众群体受访者对购买商品品牌的态度

	N	百分比 (%)	有效百分比(%)	均值	标准差
从不买名牌	25	4.2	4.6		
很少买名牌，更看重物美价廉	252	42.4	46.5		
因看重质量而尽量购买名牌	145	24.4	26.8		
因同时看重质量和品位而尽量购买名牌	104	17.5	19.2		
喜欢奢侈品但对仿版和正版都感兴趣	9	1.5	1.7		
喜欢奢侈品且仅购买正品	7	1.2	1.3		
有效总数	542	91.2	100.0	2.70	0.96936
无效数	52	8.8			
合计	594	100.0			

注：对"购买品牌的态度"，取值变异范围为 1-6，其中 1 代表"从不买名牌"，2 代表"很少买名牌，更看重物美价廉"，3 表示"因看重质量而尽量购买名牌"，4 表示"因同时看重质量和品位而尽量购买名牌"，5 表示"喜欢奢侈品但对仿版和正版都感兴趣"，6 表示"喜欢奢侈品且仅购买正品"。

如表 4-13 所示，对"购买品牌态度"的测量中，只有 4.6% 的受访者从不购买名牌，但表示"很少买名牌，更看重物美价廉"的受访者人数最多，占总有效人数的 46.5%，"因看重质量而尽量购买名牌"的，占总人数的 26.8%，有 22.2% 的人选择 4 及以上各选项，表现出不仅消费商品基本功能，也消费商品符号功能的消费主义倾向。就整体而言，受众群体对商品品牌购买态度的取值为 2.70，并不看重品牌，顶多是因为看重质量而购买品牌，他们与生产者对品牌的态度（M=2.82）没有显著差异（F=0.040，p=0.842）。

2. 受众消费行为、态度与人口学变量的关系

正如对品牌的态度在生产者内部存在诸多分化，它也与受众的基本人口特征存在部分关联。单因素方差分析表明，男性比女性更看重品牌（2.87 vs 2.61，F=8.64，p=0.003）；已婚人士比未婚人士更看重品牌（2.90 vs 2.66，F=4.004，p=0.046）；收入水平与受访者对品牌态度的显著关联性表现在，月收入在 5001-10000 元的受访者购买名牌产品的概率最高（M=3.32），之后依次

是月收入在 3001-5000 元的人群、月收入 1000 元以下人群（M=3.12）、月收入 1 万元以上人群（M=3.09）、月收入 2001-3000 元的人群（M=2.94）和月收入 1001-2000 元的人群（M=2.58），最少购买名牌的是无稳定收入人群（M=2.55）。

年龄也与品牌态度显著相关（F=2.307，*p*=0.033），41-50 岁人群最看重品牌（M=3.40），其次是 31-40 岁（M=2.85）和 26-30 岁（M=2.84）人群，之后依次是 15 岁以下人群（M=2.80），21-25 岁人群（M=2.70）和 15-20 岁人群（M=2.53），60 岁以上人群（M=2.00）是最少购买名牌商品的人群。

不同社会身份的受访者对品牌的消费态度存在显著差异（F=9.430，*p*=0.000），其中自由职业及无职业者购买名牌产品的概率最高（M=3.15），其次是干部群体（M=3.01）、普通职员（M=2.77），最少购买名牌产品的受访者群体是学生（M=2.55）。

受教育程度与人们对品牌的态度没有相关性（F=1.330，*p*=0.258），不同地区的受访者在对品牌的消费态度上不存在显著差异（F=0.876，*p*=0.651）。

3. 受众行为与消费态度之间的关系

在受访者的各类支出项目中，有 6 项开支与品牌消费态度显著相关，其中日常生活开支与品牌消费态度显著负相关（r= −0.092，*p*=0.032），表明日常生活开支在总支出中所占比例越高的人，对品牌越不看重。日常生活开支是受众群体支出比例最高的项目，而他们在整体上并不看重对品牌意义的消费，此情况与日常生活开支与品牌消费态度之间的负相关是吻合的。

此外，对休闲娱乐（r= 0.115，*p*=0.008）、社交（r= 0.150，*p*=0.001）、服饰（r=0.102，*p*=0.018）、美容（r=0 .086，*p*=0.049）和电子产品（r= 0.112，*p*=0.010）的支出都与品牌消费态度呈显著正相关，表明对此 5 个领域开支越多的人，出现消费主义倾向的可能性越高。

将受访者对品牌的消费态度，与各种信息关注类型进行相关性分析，发现对政治 / 时事（r=0.102，*p*=0.017）、汽车 / 房产（r=0.166，*p*=0.000）、产业 /

财经（r=0.195，p=0.000）、数码 IT（r=0.112，p=0.010）、旅游／休闲（r=0.104，p=0.017）、运动／健身（r=0.093，p=0.032）、游戏／网络（r=0.086，p=0.048）这 7 类信息的关注度与对品牌消费态度显著正相关，表明，对这些信息越关注的人，可能会更多地购买名牌商品。而对娱乐休闲类信息的关注与品牌消费态度之间没有相关性（r=0.081，p=0.061）。

在对各项事务的投入中，对于休闲娱乐事务的投入也与受众的消费态度之间没有显著相关性（r=0.003，p=0.953），但对工作（r=0.097，p=0.025）和社交（r=0.123，p=0.004）投入更多的人可能会更多地购买名牌商品。此外，受访者对各种投票或选举的参与度及其参与态度和对公益事业的热心程度都与受众的消费态度无关（p ≥ 0.248）。

四、生活状态

1. 受众生活满意度评价概述

受众的自我压力评价在 7 点李克特量表中的取值为 3.91，表明受访者整体而言对压力的评价很一般，此取值远远低于生产者对工作压力的评价（M=5.07）。不过受众对生活满意度的评价为 4.42，与生产者对生活满意度的评价相差无几（M=4.44），单因素方差分析也显示，对生活满意度的整体评价与受访者是生产者还是受众没有显著相关性（F=0.876，p=0.651）。

本研究对生活满意度的测量除了总体评价测量外，还包括 10 个子项（详见《湖南卫视电视娱乐节目收看调查》第 13 题 13-2 至 13-11，对此各项的评价变异范围为 1–7，1 表示"非常不同意"，7 表示"非常同意"，数字越大同意程度越高），其中有三个子项的评价结果在生产者与受访者之间存在显著差异，包括"我似乎错过了人生中的大多数机会"（F=18.006，p=0.000）、"我的愿望总是很难实现"（F=19.521，p=0.000）和"我完全可以胜任自己的学习或工作"（F=40.969，p=0.000），其中，虽然生产者和受访者都并不认同"我似乎错过了人生中的大多数机会"和"我的愿望总是很难实现"的说法（3.94

vs 3.29；3.80 vs 3.14），但是受众的不赞同程度比生产者更高，也就是说，受众对自己是否把握住了人生中的机遇和是否能够实现愿望的满意度比生产者更高。但是对是否能胜任学习或工作的评价，生产者是显著高于受众的（5.54 vs 4.71），表明湖南卫视的生产者确实比普通受众群体更多地从工作学习中获取满足感和成就感。

表 4-14　受众生活满意度因子分析

	因子 1：积极性与自我评价	因子 2：愿望实现程度与心境
我的生活充满乐趣	0.739	0.129
我喜欢结交新朋友，兴趣爱好非常广泛	0.721	−0.089
我总是很有目标，并有计划地实现目标	0.736	0.009
我从不向困难低头，挫折也是财富	0.738	0.002
我似乎错过了人生中的大多数机会	−0.101	0.760
我的愿望总是很难实现	−0.037	0.800
我感觉正处在自己的最佳状态	0.673	0.046
我完全可以胜任自己的学习或工作	0.732	0.067
我总是感觉忧郁和焦虑	0.149	0.787
我总是感觉孤独	0.117	0.801
特征值	3.256	2.444
方差解释量（%）	31.89	25.10
Cronbach 信度值	0.8257	0.7926

采用探索性因子分析（exploratory factor analysis, EFA）对测量满意度的10 个子项变量予以简化。以主成分分析（principle component analysis）作为因子提取方法，因子提取标准为特征值大于 1，采用方差最大法（varimax）旋转因子，共析出两个公共因子（KMO 值 =0.761），如表 4-14 所示。第一个因子包括 6 项，分别涉及是否感觉生活充满乐趣，是否有兴趣爱好、有目标，是否不畏挫折；第二个因子包括 4 项，分别涉及是否错过了人生机遇、愿望的实现程度、是否感觉焦虑和孤独。这两个因子共可解释原 10 种生活满意度因子的 57% 的方差。将第一个因子命名为"积极性与自我评价"，第

二个为"愿望实现程度与心境"，它们测量信度的 Alpha 值分别为 0.8257 和 0.7926，评价范围为 1-7，4 为中间值，分值越高对此项的满意度越高。

2. 受众生活满意度与人口学变量间的关系

在生活满意度与各项人口学基本信息相关性的分析中可以发现，与因子 1 "积极性与自我评价"显著相关的变量包括性别（F=4.167，p=0.042）、年龄（F=4.484，p=0.000）、月收入（F=2.647，p=0.015）和社会职务阶层（F=3.356，p=0.019）。与因子 2 "愿望实现程度与心境"显著关联的变量也是 4 个，分别是性别（F=15.678，p=0.000）、年龄（F=2.878，p=0.009）、婚姻状况（F=7.398，p=0.007）和受教育程度（F=2.799，p=0.025）。

具体而言，男性比女性拥有更积极的生活态度和更高的自我评（4.76 vs 4.56），但女性比男性更感觉愿望与现实的统一度高，并且心境更好（4.53 vs 4.05）。婚姻状况与受访者的积极性和自我评价无关（F=0.201，p=0.654），但已婚人士比未婚人士对"愿望实现程度与心境"的评价更高，表明他们在此方面获得的满意度更高。

表 4-15　受众年龄与生活满意度两个因子的相关分析

	15 岁以下	15-20 岁	21-25 岁	26-30 岁	31-40 岁	41-50 岁
积极性与自我评价	5.33	4.42	4.61	5.04	4.62	4.70
	F=4.484，p=0.000					
愿望实现程度与心境	4.45	4.05	4.38	4.84	4.45	4.75
	F=2.878，p=0.009					

如表 4-15 所示，整体而言对生活满意度水平评价最高的是 15 岁以下、26-30 岁和 41-50 岁三个年龄段的人群，其中 15 岁以下人群在所有人群中的积极性和自我评价最高（M=5.33），26-30 岁人群对愿望实现程度和心境的评价最高（M=4.84），41-50 岁人群对两项评分均位列前三名。生活满意度最低的是 15-20 岁的受访者，他们对两种因子的评价都是各年龄群体中最低的。

月收入在 5001–10000 元（M=5.18）和 3001–5000 元的人群（M=5.07）"积极性与自我评价"取值最高，达到比较高的水平，其后依次是月收入1000 元以下（M=4.89）、月收入 2001–3000 元（M=4.64）、月收入 1 万元以上（M=4.60）和月收入 1001–2000 元的人群（M=4.57），无稳定收入人群对此项评价最低（M=4.53）。月收入与对"愿望实现程度与心境"的评价没有显著相关性（F=1.750，p=0.108）。

受教育程度对受访者积极性与自我评价的关联性并不是严格显著的（F=2.348，p=0.053），但如表 4–16 所示，对于"愿望实现程度与心境"的评价基本上是随着受教育程度的增高而增高，唯一的特例是高中/中专人群比初中及以下人群对此项取值略低一点（4.14 vs 4.17）。其中博士及以上人群对此项在 7 点李克特量表中取值为 5.01，评价度为比较满意，硕士学历人群对此项也接近比较满意（M=4.81），而其他受教育程度人群对此项的评价是比较一般或中立的态度。

表 4–16　受众受教育程度与"愿望实现程度与心境"的相关性

	N	均值	标准差	F（Sig.）
初中及以下	30	4.17	1.60	
高中/中专	56	4.14	1.31	
大专/本科	402	4.31	1.35	2.799（0.025）
硕士	41	4.81	1.27	
博士及以上	18	5.01	1.29	

不同社会职务的人群在"愿望实现度和心境"上没有显著差异（F=0.144，p=0.933），但在"积极性与自我评价"方面，自由职业及无业群体的自我感觉最为良好（M=5.01），之后依次是干部群体（M=4.80）、普通职员（M=4.62）和学生（M=4.54）。

3. 受众信息关注类型与生活满意度的关系

将生活满意度的两个因子与各种信息关注类型一起进行因子分析，结果发现对时尚/娱乐信息的关注度与受访者的"积极性与自我评价"显著正相关（r=0.093，p=0.030），表明对时尚/娱乐越关注的人，对生活的态度越积极，对生活满意度的自我评价越好；反之亦然。此外，对其他各类信息的关注度也都是与"积极性与自我评价"因子显著正相关（p ≤ 0.030）。换言之，对时尚/娱乐信息的关注度与生活满意度之间的关系，可以被更宏观层次的规律代替，即对各类信息的关注度越高，积极性和自我评价越高。不过"愿望实现程度与心境"因子与各项信息关注度的关系却与此非常不同，没有任何一项信息的关注度与"愿望实现程度与心境"因子显著正相关，甚至相反，对汽车/房产（r=-0.090，p=0.037）、数码IT（r=-0.125，p=0.004）、运动/健身（r=-0.128，p=0.003）、游戏/网络（r=-0.097，p=0.023）和音乐/美术（r=-0.097，p=0.022）的关注度与此因子显著负相关。表明对这些信息越关注的人，越倾向于对愿望与现实的吻合度和心境的评价更低。对时尚/娱乐信息的关注度与"愿望实现程度与心境"因子的相关系数也为负数，但两者没有显著相关性（r=-0.049，p-0.254）。

4. 受众社会参与行为与生活满意度的关系

将生活满意度的两个因子与受访者的各种社会参与行为与态度因子进行因子分析，数据表明各种社会参与行为和态度的评价因子都与"积极性与自我评价"显著正相关（p ≤ 0.021），表明对各种事务投入越多，越积极参与各种选举、投票或社会公益事业，参与态度越积极的人，对生活的积极性和自我评价都会越高。但是对娱乐（r=-0.092，p=0.032）、运动（r=-0.090，p=0.037）、社交（r=-0.094，p=0.029）三种事务投入时间和精力更多的人却对"愿望实现程度与心境"因子的评价越低，这种负相关的规律是严格显著的。此外，对社会事务的投入与此因子间的负相关性也接近显著程度（r=-0.083，p=0.053），而对其他各项事务的投入与此因子之间均无显著关联性（p ≥ 0.439）。对各种选举或投票的参与频度也与"愿望实现程度与心境"显著负相关（p=0.000），但是选举态度和对社会公益事务的参与程度与之均无显著关联（$p \geqslant 0.113$）。

五、人格特征

如表 4-17 所示，受众的人格特征测量数据显示受众群体表现出明显的有恒性（M=6.63）和实验性（M=6.31）高分特征，其中有恒性的高分特征是有恒责任、尽职尽责，实验性的高分特征是自由、激进、不拘泥于常规。幻想性的得分接近中立，偏向低分特征（M=5.61），幻想性的低分特征[1]是合乎成规、力求完善合理。独立性（M=5.43）和敢为性（M=5.42）的评价均偏向低分特征，其中独立性的低分特征是依赖、随群、附和[2]，敢为性的低分特征是畏怯退缩、缺乏自信心。

表 4-17　受众的 5 种人格特征

	N	最小值	最大值	均值（M）	标准差（SD）
有恒性	568	3.00	9.00	6.63	1.38
实验性	566	3.00	9.00	6.31	1.44
幻想性	571	3.00	9.00	5.61	1.32
独立性	576	3.00	9.00	5.43	1.51
敢为性	575	3.00	9.00	5.42	1.50

注：对此 3 个变量，变异范围为 3-9，小于 6 表现为相应人格特征的低分特征，分数越低，低分特征越明显；6 为中立；大于 6 表现为相应人格特征的高分特征，分数越高，高分特征越明显。

在上述 5 项人格特征中，有恒性是最为稳定、最具一致性的人格特征，在各种受众群体中，包括不同年龄、性别、婚姻状况、受教育程度、收入、社会职务阶层的群体在此项的取值均无显著差异，与这些因子的单因素方差分析显示不存在显著关联性（$p \geqslant 0.112$）。其次是实验性，在各项人口学基

---

[1]　幻想性的低分特征是现实、合乎成规、力求完善合理，高分特征是幻想的、狂妄、放任。
[2]　独立性的低分特征是依赖、随群附和，高分特征是自立自强、当机立断。

本因素中，仅与受教育程度显著相关（F=4.095，p=0.003），它也是上述 5 种人格特征中唯一在不同受教育程度群体中存在显著差异的人格特征。在硕士及以下人群中表现出来的规律是初中及以下人群实验性人格最明显，在量表中取值为 7.06，之后，受教育程度越高，实验性得分越低，到硕士层次的人群，此项得分低于平均值，为 5.78，表现出偏向实验性低分特征：保守、尊重传统观念和行为标准倾向。不过博士及以上群体的实验性人格却比硕士群体更趋向"自由、激进、不拘泥于常规"的高分特征，在量表中取值为 6.27，与大专本科人群相当（M=6.28）。

其他三类人格特征与各种人口学信息的关联性比较复杂。其一，独立性（F=9.373，p=0.002）、敢为性（F=13.709，p=0.000）和幻想性（F=5.366，p=0.021）与性别显著相关，男性比女性更独立（5.69 vs 5.28），更敢于冒险（5.73 vs 5.24），并更理性，更追求合理性（5.43 vs 5.69）。

其二，如表 4-18 所示，独立性（F=2.782，p=0.011）、敢为性（F=3.073，p=0.006）和幻想性（F=2.840，p=0.010）与受访者年龄密切相关，其中 15 岁以上受访者中，年龄越大，独立性特征越明显，但 15 岁以下群体的独立性要高于 15-20 岁群体，但小于 21-25 岁群体。唯一具有敢为性人格特征的是 15 岁以下群体，他们在量表中取值为 6.11，高于中间值 6。其次，虽然取值低于平均值，但与平均值差距最小的是 31-40 岁人群。对"敢为性"低分特征最明显的是 41-50 岁年龄人群。

表 4-18　受众年龄与三种人格特征的相关性

	15 岁以下	15-20 岁	21-25 岁	26-30 岁	31-40 岁	41-50 岁
独立性	5.34	5.17	5.40	5.60	5.93	6.40
	F=2.782，p=0.011					
敢为性	6.11	5.27	5.33	5.83	5.76	4.60
	F=3.073，p=0.006					
幻想性	5.88	5.43	5.69	5.25	6.00	5.70
	F=2.840，p=0.010					

　　婚姻状况只与受访者的独立性人格显著关联（F=10.866，p=0.001）。非常有意思的是未婚者比已婚者更偏向独立性人格的低分特征，换言之，已婚者虽然取值未过中间值，并未表现出自立自强、当机立断的人格特征，但未婚者比他们更喜欢依赖和随群附和。这可能是因为已婚者更能获得来自家庭的集体归属感，而未婚者只能在社会群体中获取这种需求。

　　人格特征与收入的单因素方差分析表明，收入越高的人，独立性（F=2.574，p=0.018）和敢为性（F=3.629，p=0.002）就会越强。不过，月收入5001元以上的人群才具备独立性高分特征（M ≥ 6.12），月收入5000元以下的人群都不同程度地表现为独立性低分特征（M ≤ 5.62）。同样月收入5001元以上的人群才开始倾向少有顾虑、冒险敢为的"敢为性"高分特征（M ≥ 6.11），月收入5000元以下的人群更倾向于缺乏自信、畏怯退缩（M ≤ 5.66）。此外，如表4-19所示，月收入在5001-10000元的人群是唯一表现出"幻想性"高分特征的收入群体（M=6.15），月收入3001-5000元的人群对此项取值正好为中间值6，其他收入群体都不同程度地表现出追求现实、合乎成规的"幻想性"低分特征。而低分幻想性群体中的最高值出现在月收入1万元以上的群体中（M=5.90），取值最低的是月收入1000元以下群体（M=5.05）。

表4-19　收入与幻想性人格的相关性

	N	均值（M）	标准差（SD）	F（Sig.）
无稳定收入	325	5.55	1.29	
1000元以下	18	5.05	1.16	
1001-2000元	81	5.44	1.15	
2001-3000元	54	5.81	1.40	2.541（0.020）
3001-5000元	44	6.00	1.54	
5001-10000元	26	6.15	1.46	
10000元以上	11	5.90	1.57	

　　不同社会职务身份的人在有恒性、幻想性和实验性上没有显著差异（p ≥ 0.216），但在独立性（F=3.262，p=0.021）和敢为性（F=4.455，

p=0.004）上存在明显区别。如表 4-20 所示，所有群体的取值都小于中间值 6，表明他们都不同程度地表现为独立性的低分特征，其中依赖性最小的是干部群体，取值为 5.95，极为接近中间值；其次是自由职业及无业（M=5.57）、普通职员（M=5.44）；学生群体（M=5.32）最倾向于依赖、附和、随群。与独立性类似，所有群体的敢为性取值也低于中间值，均不同程度表现为敢为性的低分特征，但比较而言，自由职业及无业人员（M=5.88）是最冒险敢为、少有顾虑的，其次是干部群体（M=5.84）、普通职员（M=5.34），对此项取值最低的也是学生群体（M=5.29）。

表 4-20　受众社会职业身份与两种人格特征的相关性

		N	均值（M）	标准差（SD）	F（Sig.）
独立性	干部	63	5.95	1.54	3.262（0.021）
	普通职员	93	5.44	1.66	
	自由职业及无业	59	5.57	1.45	
	学生	356	5.32	1.46	
敢为性	干部	63	5.84	1.53	4.455（0.004）
	普通职员	94	5.34	1.52	
	自由职业及无业	59	5.88	1.50	
	学生	354	5.29	1.48	

将各项人格特征与生活满意度的两个因子进行相关分析，发现它们之间存在密切关联。如表 4-21 所示，虽然愿望实现程度与心境只与独立性和敢为性显著正相关（p<0.05），但是积极性与自我评价除此两项，还与有恒性和实验性显著正相关（p<0.05）。这表明积极性与自我评价高的人更倾向于表现为独立自主、尽职尽责、冒险敢为和不拘于常规，而愿望实现程度与心境评价度高的群体可能更独立、更敢为，但不一定更有恒负责和自由、激进，当然，也不一定不表现出这些特征。

此外，两项生活满意度因子均与幻想性人格没有相关性，其中幻想性与愿望实现程度与心境的相关系数为负数，似乎意味着喜欢幻想的人更容易感觉愿望与现实存在差距，并因此对生活更不满意，但是这种相关性并不是严格显著存在的（r=-0.070，F=0.104）。

表4-21 人格特征与生活满意度之间的相关性

	独立性	有恒性	敢为性	幻想性	实验性
积极性与自我评价	0.143**	0.087*	0.276**	0.028	0.085*
愿望实现程度与心境	0.106*	0.063	0.151**	-0.034	-0.070

注：*$p<0.05$，**$p<0.01$.

将各种对休闲娱乐信息和事务的关注与参与行为与5项人格特征进行相关性分析可以发现，如表4-22所示，时尚/娱乐信息的关注只与幻想性显著正相关（r=0.100，$p=0.017$），表明对此类信息关注度高越高的人可能更爱幻想。对休闲娱乐事务的投入程度与5种人格特征均无相关性，表明不论何种人格倾向的人对此类事务的投入都不一定更高或更低。与娱乐休闲类投票参与度存在显著相关的人格特征也是幻想性（r=0.087，$p=0.039$），表明越具幻想性高分特征的人越容易参加娱乐休闲类投票，但是并不一定具有更慎重的投票态度。与参加选举、投票态度显著正相关的只有"有恒性"人格特征（r=0.121，$p=0.007$），表明只有越有恒负责、尽职尽责的人，参加各种投票、选举的态度会越认真。

表4-22 人格特征与对休闲娱乐信息及行为的关注与参与度之间的相关性

	独立性	有恒性	敢为性	幻想性	实验性
对时尚/娱乐信息的关注	-0.025	0.027	-0.059	0.100*	-0.006
对休闲娱乐事务的投入	-0.081	0.036	-0.003	0.079	0.038
对娱乐休闲类投票的参与度	-0.042	-0.021	0.081	0.087*	0.043
参加选举投票方式	0.038	0.121**	0.064	-0.057	0.043

注：*$p<0.05$，**$p<0.01$.

此外，与独立性显著正相关的信息关注类型是政治/时事（r=0.123，

p=0.003），对工作（r=0.118，p=0.005）和学习（r=0.084，p=0.045）投入越多的人都可能表现出更独立的人格特性。

更具有恒性人格的受访者对政治／时事类（r=0.127，p=0.002）、产业／财经类信息（r=0.087，p=0.042）的关注度会更高，他们对社交的投入会更多（r=0.111，p=0.009）。

敢为性得分更高的人对汽车／房产（r=0.115，p=0.006）、产业／财经类信息（r=0.103，p=0.014）的关注度会更高，对工作（r=0.181，p=0.000）和社交事务（r=0.108，p=0.010）的投入也会越多。

幻想性人格特征越明显的人，除如前述会更关注时尚／娱乐类信息外，对政治／时事（r=-0.119，p=0.005）、社会／民生（r=-0.112，p=0.008）、汽车／房产（r=-0.092，p=0.030）、产业／财经（r=-0.121，p=0.004）和文化／教育类信息（r=-0.104，p=0.014）的关注度都会更少。

实验性人格也与对政治／时事（r=-0.090，p=0.033）和社会／民生（r=-0.102，p=0.016）的关注度显著负相关，表明越不拘泥于常规，激进、追求自由的人，对这两类信息的关注度会越低，但是他们对公共事务（r=0.098，p=0.020）和工作（r=0.096，p=0.024）的投入会越多。

表4-23　生产者与受众三项人格特征的比较

		N	均值（M）	标准差（SD）	Sig.（F）
有恒性	生产者	163	7.41	1.24	0.000（42.793）
	受众	568	6.63	1.38	
敢为性	生产者	163	5.81	1.57	0.004（8.313）
	受众	575	5.42	1.50	
实验性	生产者	161	5.97	1.36	0.007（7.254）
	受众	566	6.31	1.44	

最后，对生产者和受众进行比较，如表4-23所示，生产者群体比受众群体具有更典型的有恒性特征（7.41 vs 6.63），在敢为性（5.81 vs 5.42）上的得分也比受众更高，但受众在实验性上的得分明显高于生产者（5.97 vs 6.31）。

这些差异都是非常显著的（$p \leq 0.007$），表明在整体上，湖南卫视的生产者比受众群体更具责任感，对事情更尽职尽责，但同时更保守，更尊重传统和各种规范。受众虽然在观念、想法上比生产者更自由、激进，但是他们对自己更缺乏自信，更容易退缩。

第二节　受众收视行为

到本书截稿时湖南卫视的受众规模已经达到 7.6 亿，男女性别比例约为 1：2，核心观众年龄为 4-35 岁（核心目标观众群曾是 4-24 岁，现已逐步向更高年龄段辐射）。在 35 岁以下的人群中，湖南卫视观众规模排名全国第二，而在 27 岁以下人群中，湖南卫视观众规模全国排名第一。湖南卫视以娱乐立台，将目标群体定位为年轻受众的原因可能是因为年轻人和中老年人都是电视的主要收视人群，但比较而言，年轻人更喜欢娱乐，消费更冲动，更易被动员。例如，《快乐大本营》是一档以娱乐明星为核心元素的电视娱乐节目，节目组认为将该节目的核心观众确定为青少年的原因是："其一，这一部分人对演艺界明星比较熟悉；其二，知识性节目以中学生知识为主，易于被广大观众接受；其三，从受众面看，具有较强的拉动作用；其四，寓教于乐的作用较为显著。"[1]

一、节目喜好度

1.受众对湖南卫视娱乐节目喜好度评价

本次调查的受访者中只有 1.5% 的受访者表示他们在湖南卫视找不到喜欢的娱乐节目，另外，有 0.2% 的受访者表示他们不太方便收看湖南卫视的娱乐节目，有 0.8% 的人表示他们不习惯收看。

---

[1]　汪炳文：《撩开大型综艺节目〈快乐大本营〉的面纱》，《湖南广播电视年鉴》，2000 年版，第 164 页。

表 4-24　湖南卫视电视娱乐节目受众规模排名

	被提及频率	百分比（%）	有效百分比（%）
《天天向上》	287	48.3	57.3
《快乐大本营》	217	36.5	43.3
《背后的故事》	25	4.2	5.0
《超级女声》	23	3.9	4.6
《金牌魔术团》	22	3.7	4.4
《鲁豫有约·说出你的故事》	13	2.2	2.6
《娱乐无极限》	11	1.9	2.2
《智勇大冲关》	10	1.7	2.0
没有喜欢的	9	1.5	1.8
《玫瑰之约》	8	1.3	1.6
《挑战麦克风》	8	1.3	1.6
《真情》	6	1.0	1.2
不习惯收看	5	0.8	1.0
《一呼百应》	5	0.8	1.0
《节节高声》	4	0.7	0.8
《谁是英雄》	3	0.5	0.6
不方便收看	1	0.2	0.2
有效总数	501	84.3	100
无效数	93	15.7	
合计	594	100	

　　在所有受访者中有 15.7% 的人没有注明他们最喜欢的湖南卫视的电视娱乐节目，而被其他回答此项的受访者列举的节目共有 14 个，分别是《快乐大本营》《超级女声》《天天向上》《娱乐无极限》《鲁豫有约·说出你的故事》《背后的故事》《一呼百应》《金牌魔术团》《智勇大冲关》《挑战麦克风》《玫瑰之约》《节节高声》《谁是英雄》《真情》。如表 4-24 所示，被提及频率最高的是《天天向上》，被提及有效百分比为 57.3%，其次是《快乐大本营》，被提及有效频率为 43.3%。受访者对这两个节目的认可度明显高于其他节目。排位第三的节目《背后的故事》被提及的有效频率仅为 5.0%，被提及频度最低的节目是《谁是英雄》，有效提及频度是 0.6%。需要特别说明的是，表 4-24 反映的是不同节目喜好人群的规模大小，而不能以此比较某一人群对不同节

目的喜好度评价。

是否喜欢某一节目的测量在问卷中本来是一个定类变量，但为了进一步测量其与其他人口学变量间的关系，在分析时将之视作一个定距变量，1 为喜欢，2 为不喜欢，取值越高表明喜爱程度越低。虽然两级变量的测量精度非常低，可能会掩盖很多差异，但即便在此情况下依然能够发现对不同节目的喜好程度与人口学变量之间的相关性。

下述分析将以《天天向上》《快乐大本营》这两个被提及率最高的节目作为重点样本进行分析。《天天向上》是一个文化娱乐脱口秀，而《快乐大本营》是以明星为核心，集游戏、表演、谈话于一身的综艺娱乐节目，相关性分析表明，对这两种节目的喜好度评价之间显著负相关（r=-0.475，p=0.000），即越喜欢《天天向上》的人，越不喜欢《快乐大本营》，反之亦然，表明这两个节目作为不同的节目类型是有代表性和差异性的。

2. 受众对节目喜好度评价与人口学变量间的关系

数据表明《天天向上》（F=8.044，p=0.005）和《快乐大本营》（F=39.672，p=0.000）这两个节目的喜好度评价与性别之间存在显著差异，男性群体对《天天向上》的评价高于女性群体（1.37 vs 1.48），而对《快乐大本营》的评价则低于女性群体（1.75 vs 1.46）。

年龄也与对这两个节目的评价显著相关（$P \leqslant 0.004$），如表 4-25 所示，对《天天向上》喜好度最高的群体是年龄在 26-30 岁的群体（M=1.23），而最喜欢《快乐大本营》的是 15 岁以下群体（M=1.16）。[①]对《天天向上》最无兴趣的群体是年龄在 41-50 岁的群体，而对《快乐大本营》而言，年龄越大的人越不喜欢，60 岁以上人群对其评价取值为 2，是非常肯定的不喜欢。再比较同一年龄段的人群对不同节目的喜好程度，15 岁以下人群明显地更喜欢《快乐大本营》（1.16 vs 1.70），15-20 岁人群对两种节目的喜好度差不多（1.46

---

① 此结果与湖南卫视总编提供的节目受众群体定位数据基本吻合，在该数据中，《快乐大本营》的核心观众是 4-19 岁人群，《天天向上》核心观众是 25-34 岁人群。

vs 1.45），21–40 岁的人群明显更偏好《天天向上》，而年龄在 41–50 岁的人对两种节目都不太感兴趣了（1.80 vs 1.80），61 岁以上人群非常不喜欢《快乐大本营》（M=2.00），但对《天天向上》给予了比较中立的评价（M=1.50）。

表 4-25 受访者年龄与两种节目喜好度的相关性

		N	均值（M）	标准差（SD）	F（Sig.）
《天天向上》	15 岁以下	24	1.70	0.46	3.187（0.004）
	15–20 岁	162	1.45	0.499	
	21–25 岁	199	1.44	0.49	
	26–30 岁	51	1.23	0.42	
	31–40 岁	35	1.48	0.50	
	41–50 岁	5	1.80	0.44	
	61 岁以上	2	1.50	0.70	
《快乐大本营》	15 岁以下	24	1.16	0.38	5.509（0.000）
	15–20 岁	162	1.46	0.50	
	21–25 岁	199	1.60	0.48	
	26–30 岁	51	1.64	0.48	
	31–40 岁	35	1.74	0.44	
	41–50 岁	5	1.80	0.44	
	61 岁以上	2	2.00	0.00	

注：对节目喜好度的评价取值范围为 1–2，1 代表"喜欢"，2 代表"不喜欢"，数值越高，喜好程度越低。

如表 4-26 所示，受教育程度的差异与对《快乐大本营》的喜好度存在显著相关性（F=4.059，p=0.003），初中及以下人群对其喜好度最高，取值为 1.22，随着受教育程度的提高，对该节目的喜好度逐渐降低，博士及以上人群取值 1.73，属于不太喜欢的评价。不同受教育程度群体对《天天向上》喜好度评价的差异也接近显著水平（F=2.348，p=0.054），其中喜好度最高的是高中／中专人群（M=1.37），但从均值来看，他们对此节目的喜好度评价没有最喜欢《快乐大本营》的群体对该节目的喜好度高（1.37 vs 1.22）。

除了初中及以下群体外，其他受教育程度人群对《天天向上》的喜好度都是比较高的（M ≤ 1.46）。在高中及以上人群中，虽然对此节目的喜好也表现出随着受教育水平的提升，对节目喜好度下降的趋势，但在相同受教育程度群体中，《天天向上》比《快乐大本营》更受欢迎。

表 4-26　受访者受教育程度与两种节目喜好度的相关性

		N	均值（M）	标准差（SD）	F（Sig.）
《天天向上》	初中及以下	27	1.70	0.46	2.348（0.054）
	高中/中专	54	1.37	0.48	
	大专/本科	370	1.41	0.49	
	硕士	27	1.44	0.50	
	博士及以上	15	1.46	0.51	
《快乐大本营》	初中及以下	27	1.22	0.42	4.059（0.003）
	高中/中专	54	1.57	0.49	
	大专/本科	370	1.57	0.49	
	硕士	27	1.66	0.48	
	博士及以上	15	1.73	0.45	

注：对节目喜好度的评价取值范围为 1-2，1 代表"喜欢"，2 代表"不喜欢"，数值越高，喜好程度越低。

收入与对《天天向上》的喜好度之间没有显著相关性（F=1.672，p=0.126），但不同收入群体对《快乐大本营》的喜好度之间存在显著差异（F=2.347，p=0.029）。对此节目喜好度最高的群体是无稳定收入群体（M=1.51），其次是月收入 1001-2000 元群体（M=1.54），喜好度最低的是月收入 1000 元以下群体（M=1.83）。

受访者的社会职务阶层也只与对《快乐大本营》的喜好度显著关联（F=4.709，p=0.003），学生对该节目的喜好度最高（M=1.50），其次是普通职员（M=1.59）、干部（M=1.65），自由职业者对其喜好度最低（M=1.76）。

婚姻状况与对这两类节目的喜好度之间没有显著相关性（$p \geq 0.111$）。

3. 受众对节目喜好度与其他研究变量的关系

将对两种节目的喜好度与受众的各项人格特征评价进行相关分析，仅发现一种显著关联性，它存在于独立性人格与对《快乐大本营》的喜好度之间（r=0.152，p=0.001），这种相关性表明越喜欢收看该节目的人群越倾向于表现出独立性的低分人格倾向，即喜欢符合随群、独立性差。

两种节目的喜好度与受众的生活满意度之间均无显著相关性（p ≥ 0.759）。

将受访者对各类信息的关注度与对两类节目的喜好度进行相关分析，发现对《天天向上》的喜好度与对政治 / 时事、社会 / 民主、时尚 / 娱乐节目的关注度之间没有相关性（p ≥ 0.522），但与对游戏 / 网络的关注度显著相关（r=-0.122，p=0.007），表明对此类信息关注度高的人，对《天天向上》的喜好度更高。

与《快乐大本营》喜好度显著相关的信息类型有 5 个，其中负相关的有一个是时尚 / 娱乐类信息（r=-0.129，p=0.004），表明越喜欢收看《快乐大本营》，对时尚 / 娱乐信息越关注；正相关的有 4 个，分别是政治 / 时事类（r=0.140，p=0.002）、社会 / 民生类（r=0.102，p=0.024）、汽车 / 房产类（r=0.151，p=0.001）和产业 / 财经类（r=0.098，p=0.031），表明对《快乐大本营》认可度越高的人对这四类信息的关注度越低。

将对节目的喜好度与对节目的收看时间进行相关分析发现喜欢收看《天天向上》的人群，收看节目的时间不一定长或短，但越喜欢收看《快乐大本营》的人，在假期收看湖南卫视电视娱乐节目的天数会越多（r=-0.118，p=0.010）。另一个被提及率不高，但与受众收看节目时间显著相关的是《玫瑰之约》，数据表明，对这个节目喜好度越高的人，不论是假期（r=-0.145，p=0.015）还是工作日（r=-0.165，p=0.006），每天收看湖南卫视节目的时间都会更长。《玫瑰之约》是一档以婚恋话题为主的情感娱乐节目。

将对两类节目的喜好度与对各类事务投入时间、精力的程度进行相关分析亦仅发现一种显著负相关性，对社交投入越多的人，对《天天向上》的喜好度取值越低，对《快乐大本营》的喜好度越高（r=-0.103，p=0.022）。

各项投票选举活动的参与度和参与态度与对《天天向上》和《快乐大本营》的喜好度均为显著相关性（$p \geq 0.169$）。对社会公益活动的参与频度与对《天天向上》的喜好无关，但与对《快乐大本营》的喜好度显著负相关，表明越喜欢收看这个节目的人参加社会公益活动的频率可能会越高。

不仅不同节目的收视人群在诸多方面存在差异，不同时段的观众构成也存在分化，白天时段主要收视群体是家庭主妇，晚间黄金时段（19：30—22：00）主要为中青年观众，后晚间时段（22：00—24：00）以女性观众为主；零点以后以职业男性和职业女性为主。

二、节目收视频度

本研究以四项指标来衡量受访者对湖南卫视娱乐节目的收视频度，其中包括两项频率指标，分别是节假日期间每周收看节目的天数和非节假日期间每周收看节目的天数；还有两项时长指标，分别是节假日期间每日收看时间长度和非节假日期间每日收看时间长度。

在本次调查中，受访者收看湖南卫视电视娱乐节目的整体频度是在假期每周收看 4.05 天，每天收看 3.47 小时，在非假期每周收看 2.54 天，每日收看时长 2.22 小时。相关性分析表明这四项指标之间均显著正相关（$r \geq 0.247$，$p \leq 0.000$），表明对一项指标取值高的人，对其他三项指标的取值也会更高，如在节假日每周收看节目天数多的人，每日收看节目时间会更长，在非节假日的收看频度也会更高。

1.节目收看频度与人口学变量间的关系

将受访者收看湖南卫视电视娱乐节目的频度与各项人口学特征进行单因素方差分析，数据显示不同人群的收看行为间存在一定差异。

不同性别群体在工作日每周收看节目的天数及每天收看节目的时长和非工作日每天收看节目时长上没有显著差异（$p \geq 0.300$），但性别与节假日每周收看节目的天数显著相关（F=4.473，p=0.035），女性收看节目的天数明显多于男性（4.25 vs 3.68）。

在工作日或学习日，年龄在41-50岁的受访者不仅每周收看湖南卫视综艺娱乐节目的天数最多（M=4.00），而且，每日收看时间最长（M=3.50），他们平均每周7天中有4天收看节目，每天收看时长在三个半小时左右。每周收看节目天数最少的是15-20岁人群，平均每周收看时间不超过3天（M=2.33），但单日收看时间最短的是31-40岁人群，平均每日收看1.72小时。在节假日，除了41-50岁人群收看电视的频率和时长基本没有变化外，所有年龄段的人都增加了收看电视的频率，并延长了每日收看时间。尤其是15岁以下的青少年成为收看湖南卫视电视娱乐节目的主力，他们平均每周有6天会看湖南台的娱乐节目，每天收看节目时间约为3.3小时。此年龄层是所有群体中每周收看频率最高的人群，但并不是每日收看时间最长的群体。节假日每日收看时间最长的是15-20岁群体（M=3.88），平均每天收看将近4个小时。节假日收看节目频率和时长最低的都是31-40岁人群，他们每周收看湖南卫视娱乐节目的天数不超过4天（M=3.83），每天收看时长在2小时左右（M=2.25）。

婚姻状况只与受众在节假日每日收看时长显著相关（F=11.664，p=0.001），未婚人士每日平均收看时长为3.65小时，已婚人士平均每日收看时长为2.44小时，前者明显高于后者。

受教育程度与受访者对湖南卫视娱乐节目在节假日的每日收视时长没有显著相关性（F=0.939，p=0.441），但与节假日的周收看频率（F=2.848，p=0.024）、非节假日的周收看频率（F=7.042，p=0.000）、每日收看时长（F=2.586，p=0.037），均显著相关。如表4-27所示，博士及以上群体回答此问题的人数只有4个，不足以支撑其结果的代表性，因此在讨论中予以省略。对其他受教育程度群体，不论节假日或非节假日，每周收看湖南卫视电视节目的天数均表现出受教育程度越高，收看频率越低的规律。如初中及以下群体不论是否节假日都是所有群体中收看频率最高的，而且每周收看湖南台娱乐节目的天数没有变化，都是 5 天。硕士总是所有群体中收看频率最低的，但其非节假日的收看频率明显低于节假日（2.16 vs 3.63）。

不过，初中及以下群体并不是非节假日中每日收看时间最长的群体，相反，他们每日收看 1.4 小时，是所有群体中收看时间最短的。在非节假日收看时间最长的是高中 / 中专群体，他们每天有近 3 个小时的时间会收看湖南卫视娱乐节目（M=2.88）。

表 4-27　受教育程度与收看湖南卫视娱乐节目频度的相关性

		N	均值（M）	标准差（SD）	F（Sig.）
节假日周收看频率	初中及以下	5	5.00	2.12	2.848（0.024）
	高中 / 中专	38	4.97	2.11	
	大专 / 本科	247	3.89	2.17	
	硕士	11	3.63	2.06	
	博士及以上	4	5.50	1.91	
非节假日的周收看频率	初中及以下	5	5.00	2.12	7.042（0.000）
	高中 / 中专	39	3.64	1.79	
	大专 / 本科	242	2.33	1.81	
	硕士	12	2.16	2.20	
	博士及以上	4	3.75	2.50	
非节假日每日收看时长	初中及以下	5	1.40	0.54	2.586（0.037）
	高中 / 中专	39	2.88	1.91	
	大专 / 本科	242	2.23	1.66	
	硕士	12	1.58	1.16	
	博士及以上	4	1.25	0.50	

月收入与受访者在假期收看湖南卫视节目的频率和每日收看时长均无相关性（$p \geq 0.152$），但是不同收入群体在非节假日期间的收看频率和每日收看时长均存在显著差异。如表 4-28 所示，非节假日每周收看频率最高的是月收入 3001-5000 元群体，每周收看 3.55 天；其次是 1001-2000 元（M=3.20）和 5001-10000 元群体（M=3.13），每周收看时间也超过 3 天；其后依次是月收入 2001-3000 元（M=2.56）、1000 元以下（M=2.36）和无稳定收入群体

（M=2.29）；月收入 1 万元以上群体每周收看天数最少，不到两天（M=1.75）。

非节假日每天收看湖南卫视娱乐节目时间最长的是月收入 5000—10000 元群体，每天收看时间超过 3 小时（M=3.14）；其次是 1001—2000 元群体，每天收看时间也接近 3 小时（M=2.95）；之后依次是月收入 1000 元以下（M=2.52）、3001—5000 元（M=2.27）、1 万元以上（M=2.25）和无稳定收入群体（M=2.04）。无稳定收入群体大部分由学生构成，这可能是他们在非假日没有时间或机会收看节目的原因。

表 4-28　受众收入与节目收看频度的相关性

		N	均值（M）	标准差（SD）	F（Sig.）
非节假日周收看频率	无稳定收入	173	2.29	1.86	2.522（0.022）
	1000 元以下	19	2.36	2.06	
	1001—2000 元	40	3.20	1.96	
	2001—3000 元	23	2.56	1.99	
	3001—5000 元	18	3.55	1.78	
	5001—10000 元	15	3.13	1.92	
	1 万元以上	4	1.75	1.70	
非节假日的日收看时长	无稳定收入	174	2.04	1.56	2.648（0.016）
	1000 元以下	19	2.52	2.50	
	1001—2000 元	40	2.95	1.94	
	2001—3000 元	23	1.80	1.16	
	3001—5000 元	18	2.27	1.36	
	5001—10000 元	14	3.14	1.74	
	1 万元以上	4	2.25	1.70	

将收看频率和时长与受众的社会职务身份进行单因素方差分析，发现身份只与非节假日每周收看频率显著相关（F=8.255，p=0.000），学生群体确实是所有受访者中收看频率最低的（M=2.17），每周只有两天左右的时间收看湖南卫视的娱乐节目。自由职业及无业人群的收看频率最高（M=3.66），每周收看时间接近 4 天，这可能与他们在时间支配上的灵活度和自由度密切相关。此外，普通职员每周收看 3.08 天，干部群体每周收看 2.79 天。

2. 节目收看频度与人格特征的关系

将受访者对湖南卫视娱乐节目的收看频率和时长与 5 项人格特征进行相关分析发现了一项显著相关性，即在节假日每天收看节目的时长与独立性人格显著负相关（r=-0.154，p=0.007），表明在节假日期间，每天收看湖南卫视娱乐节目时间越长的人越倾向于具备独立性人格的低分特征，表现为喜欢依赖，喜欢附和随群；反之，在节假日收看湖南卫视娱乐节目时间越短的人，可能更自立自强、当机立断。节假日每周收看频率和非节假日的每周收看频率及每日收看时长与各项人格特征之间均无显著相关性（p ⩾ 0.090）。

3. 节目收看频度与生活满意度的关系

表 4-29　节目收看频度与生活满意度的相关性

	节假日 周收看频率	节假日 日收看时长	非节假日 周收看频率	非节假日 日收看时长
积极性与自我评价	0.169**	−0.029	0.136*	0.025
愿望实现程度与心境	−0.063	−0.179**	0.012	−0.135*

注：*p<0.05，**p<0.01.

将受访者收看湖南卫视电视娱乐节目的频度和时长与其生活满意度的两项测量因子进行相关分析发现了非常有意思的现象。如表 4-29 所示，不论是否节假日，每周收看频率均与"积极性与自我评价"因子显著正相关（p<0.05），而每日收看节目时长均与"愿望实现程度与心境"显著负相关（p<0.05）。表明每周收看节目频率高的人，基于"积极性与自我评价"因子的生活满意度也会更高，但他们对愿望与现实统一度的评价和心境不一定更好或更差。而每天收看湖南卫视娱乐节目时间越长的人对愿望与现实统一度的评价和心境都会更差，但他们给予积极性与自我评价的生活满意度不一定更高或更低。需要说明的是，相关性分析并不能说明两项变量之间的因果关系，如我们不能判断受访者每天收看节目时间更长的原因是心境差或感觉现

实与愿望不统一，也不能反过来认为心境差或感觉现实与愿望不统一是每日收看节目时间太长造成的，但可以肯定的是两者之间确实存在显著负相关。

4. 节目收看频度与信息关注度的关系

表 4-30　节目收看频度与对不同信息关注度的相关性

	节假日 周收看频率	节假日 日收看时长	非节假日 周收看频率	非节假日 日收看时长
社会 / 民生	0.047	0.116*	0.107	0.077
时尚 / 娱乐	0.358**	0.294**	0.237**	0.253**
数码 IT	0.083	0.133*	0.054	0.106
旅游 / 休闲	0.086	0.139*	0.061	0.123*
运动 / 健身	0.094	0.171**	0.149*	0.166**
音乐 / 美术	0.236**	0.225**	0.146*	0.210**

注：$*p<0.05$，$**p<0.01$。

表 4-30 列出了受访者对湖南卫视娱乐节目的收看频率和时长与对各种信息的关注度之间的所有显著相关性。如表 4-30 所示，对时尚 / 娱乐和音乐 / 美术这两类信息的关注与四种衡量节目收看频度的因子均显著相关（$p<0.05$），表明对这两类信息越关注的人群，不论是否节假日，对湖南卫视娱乐节目的每周收看频率都会越高，每日收看时长都会越长。

对运动 / 健身类信息关注度越高的人群虽然在节假日每周收看的天数不一定越多或越少，但其每日收看时间长度可能会更长（$p<0.01$），而且在非节假日的周收看频率会更高（$p<0.05$），日收看时长也会更长（$p<0.01$）。

对旅游 / 休闲类信息的关注度与收看周频率无关，但与每日收看时长显著相关（$p<0.05$），表明对此类信息越关注的人群，不论是否节假日，日收看节目时间会更长，但他们每周收看节目的天数不一定更多或更少。

对社会 / 民生和数码 IT 类信息的关注度仅与受众在节假日对湖南卫视娱乐节目的日收看时间显著相关（$p<0.05$），表明对这两类信息关注度高的人群，无

论是否在节假日，对节目的收看频率都不一定更高或更低，在非节假日的每日收看时间也不一定更长，但是在节假日的收看时间很可能会更长；反之亦然。对政治/时事类信息的关注度与节目收看频度之间没有显著相关性（$p \geq 0.280$）。

5. 受众节目收看频度与对时间、精力分配情况的关系

受众收看湖南卫视娱乐节目的频度与他们对各项事务的投入都存在不同程度的显著相关性。如表 4-31 所示，对公共事务、工作和运动的投入均与节假日的收看频度无显著相关性（$p \geq 0.056$），但与非节假日的周收看频率（$p \leq 0.004$）和日收看时长（$p \leq 0.025$）均显著正相关，表明对这三类信息越关注的人，节假日收看节目不一定更多或更少，但在非节假日的收看频率会更高，收看时长也会更长。

表 4-31　节目频度与对不同事务投入程度的相关性

	节假日周收看频率	节假日日收看时长	非节假日周收看频率	非节假日日收看时长
公共事务	0.110	0.104	0.201**	0.200**
工作	0.078	0.067	0.266**	0.145*
家庭	0.197**	0.138*	0.189**	0.131*
学习	0.117*	0.191**	0.034	0.028
休闲娱乐	0.150**	0.196**	0.064	0.171**
运动	0.092	0.085	0.165**	0.130*
社交	0.106	0.086	0.063	0.134*

注：*$p<0.05$，**$p<0.01$.

家庭投入与所有频度测量因子显著正相关，表明对家庭投入更多的人，无论是否节假日，收看湖南卫视娱乐节目的频率都会越高，时间也会越长（$r \geq 0.131$，$p \leq 0.024$）。对学习投入越多的人，在非节假日不一定花更多或更少的时间收看节目（$p \geq 0.556$），但是在节假日，他们对节目每周收看频率和每日收看时长的取值都会更高（$r \geq 0.117$，$p \leq 0.024$）。

对休闲娱乐事务的投入除了与非节假日每周收看频率没有显著关联

性（r=0.064，p=0.272），与其他各项节目收看频度测量因素显著正相关
（r≥0.150，p≤0.009）。表明对休闲娱乐事务投入更多的人不一定在非节假
日每周收看节目的天数更多或更少，但是他们每次收看节目的时间会更长，
而且在节假日的收看频度会更高。

对社交的投入只与非节假日期间每日收看节目的时间长度呈正相关
关系。

6. 节目收看频度与社会参与行为及态度的关系

各种社会参与行为、态度与节目收看频度的相关性如表4-32所示，对政
治事务和社会事务类选举或投票的参与频度与对节目的收看频度之间均无显
著相关性（p≥0.136）。对组织任用类选举的参与频度与受众在节假日的周收
看频度显著负相关（r=-0.132，p=0.022），表明对此类投票参与度更高的人，
在节假日每周收看湖南卫视娱乐节目的天数会更少。对娱乐休闲类投票的参
与频度只与每日收看时长显著相关（p≤0.004），而与每周收看节目的频率无
关（p≥0.097），表明对此类投票参与度高的人群，不一定每周收看节目天数
更多或更少，但每日收看节目时间会更长，不论是否节假日情况均如此。

受访者参与选举或投票的态度、参与各种社会公益活动的频度与他们收
看湖南卫视电视娱乐节目的频率和时长均无显著关联性（p≥0.268）。

表4-32　节目频度与社会参与行为及态度的相关性

	节假日 周收看频率	节假日 日收看时长	非节假日 周收看频率	非节假日 日收看时长
参加政治事务选举的频度	-0.064	0.049	0.067	0.045
参加社会事务投票的频度	-0.059	0.020	0.083	0.003
参加组织任用选举的频度	-0.132*	-0.017	0.011	0.016
参加娱乐休闲投票的频度	0.077	0.163**	0.096	0.198**
参与投票的态度	-0.032	0.006	-0.012	-0.014
参加社会公益活动的频度	-0.065	-0.058	0.049	-0.010

注：*p<0.05，**p<0.01.

第三节　受众收视动机

本研究对受众收视动机的分析是以"使用与满足"理论为框架进行的，该理论的基本假设之一是受众是有目的地通过使用媒介来满足需求的（Katz, Blumer & Gurevitch, 1974）。虽然正如一些对该理论进行批判的学者指出的那样，在许多地区，媒介的绝对数量还不够丰富，而且大众媒介越来越趋向同质化，这使得受众不可能完全随心所欲地进行选择（罗杰·迪金森，拉马斯瓦米·哈里德拉纳斯，奥尔加·林耐著，单波译，2006），但不论是从个体经验还是从前期调查中，作者都感到受众并不是完全被动的，而我们不能因为其主动性在量上的不够充分而抹杀其在质上的真实存在。下文的分析将为部分受众群体确实是有意识地收看湖南卫视娱乐节目提供实证数据的验证。而且事实上，湖南卫视娱乐节目的生产是以收视率为核心指向的，这意味着受众的需求、喜好深刻地影响着生产行为。

不过，作者只能部分赞同 Katz 等学者于 1974 年在《个人对大众传播的使用》一文中提出的受众能理性地陈述使用媒介的动机的假设。作者认为能否理性陈述媒介使用动机的能力在受众群体中是有显著差异的。研究发现，受访者中很多人只能用"很喜欢看""很搞笑""觉得很有意思"等非常抽象的、简单的词汇来描述自己收看湖南卫视娱乐节目的理由。一般来说，受教育程度越高的人越能提供有价值的信息。但正如罗杰斯所说，"人类行为的解释存在于个体之中，特别是存在于无意识之中"[1]，作者认为即便是受过最好教育的人也无法完全清楚地了解自己行为的动机。但这并不意味着"使用与满

---

[1]　E.M. 罗杰斯，殷晓蓉译：《传播学史：一种传记式的方法》，上海译文出版社 2002 年版，第 90 页。

足"理论失去了意义，因为"动机"是客观存在的，我们遇到的只是如何发现、测量的问题。正因为如此，本研究对受众动机的发现避免了只采取访谈的方式，也避免了只采用可能被批判为"排斥了任何审美理论"（罗杰·迪金森等，单波译，2006）的问卷调查，而是将两者有机结合起来。我们将受访者观看湖南卫视娱乐节目的行为界定为"使用"，将受访者在观看过程中期望获得的主观体验界定为"满足"，认为受众的动机是通过"使用"获取"满足"。

一、受众收看动机概述

本研究根据前期预调查和预访谈及相关文献资料，在正式问卷调查中涉及了 22 种观看湖南卫视娱乐节目的可能体验和动机，请受访者在 7 级李克特量表中进行评价，对各种说法 1 表示"非常不同意"，4 表示"中立"，7 表示"非常同意"，取值越大表示赞同程度越高。将所有收集到的有效数据通过 SPSS 软件分析后，对各种体验和动机进行排序，如表 4-33 所示，观众收看湖南卫视娱乐节目的最大动机是"分享他人成功或受挫的经验"，在量表中取值 5.20，这说明湖南卫视娱乐节目中"励志"的叙事模式得到了观众的认可，并成为吸引观众的最大因素。

表 4-33　受众收看湖南卫视娱乐节目的动机

收视动机	N	最小值	最大值	均值（M）	标准差（SD）
分享他人成功或受挫的经验	579	1	7	5.20	1.63
感到很快乐、愉悦、幸福	585	1	7	5.18	1.65
分享他人的快乐与悲伤的情绪	573	1	7	5.08	1.59
缓解压力、消除烦闷情绪	586	1	7	4.98	1.68
发现值得学习的楷模、偶像	580	1	7	4.78	1.78
体验、欣赏美丽	578	1	7	4.64	1.65
消息灵通、获得谈资	578	1	7	4.47	1.69
肯定社会普遍认可的价值观	576	1	7	4.43	1.69
希望社会像游戏节目一样更公平	579	1	7	4.36	1.89

收视动机	N	最小值	最大值	均值（M）	标准差（SD）
满足好奇心	578	1	7	4.35	1.67
喜欢参与节目互动	584	1	7	4.35	1.92
看到坏人坏事被惩罚，更相信正义	580	1	7	4.33	1.78
打发、消磨时间	582	1	7	4.32	1.91
希望有机会展示自己，获得成功	580	1	7	4.09	1.97
更相信浪漫爱情	581	1	7	3.95	1.82
希望与明星成为好友或更亲密的关系	580	1	7	3.93	2.03
更相信奇迹和超自然的事物	583	1	7	3.90	1.82
无顾虑地体验极度狂喜／愤怒／悲伤／嫉妒等情绪	576	1	7	3.40	1.83
没有明确目的，只是习惯或陪伴他人收看	584	1	7	3.35	1.95
讨论禁忌，而不担心被指责或惩罚	577	1	7	3.27	1.74
看到别人出丑或犯错，并感到滑稽可笑	574	1	7	3.26	1.73
体验丑陋、丑恶	575	1	7	2.78	1.73

注：对受众收视动机评价的取值范围是1–7，1表示"非常不同意"，2表示"很不同意"，3表示"比较不同意"，4表示"中立"，5表示"比较同意"，6表示"很同意"，7表示"非常同意"。

在7点李克特量表中取值超过5的收视体验还有"感到快乐、愉悦、幸福"（M=5.18）和"分享他人的快乐与悲伤的情绪"（M=5.08），受访者对这两种说法都比较认同。

有三种收视体验的取值小于5.00，但超过4.50，其中受众对通过收看节目可以"缓解压力、消除烦闷情绪"（M=4.98）的说法表达了接近"比较同意"的认可度，其次，他们认为通过节目可以发现值得学习的楷模和偶像（M=4.78），也在节目中体验和欣赏到了美丽（M=4.64）。

在7点李克特量表中有8种收视体验的取值介于4.00和4.50之间，表明受众对这些体验的认可度比较中立，但偏向于比较认可，当然，取值越大，认可程度越高。这8种体验按照取值大小由高到低排序依次是："消息灵通获得谈资"（M=4.47）、"肯定社会普遍认可的价值观"（M=4.43）、"希望社会像游戏节目一样更公平"（M=4.36）、"满足好奇心"（M=4.35）、"喜欢参与节目互动"（M=4.35）、"看到坏人坏事被惩罚，更相信正义"（M=4.33）、"打发、消磨时间"（M=4.32）和"希望有机会展示自己，获得成功"（M=4.09）。其中最后一项，"希望有机会展示自己，获得成功"的取值已经非常接近中间值4，表明受众对这种说法既不赞同，也不反对。

还有 8 种体验的取值低于 4，按照取值由大到小，依次是"更相信浪漫爱情"（M=3.95）、"希望与明星成为好友或更亲密的关系"（M=3.93）、"更相信奇迹和超自然的事物"（M=3.90）、"无顾虑地体验极度狂喜 / 愤怒 / 悲伤 / 嫉妒等情绪"（M=3.40）、"没有明确目的，只是习惯或陪伴他人收看"（M=3.35）、"讨论禁忌，而不担心被指责或惩罚"（M=3.27）、"看到别人出丑或犯错，并感到滑稽可笑"（M=3.26）、"体验丑陋、丑恶"（M=2.78）。

小于 4 的评价取值表明受众对这些说法都是倾向于不赞同的，其中对于因为观看湖南卫视的娱乐节目而更相信爱情、希望与明星建立亲密关系和更相信奇迹的说法，受访者虽然不赞同，但其态度非常接近不置可否或模棱两可。对于"希望与明星成为好友或更亲密的关系"的认可度在受访群体中标准方差为 2.03，是对所有收视体验评价的标准方差最大值，表明对此说法的评价在受访群体中存在的分歧也是最大的，可能有的人非常认同此说法，而有的人非常不认同。

对于取值低于 3.5 的各种说法，受众的态度是非常明确地予以否认。否认收看湖南卫视是"没有明确目的，只是习惯或陪伴他人收看"可能意味着受众的收视行为并不是消极、被动的，而是根据自己的需求和喜好主动选择的过程。在所有人群中，15 岁以下群体对"没有明确目的"的说法最不认同，在 7 点李克特量表中取值 1.61，达到很不同意的程度，对看节目的目的是"打发、消磨时间"这种说法的评价也是所有群体中取值最低，仅为 2.57。这说明 15 岁以下群体可能是对观看湖南卫视娱乐节目态度最为积极、目标最为明确的群体。

对于剩余各种说法（"无顾虑地体验极度狂喜 / 愤怒 / 悲伤 / 嫉妒等情绪""讨论禁忌，而不担心被指责或惩罚""看到别人出丑或犯错，并感到滑稽可笑""体验丑陋、丑恶")的否认表明节目吸引受众的并不是"体验极度狂喜/愤怒/悲伤/嫉妒等情绪""讨论禁忌话题""看别人出丑"或"体验丑陋"这些以发泄情绪或满足某种情绪暴力欲望为主的快感获取模式。这一结果与湖南卫视提倡的阳光健康、积极向上的快乐理念是吻合的。

对上述14种受访者在7点李克特量表中的评价值超过4的体验进行分类归纳，可以看到更为清晰的5种收视动机：其一是以获得自我提升或激励为目的的"社会学习动机"，包括"分享他人成功或受挫的经验""发现值得学习的楷模、偶像"；其二是以调试情绪和心态为目的的"心理转换动机"，包括"感到很快乐/愉悦/幸福""分享他人的快乐与悲伤的情绪""缓解压力/消除烦闷情绪"；其三是以娱乐消遣和社交为目的"娱乐动机"，包括"体验、欣赏美丽""打发、消磨时间""满足好奇心""消息灵通、获得谈资"；其四是以为自我行为提供参考和评价标准为目的的"个人认同动机"，包括"肯定社会普遍认可的价值观""看到坏人坏事被惩罚，更相信正义"；其五是以表达意见和展现自我为目的的"价值实现动机"，包括"希望社会像游戏节目一样更公平""喜欢参与节目互动""希望有机会展示自己，获得成功"。

对上述分类有两点需要特别说明：第一，上述分类是以功能为划分标准进行的分类，而不是基于统计学因子分析的分类，也就是说，同一个分类项内部的不同子项不一定在统计学上说明同一个问题。例如受众社会学习的目的有多种，有的人可能学习如何奋斗，有的人可能学习如何生活，在统计学因子分析中这两种动机很可能没有相关性，但他们在上述分类方法中都被归入"社会学习动机"类型。也正因为上述分类不是基于因子分析的结果，因此在接下来的分析中将依然使用原收视体验项作为测量因子。第二，"喜欢参与节目互动"这项体验确实同时具有表达意见和参与娱乐两种可能的动机，但在湖南卫视目前节目形态中，互动更多的是为支持某位选手或为自己赢取参加活动的机会而出现的，因此研究者将之归入"价值实现动机"，而非"娱乐动机"。

二、受众收看动机的分析

下文将选取受众评价最高的，在 7 点李克特量表中取值超过 5 的三种收视体验[①]作为主要样本，深入进行三个方面的分析：其一，通过考察收视动机与人口变量的关系分析收视动机在不同人群间的差异；其二，通过考察收视动机与生活满意度的关系为收视动因的产生根源寻找可能的依据；其三，通过考察收视动机与信息关注度、社会参与行为和消费行为及态度的相关性为娱乐节目消费后果的研究提供数据支持。

1. 受众收视动机与人口学基本变量的关系

男性受访者和女性受访者最重要的三种收视动机与他们作为整体认可度最高的三种动机在类型和排序上都是完全一样的，但女性比男性更能从节目中分享他人成功和受挫的经验（5.35 vs 4.97），更感到快乐、愉悦、幸福（5.48 vs 4.62），也更能分享他人的快乐和悲伤等情感（5.28 vs 4.70），单因素方差显示，男女在上述收视体验上的程度差异是严格显著的（p ≤ 0.008）。

年龄也与三种收看动机均显著相关（p ≤ 0.004）。在所有受访者中，50 岁以上受访者只收集到两个有效样本，其数据没有代表性，在讨论中将予以省略。如表 4-34 所示，31-40 岁人群是所有年龄层中对各种收视体验赞同度最低的。综合前文所述此年龄段人群在收视频度上的表现，基本可以判断此年龄段人群是对电视娱乐节目收视行为和动机都最弱的群体。对于分享他人成功或受挫经验和快乐与悲伤情绪这两项动机，41-50 岁人群的认可度最高，在 7 点李克特量表中的取值分别为 6.77 和 5.88，而 15 岁以下群体是最能从观看节目的过程中感受到快乐和幸福的群体（M=5.96）。15-20 岁和26-30 岁群体对三种体验的感受度都非常接近（5.36 vs 5.35；5.35 vs 5.54；5.29

[①]　这三项体验是：1. 分享他人成功或受挫的经验；2. 感到很快乐、愉悦、幸福；3. 分享他人的快乐与悲伤的情绪。

vs 5.15），而且均高于 21-25 岁群体对同种体验的评价。

表 4-34　受访者年龄与收视动机的相关性

		N	均值（M）	标准差（SD）	F（Sig.）
分享他人成功或受挫的经验	15 岁以下	26	5.50	1.77	3.253（.004）
	15-20 岁	181	5.36	1.53	
	21-25 岁	228	5.13	1.65	
	26-30 岁	57	5.35	1.60	
	31-40 岁	46	4.56	1.72	
	41-50 岁	9	6.77	.66	
感到很快乐、愉悦、幸福	15 岁以下	26	5.96	1.42	3.754（.001）
	15-20 岁	180	5.35	1.66	
	21-25 岁	231	5.00	1.68	
	26-30 岁	61	5.54	1.38	
	31-40 岁	47	4.46	1.73	
	41-50 岁	10	4.90	1.59	
分享他人的快乐与悲伤的情绪	15 岁以下	26	5.76	1.55	3.810（.001）
	15-20 岁	179	5.29	1.47	
	21-25 岁	225	4.96	1.55	
	26-30 岁	58	5.15	1.81	
	31-40 岁	45	4.31	1.57	
	41-50 岁	9	5.88	1.96	

　　对比不同年龄段最重要的前 5 种收看体验可以更明显地发现不同年龄人群可能存在的收视动机上的差异。如表 4-35 所示，15 岁以下群体以在 7 点李克特量表中很高的取值将"发现值得学习的楷模、偶像"（M=6.19）评价为收看湖南卫视娱乐节目时最重要的体验，这也许正是前文分析中发现以明星为核心的娱乐节目《快乐大本营》的最忠实观众也是 15 岁以下青少年的重要原因。在各年龄段人群中只有 31-40 岁人群没有将"发现楷模、偶像"评价为前五位最重要的收视体验中，而且该群体对此种体验的评价也是所有人群中唯一低于中间值 4 的（M=3.78），似乎表明只有这个年龄段的人不需要从电视节目中获得值得学习的榜样。将受众群体置于社会发展的宏观语境下，我们发现，现年

31-40 岁的群体正好是 20 世纪 70 年代出生的人，他们既没有更高年龄层群体对生产英雄的崇拜，又尚未陷入更低年龄群体对娱乐明星的追逐，这可能是此群体对"发现楷模、偶像"的收视体验给予特殊评价的原因。不过，这个群体的特殊性并不能掩盖其他群体对明星的显著需求，这似乎为湖南卫视为什么在节目生产中大打明星牌，并热衷于平民造星运动提供了合理的解释。

此外，15 岁以下人群对"发现楷模、偶像"的评价明显高于其他认可此项体验的群体，而且在 30 岁以下人群中，对此项的取值是随着年龄的增加而递减的，这意味着对偶像的崇拜会随着年龄的增长而衰退。数据还显示，15 岁以下和 15-20 岁群体是所有受访者中仅有的对"希望与明星成为好友或更亲密的关系"给予肯定评价（在 7 点李克特量表中取值大于 4）的两个群体，而且前者对此项的评价度高于后者（5.53 vs 4.50），这进一步证明了，年龄越小的人越容易对明星抱有想象。

表 4-35　不同年龄段受众最显著前 5 种收视体验的比较

	第一位	第二位	第三位	第四位	第五位
15 岁以下	发现楷模、偶像（6.19）	感到快乐、幸福（5.96）	分享快乐、悲伤（5.76）	希望与明星建立亲密关系（5.53）	分享成功、失败（5.50）
15-20 岁	分享成功、失败（5.36）	感到快乐、幸福（5.35）	分享快乐、悲伤（5.29）	缓解压力（5.05）	发现楷模、偶像（4.94）
21-25 岁	分享成功、失败（5.13）	缓解压力（5.05）	感到快乐、幸福（5.00）	分享快乐、悲伤（4.96）	发现楷模、偶像（4.65）
26-30 岁	感到快乐、幸福（5.54）	分享成功、失败（5.35）	缓解压力（5.32）	分享快乐、悲伤（5.15）	发现楷模、偶像（4.93）
31-40 岁	分享成功、失败（4.56）	感到快乐、幸福（4.46）	分享快乐、悲伤（4.31）	看到坏人受惩罚而更相信正义（4.23）	打发消磨时间（4.18）
41-50 岁	分享成功、失败（6.77）	分享快乐、悲伤（5.88）	肯定社会公认价值观（5.77）	看到坏人受惩罚而更相信正义（5.66）	发现楷模、偶像（5.22）

41-50 岁群体在此问题上表现出了特殊性，他们虽然对"希望与明星成为好友或更亲密的关系"的评价是所有受访者中最低的（M=2.44），表明他们几乎已经不会对明星存在任何不可思议的幻想，但是他们对"发现楷

模、偶像"的评价又很高（M=5.22），仅次于15岁以下群体。不过此年龄段与15岁以下人群相比，"发现楷模、偶像"的目的可能会非常不同。用SPSS软件对年龄层与节目喜好度评价的关系再次进行分析后发现，41~50岁人群最喜欢收看的节目是《背后的故事》，这是一个讲述名人故事的访谈性节目，而他们对收视体验评价中最重要的一项是"分享他人成功或受挫的经验"（M=6.77），而且他们是所有人群中唯一一个收看电视娱乐节目却并认为"感到快乐、愉悦、幸福"是很重要的体验的群体（其取值并不低，为4.9，但在此群体的各项体验中比较靠后）。在"分享他人成功或受挫的经验"之外，他们还看重"分享他人的快乐与悲伤的情绪"（M=5.88）、"肯定社会公认的价值观"（M=5.77）、"看到坏人坏事被惩罚而更相信正义"（M=5.66）。这些都这说明此群体对"发现楷模、偶像"的需要很可能是基于社会学习模式，而非情感满足模式的。

与41~50岁人群一样，将"分享他人成功或受挫的经验"评价为最重要的收视体验的还有15~20岁（M=5.36）、21~25岁（M=5.13）和31~40岁（M=4.56）人群。而26~30岁人群认为最重要的体验是"感到快乐、愉悦、幸福"，这在20岁以下和31~40岁人群中被认为是第二重要的体验，而在21~25岁人群中被认为是第三重要的体验。21~25岁人群认为通过节目"缓解压力、消除烦闷情绪"对他们而言很重要，将之评价为第二重要的收视体验。此外，31~40岁群体是唯一将"打发消磨时间"评价为前5名收视体验的群体，而且他们对前5种体验的评价认同度整体都低于其他群体。

受教育程度与三种重要收视体验的显著相关性表现在受教育程度越高的人，对各项体验的认可度越低（p ≤ 0.029）。而收入状况（p ≥ 0.270）、婚姻状况（p ≥ 0.058）和社会职务阶层（p ≥ 0.332）与三种最重要的收视体验之间都没有显著相关性。

2. 受众收视动机与人格特征的关系

没有任何一项收视体验与"独立性"人格显著正相关，但有两项收视体验与之显著负相关，分别是"感到很快乐、愉悦、幸福"（r=-0.090，p=0.032）和"缓解压力，消除烦闷情绪"（r=-0.099，p=0.018），表明越认为从节目中获得这两种体验重要的人，独立性人格越偏向低分特征，即更缺乏独立性，喜欢依赖、随群。

三项重要收视体验均与"有恒性"人格特征显著正相关（$p \leqslant 0.041$），表明越具有"有恒性"高分特点的人，即越有责任心、有恒心的人越看重在节目中能分享他人成功或失败的经验或快乐与受挫的情绪，也越认为在节目中可以感受到"快乐、愉悦、幸福"。此外，"有恒性"人格还与另外5项收视体验显著正相关，它们分别是"体验、欣赏美丽"（r=0.094，p=0.026）、"看到坏人坏事被惩罚，更相信正义"（r=0.091，p=0.030）、"发现值得学习的楷模、偶像"（r=0.086，p=0.041）、"肯定社会公认的价值观"（r=0.104，p=0.015）、"喜欢参与节目互动"（r=0.100，p=0.017）。"有恒性"也是唯一与这五项收视体验显著相关的人格特征。

"敢为性"与两种收视体验显著负相关，分别是"感到很快乐、愉悦、幸福"（r=-0.091，p=0.029）和"分享他人快乐与悲伤的情绪"（r=-0.100，p=0.018），表明越具有"敢为性"高分特征的人越不认为他们在收看节目的过程中有这两种体验。

与"幻想性"人格特征存在关联的只有一种收视体验，为"希望有机会展示自己，获得成功"，两者之间显著正相关（r=-0.144，p=0.001），表明越现实的人越不会期望通过电视节目获得成功，反之喜欢幻想的人对此期望值更高。

实验性与所有收视体验均无显著相关性（$p \geqslant 0.125$）。

综合此项分析，如果我们将对三种重要收视体验均取值很高的人群视作湖南卫视娱乐节目的典型受众，他们在人格特征上的表现将是不够独立，喜欢随大流，比较保守，缺乏自信，但同时比较有恒心、有责任心。

3. 受众收视动机与生活满意度的关系

受众的多种收视体验与生活满意度中的"积极性与自我评价"因子显著

正相关，而与另一因子"愿望实现程度与心境"显著负相关。以三种最为重要的收视动机为例，对"积极性与自我评价"取值高的受访者在收看湖南卫视娱乐节目的时候会更多地关注对他人成功或失败经验（r=0.196，p=0.000）、快乐与悲伤情绪（r=0.158，p=0.000）的分享，也能更多地在节目中体会到愉悦和幸福的感觉（r=0.128，p=0.003）。而那些更多在节目中分享他人成功或失败经验的人，对"愿望实现程度与心境"的评价却会越低。此项分析表明，最热衷收看湖南卫视娱乐节目的群体可能既保持着对生活的积极性，对自我状态的评价也比较高，但他们觉得愿望与现实有很大的差距，更多地感觉焦虑、孤独。这可能意味着对电视娱乐节目的收看为这些群体提供了精神上的安慰剂，不过这种因果关系是否成立，在本研究中尚无法得到验证。

4. 受众收视动机与信息关注度、社会参与度及消费行为态度的关系

受众收看湖南卫视娱乐节目最重要的三种体验与多种信息类型存在显著正相关的关系，其中值得关注的是，对政治/时事类信息的关注（$p \geqslant 0.115$）和对政治选举的参与度（$p \geqslant 0.577$）与三项体验中的任何一项都没有显著相关性。对社会/民生信息的关注度和对公共事务的投入程度均与分享成功或受挫经验（$p \leqslant 0.001$）和分享快乐与悲伤情绪（$p \leqslant 0.009$）这两种体验显著正相关，但与感受到愉悦、幸福的体验没有显著相关性（$p \geqslant 0.061$），而对社会事务类选举投票的参与度与三种体验均无相关性（$p \geqslant 0.068$）。

对娱乐/休闲类信息的关注度和对休闲娱乐事务的投入程度与三种体验均显著正相关（$p \leqslant 0.001$），但参与娱乐休闲类选举投票的频度只与感受愉悦和分享快乐与悲伤情绪两种体验显著正相关（$p \leqslant 0.000$），而与分享成功或受挫经验之间没有显著相关性（r=0.077，p=0.065）。

受访者参与投票的态度与三种体验均显著正相关（$p \leqslant 0.020$），表明，对三种体验评价越高的受众对选举或投票的态度会越认真，这与前文得出的结论，对三种体验评价越高，"有恒性"人格越趋向高分特征的评价是一致的。

受访者对品牌的消费态度与所有收视体验均无相关性（$p \geqslant 0.136$）。

此外，还有一项值得注意的显著负相关存在于受访者参与政治类投票选举的频度和"缓解压力、消除烦闷情绪"的收视体验之间（r=0.083，p=0.047），表明越希望通过观看节目消除压力的人，对政治选举的参与度越低。

第四节　电视娱乐节目消费的社会功能及代价

前文对受众收视行为和动机的探讨虽然是以群体性样本为数据库进行的，但采用的是以受众个体为中心的研究视角，而在探讨受众消费电视娱乐节目的社会功能及后果时，受众有时会被作为整体看待，不过这种整体效果或后果的实现依然要以个体行为为基础。

社会学家认为"功能"（functional）是指某事物对所属实体的维系与稳定发挥了作用，包括有意为之的显性功能和无意间形成的潜性功能。与之相对的概念是"破坏性功能"（dysfunctional），是指某事物具有不稳定或破坏性的作用。如果某事物对所属实体毫无影响，则称为"无功能"（nonfunctional）（阿瑟·阿萨·伯杰，2005）。这种"功能"的概念在本质上是中立的，它将发挥功能的事物及所属实体或系统均看作单纯的客观存在，但是当我们直接将之借鉴用于以传播政治经济学的视角探讨媒介效果的研究时，却似乎夹带了对现行社会制度的某种偏袒。因此本研究对"功能"的概念给予一定修正，将之界定为一个更为广义的概念，指某事物发挥的作用，它对所属实体的稳定性可能是增强的，也可能是破坏的，与之相对的是"无功能"。而在论述收看电视娱乐节目消费的社会代价时则带有一定的批判主义色彩。

一、电视娱乐节目消费的功能

虽然我们可以将娱乐节目对受众每种需求的满足都视作消费行为的功能，但研究者认为更有价值的探讨应该是在充分考虑到个体与社会间关系的基础上进行，而非仅关注受众的个体行为。在此框架下，研究者认为对湖南卫视娱乐节目的消费主要有三种功能：第一，提供社会学习；第二，提供防御机制；第三，作为神话和神话仪式。在此，电视娱乐节目最基本的娱乐、消遣的功能未被提及，原因在于它是对所有娱乐节目的消费中均可发挥的功能，而且是完全基于个体体验的功能。

1. 提供社会学习的电视娱乐节目

在前述对受众消费动机的分析中可以看到，社会学习的动机是最为强烈的。对 15 岁以下人群最重要的是发现值得学习的楷模和偶像，对 15–50 岁人群，除了 26–30 岁人群外，他们都最看重分享他人成功或受挫的经验。这说明虽然如前文对受众的人格形象分析中论述的那样，随着年龄的增长，他们越来越具有独立性，盲目追随、依附他人的可能性越来越小，但不管是哪个年龄段的人都需要从他人的行为中获得经验，并很可能因此进行自我修正。1959 年查尔斯·赖特在《大众传播：功能探讨》中，对拉斯韦尔的"三功能说"做了补充，提出的第四项功能正是提供娱乐并起着社会化的作用。

研究者在访谈中接触到的一些 20 世纪 80 年代至 90 年代的受访者这样描述他们收看湖南卫视娱乐节目的行为：

> 从小到大都看这个频道，已经习惯了。
> 没事儿就看湖南卫视，别的节目都没啥好看的。

这表明湖南卫视的娱乐节目可能非常深地介入了这两个年龄段受众的个体成长中，也因此不可避免地会对他们的人生观、价值观、性格、审美等产生影响，而且这种影响可能会是非常深刻的。

在已有的研究中，伴随个体童年成长的童话和神话故事都被认为具有社会学习的功能，如 Bettelheim 认为："童话通过处理一般性的人类问题，尤其是困惑孩子的那些问题，通过和正在成长的孩子进行自我交流，鼓励它的发展，同时消解前意识与潜意识的压抑。在故事展开的过程中，童话给予有意识的信任，让身体承受本我的压力，然后用各种方式满足自我和超我的需求。"[1] 荣格精神分析学派学者 Joseph L. Henderson 认为："英雄神话能够帮助个人培育他们的自我意识，让他们在长大以后能够处理难题。英雄形象以分离个人主义来帮助人们摆脱父母与监护人，这也是英雄形象在历史上随处可见，以及地位重要的原因。"[2]

而当我们考察 20 世纪 80—90 年代出生的受访者的成长经历时可以发现，他们对大众文化产品的接触基本都是按照童话/神话故事→动画片→电视娱乐节目的顺序发展的（为了简化问题，此处排除了各种与本研究无关的文化、信息类型）。如果童话/神话故事确实能够帮助人们度过成长中的各种困境，教会人们看待世界和处理问题的方法，电视娱乐节目很可能也具备相似的功能。

那么观众到底能够从湖南卫视的电视娱乐节目中学到什么呢？在本研究中我们无法穷尽所有的可能，只能根据调查数据进行探索性的分析和论述。

在对生产者和受众的比较研究中，我们发现受众虽然在观念、想法上比生产者更自由、激进，但是他们对自己更缺乏自信，更容易退缩、放弃，而且受众的整体生活水平似乎比生产者略低一点。而在对湖南卫视媒介形象的评价中，生产者的自我评价是偏向草根，受众的评价偏向精英。这些差异可能说明虽然生产者在努力向受众靠拢，但对受众而言，媒介呈现的依然是比他们更高端的，很可能也是令他们更向往的世界。按照社会学的界定，"精英指的是社会金字塔上层的人，即上层阶级与低端上层阶级人士[3]，他们拥有权力、地位、财富，通常从事专业或主管的职务。与之相对应的则是普通男女"[4]。

---

[1]　Bettelheim, Bruno, The use of enchantment: The meaning and importance of fairy tales, New York: Vintage, 1977, pp.5-6.

[2]　阿瑟·阿萨·伯杰，张晶、易正林译：《媒介分析技巧》，中国人民大学出版社 2005 年版，第 113 页。

[3]　社会学和人类学家 W. Lloyd Warner 认为美国社会存在六大阶级：高级上层阶级、低端上层阶级、高端中产阶级、低端中产阶级、高端下层阶级、低端下层阶级。其中"普通人"是低端中产阶级和高端下层阶级。

[4]　阿瑟·阿萨·伯杰，张晶、易正林译：《媒介分析技巧》，中国人民大学出版社 2005 年版，第 128 页。

而阶级是有共同性的一群人，当被用在社会学语境中时，通常是指一个人在社会等级中所处的阶级层次或位置。它是由诸如教育、职业与收入、生活方式、价值观、社会阶层等多方面因素决定的。"我们之所以强调哈姆雷特和其他无数的男女主角，就是因为在潜意识中，我们认为他们的斗争就是我们的斗争，他们的困难就是我们的困难。"[1]这样看来，受众在观看湖南卫视娱乐节目的过程中可能会从他人成功或失败经验中学习如何获得某种令自己满意的社会身份或社会地位[2]。这种学习可能是现实层面的，可以运用到个人奋斗中的方法、技巧；也可能是在精神层面的，获得激励或安慰，还有可能只是非常表层的，通过模仿偶像的服饰、谈吐、品位等，用这些可以体现生活方式[3]的标签将自己装扮成某种风格。这个过程可能还会在一定程度上塑造受众的价值观，它是指"人们关于他们所相信的可欲与不可欲的以及善和恶的态度，其范围涵盖广泛的社会现象，包括性、政治和教育等"[4]，这也正是媒介分析理论认为研究者必须关注大众媒介产品中人物的价值观，并审视这些价值观对于社会暗示的原因所在。

此外，现有的一些研究也认为受众从湖南卫视娱乐节目中可以获得一些社会学习。如有观点认为2005年《超级女声》的冠军李宇春凭借中性形象颠覆了中国人对女性的传统审美标准，赢得了受众的青睐。有的女性支持者说："就凭她不准备讨好男人这一点，我们就喜欢她。"有评论认为："这场运动将是一次广泛的、深刻的女性主义自觉，一次女性自主意识的全民胜利。"[5]这意味着，受众可能从对李宇春的审美中获得了对女性形象、女性社会地位和两

---

　　①　阿瑟·阿萨·伯杰，张晶、易正林译：《媒介分析技巧》，中国人民大学出版社2005年版，第98页。

　　②　社会角色是后天习得的行为，与他人对本体的期望相关，也与具体情况相结合，还部分地由个人的社会地位所决定。社会地位是与社会角色相关的，指某人在团体或组织中的位置，以及与该位置相称的权力……它是社会中的强大力量，被以微妙的方式控制人们。（阿瑟·阿萨·伯杰：《媒介分析技巧》，张晶，易正林译，中国人民大学出版社2005年版，第134页）

　　③　生活方式描述一个人的生活格调，包括一个人在服饰、汽车、娱乐、文学等方面的品位，它与社会经济的阶级相关，并体现在个人"形象"上。（阿瑟·阿萨·伯杰，张晶、易正林译：《媒介分析技巧》，中国人民大学出版社2005年版，第130页）

　　④　阿瑟·阿萨·伯杰，张晶、易正林译：《媒介分析技巧》，中国人民大学出版社2005年版，第136页。

　　⑤　穆丹：《"超女"的开天辟地》，《新民周刊》2005年第8期，第51页。

性关系等问题的新观念。

再譬如，有观点认为"竞争叙事"是湖南电视娱乐节目的一个重要关键词。①《超级女声》《加油！好男儿》《谁是英雄》等对抗性娱乐节目都被认为是"竞争叙事"的代表。然而中国传统文化的价值观崇尚伦理道德，视竞争为"恶"。孔子说："君子无说争。"老子认为"争"是忧患的根源。这种"恶竞争"的情结一直延续到近现代。康有为在《大同书》中也对竞争给予猛烈抨击。这种传统观念与市场经济中自由竞争、适者生存的法则存在深刻矛盾。因此，电视娱乐节目将激烈的竞争搬上了舞台，将普通人在面对竞争时可能遇到的困惑、应对的态度和方法都投射于节目中，这为受众提供了生动而且不关乎切身利益的安全的学习。

2. 提供防御机制的电视娱乐节目

在精神分析学中，弗洛伊德关于心理结构的基本假设包括自我、本我和超我，"其中本我构成内心的欲望，自我形成个体与环境之间关系的功能，超我形成心灵的道德戒律与理想期望"②。人的精神处于本我和超我永恒的争斗中，前者是寻找快乐的欲望和遭受惩罚的恐惧，后者是文明、良心，在两者之间是自我，它需要不断调和两者的冲突，因而倍感焦虑（阿瑟·阿萨·伯杰，2005），于是，防御机制出现了，它"是对本能的自我控制，是化解焦虑的方法，我们经常使用这些机制，只是很少意识到而已"③。

对到底有哪些防御机制，在精神分析学阵营中存在多种分歧，较为被普遍认同的机制包括情感矛盾（ambivalence）、逃避（avoidance）、否认或否定（denial or disavowal）、执着（fixation）、认同（identification）、投射（projection）、理性化（rationalization）、反向（reaction formation）、回归

---

① 汪露：《电视娱乐节目的发展特点探析》，《中国电视》2005年第5期，第42—43页。
② Brenner, Charles, An elementary text book of psychoanalysis. Garden City, NY: Doubleday, 1974, p.38.
③ 阿瑟·阿萨·伯杰，张晶、易正林译：《媒介分析技巧》，中国人民大学出版社2005年版，第103页。

（regression）、压抑（repression）和抑制（suppression）。

在对受访者观看湖南卫视体验的分析中可以发现，几乎对所有受访者而言，除了社会学习之外，最重要的动机就是以调试情绪和心态为目的的"心理转换动机"，包括"感到很快乐、愉悦、幸福""分享他人的快乐与悲伤的情绪""缓解压力、消除烦闷情绪"。一些受访者表示，观看湖南卫视的娱乐节目可以让他们暂时忘掉烦恼，这是典型的"抑制"型防御机制，它通过把令人痛苦的事情排斥在心灵之外发挥作用。不过在此机制中，被抑制的事物很容易被唤回到意识层面，因此在娱乐节目中人们只能获得"暂时"的快乐。当人们"分享他人的快乐与悲伤的情绪"时，可能是"认同机制"和"理性化机制"在起作用，受众可能希望自己会像节目中的人一样幸运、快乐、坚强，也可能会在节目中为自己的软弱、退缩、放弃找到"合理"的借口。

此外，31~40岁人群还比较多地感到通过节目看到坏人坏事被惩罚，可以令他们更相信正义，41~50岁比较多认为节目肯定社会普遍认可的价值观。对这些受访者而言，他们对湖南卫视娱乐节目的观看体验是与"超我"联系在一起的。很可能人们在曾经的生活磨砺中，对什么是好的、正义的、道德的都产生过挣扎，在这种挣扎过程中，本我的欲望上升，令自我非常不安，甚至痛苦。此时，在节目中对正义和社会普遍认可价值观的体验使人感觉到来自社会文明的认同和融合，它通过增强"超我"的力量压制本我，令自我释然。

除了因为价值观的游移产生的痛苦外，在复杂的现代生活中，人们还可能面对多种多样的恐惧，如对理想迷失的恐惧、对碌碌无为的恐惧、对权力的恐惧、对不公平的恐惧，这些恐惧还可能与愤懑、无奈联系在一起。而在湖南卫视的娱乐节目中似乎能够找到对抗这些恐惧的力量，如前文对节目娱乐模式的分析中阐述的那样，其节目的励志元素不仅为受众提供了社会学习的榜样，而且通过认同机制让受众获得了精神上的动力和安全感。

同样以《超级女声》为例，节目通过各种电视艺术手法强化了选手艰辛却不放弃的奋斗历程，给予受众更多面对真实竞争的勇气；当看到选手失败时，受众可能将之投射于自己的经历，对人生中的挫折、不如意更能释怀；在参与投票的过程中，人们获得了表达意见的成就感、支配与权力的满足和参与集体行为的归属感；当然，还有一些观众认为他们看节目的时候不愿意想任何复杂的问题，不愿意动脑筋，也不愿意对电视里的选手投入太多的感情，只愿意享受单纯的快乐和放松。按照精神分析学理论，这其实正是回归（regression）的防御机制在发挥作用。这种机制是指"当面对产生压力或焦虑的情景时，回到人生或成长早期的过程"①。童年是单纯的、无忧无虑的，玩耍是最重要的事情，而长大之后的生活纷繁复杂，人们需要学习、工作、社交，常常会感觉疲惫，于是许多人追求返璞归真，希望能回到简单生活。沉浸于娱乐节目的快乐情绪中也正是为受众提供了一种回到童年、尽情玩耍的情境，使疲惫的身心暂得安歇。

研究者还认为对李宇春的审美也可能与群体性的心理回归相关。女性主义者将"中性形象"的李宇春解读为向男权社会中对女性传统审美形象的挑战，而香港心理学家素黑认为用"中性"来理解李宇春的外形并不准确。她认为李宇春备受青睐的原因在于"性别混杂"（hybridiyt）产生的暧昧力量，她身兼两性的假象满足了女性幻想变成男性的野心，同时也满足了她们对完美情人的投射。李作为阴柔和刚烈的混合体，补足了男人不解温柔的缺陷②。虽然上述两种解读的角度有所不同，但它们都肯定了李宇春的形象对公众的性别意识建构可能产生的影响。

荣格在研究人的集体无意识时发现，无论男女，在无意识中都有一个异性的性格潜藏背后。他将女人的男性化一面称为"阿尼姆斯"（animus），将男人的女性化一面称为"阿尼玛"（anima），同指隐藏的灵魂之意。不管是用"中性"还是"性别混杂"来界定李宇春，都意味着她的形象是对典型女性或

---

① 阿瑟·阿萨·伯杰，张晶、易正林译：《媒介分析技巧》，中国人民大学出版社2005年版，第104页。
② 《香港心理学家眼中的"超级女声"》，《羊城晚报》2005年8月26日第B4版。

男性形象的模糊化，这似乎是对压抑于日常生活中人们"隐藏的灵魂"的一种释放。另外，从个体成长的经历来看，人只有在婴儿时期是没有性别意识的，因此对其形象的喜爱甚至崇拜可能暗含着在精神层面对生命早期状态的回归。无性别的婴儿时期是一种极乐状态，"在那个世界，他的母亲才是统治者"①，一切都是温暖的、安全的、满足的。在那个时期不可能有男性需要养家糊口、成就事业的压力，也不可能有所谓女性讨好男性，或向男性争取平等的考虑，而这不都是现实社会中成年人需要面对的烦恼吗？因此研究者认为，公众对李宇春的追捧可能是他们在内心深处对与典型社会性别相关的种种责任、压力的厌弃，是对无性化的生命早期状态的渴望。

3. 作为神话和神话仪式的电视娱乐节目

按照符号学的观点，大众媒介包含着语言符码、美学符码、图像符码等多套意义体系，很容易在生产者和受众之间形成意义的误读，但前文分析已经表明生产者最想在节目中呈现的"励志"和"快乐"也正是受众在收视过程中最为明显的感受。符号学的观点还认为因为不同受众在文化结构框架上的差异非常容易形成分离的受众，但湖南卫视的电视娱乐节目拥有如此广泛的受众群体，一些从国外引进的节目模式也能广受欢迎，这些都说明，电视娱乐节目可能具有某种与神话类似的特质，足以跨越地域、文化的差异得到普遍的理解和认同。

2005年《超级女声》以其在中国社会影响了五亿人的收视奇迹成为社会各界广泛关注的焦点。全民狂热的情绪和随之而来的媒介管制让人不能不想到这个娱乐节目远远超过单纯娱乐的层面。参照阿瑟·阿萨·伯杰对职业橄榄球与宗教的比较框架，研究者发现《超级女声》与宗教之间也存在一些有趣的对比。

---

① Henderson, J.L.Ancient myths and modern man. In C.G.Jung with M.-L.von Franz, J.L.Henderson, J.Jacobi, &A.Jaffé, Man and his symbols, Garden City, NY: Doubleday, 1968, p.105-157.

表4-36　《超级女声》与宗教的对比

《超级女声》	宗教
草根明星	圣人
一周一次晋级赛（决赛段）	一周一次礼拜
投票	捐献
全国聚集	基督教整合运动
复杂的赛制	神学
超女走向成功之路	骑士寻找"圣杯"
主持人	牧师
《超级女声》比赛的舞台	教会
超女迷	教会会友

　　如表4-36所示，《超级女声》的内容、形态、赛制都非常具有宗教仪式感。"节庆的基础始终是一定的和具体的自然（宇宙）时间、生物时间和历史时间观念。"[①]《超级女声》长达四五个月的海选过程，每周播出的晋级比赛被认为是对狂欢时间的完美演绎，而人山人海的报名现场和镜头记录下的各种奇异多样的装扮、古灵精怪的表演呈现了身体作为狂欢主体的"怪诞性"[②]。此外，在媒体的炒作和超女迷的追捧下，聚光灯下的舞台不断延伸，从现实的闹市街头，到虚拟的赛博空间，舞台与生活融为一体。

　　在2005年《超级女声》所呈现的宗教仪式感之下，人们发现它早已不再只是一场单纯的"歌唱比赛"，而是负载了多种文化内涵与精神诉求，如实现梦想的舞台、温情欢乐的大家庭、民主公平的狂欢世界（刘琼，2006），这其中包含着一种新的关于建立社会秩序的神话。在这个神话结构中，决定命运的不再是阶层和权力，而是个人的才华与奋斗。如果按照法国人类学家克劳德·利瓦伊·斯特劳斯（C. Claude Levi-Strauss）对神话的观点（1967），认为神话是由基本的神话素（mythemes）构成，可以用简单的一句话来表达其

---

① 　夏忠宪：《巴赫金狂欢化诗学研究》，北京师范大学出版社2000年版，第171页。
② 　"身体作为狂欢的主体，具有三种基本属性，包括怪诞性；死亡与更新同在、正反同体；统一性。"［俄］M.巴赫金，终景韩译：《巴赫金文论选》，中国社会科学出版社1996年版，第117、123、227页。

重要关系，那么在 2005 "超女"中呈现出来的神话关系就是"无特权的人成功"。受众也正是在突破了社会原有的分层和晋升系统及其各种禁忌的过程中获得了巨大的快感。

"神话之所以重要，这不仅因为神话对相信它、讲述它的人们发挥着认可的功能，而且它是了解人类思维方式的关键所在。"①《超级女声》是以解构权威作为主要特点的：草根→奋斗→成功，以此完成了对平民英雄的塑造。在受众对"超女"神话的追捧中，我们可以看到的是普通民众内心对无特权的、真正平等的社会竞争环境的渴望。然而，以建立新的社会秩序为诉求的神话在现世社会中的生存是艰难的，她真的只能成为"神话"②，被收编成为传统社会秩序提供庇护的神话仪式。现在的《快乐女声》依然保持着《超级女声》的基本风格，但在媒介监管和媒介背后复杂权力关系的作用下，已经不可能形成最初的真正的、无门槛的全民性参与，因此虽然它依然在生产草根明星，但却无法从新的角度去诠释"世界是如何诞生的"这个基本的神话学命题。

在湖南卫视的娱乐节目可以找到大量表演性的狂欢，而表演性狂欢是表达人类神崇拜和自然崇拜的基本仪式。德国的"自然神话学派"认为原始人对自然现象有着浓厚的兴趣，虽然该学派被批判为凭空假想了原始人对某些事物的兴趣（马林诺夫斯基，2006），但在中国的传统神话中确实可以看到人类因对自然的恐惧而产生出的崇拜。人们通过各种仪式消除恐惧，祈求平安。最早的狂欢文化可溯源到古罗马时代的农神节。为了庆贺丰收歌颂酒神的赐予，人们在每年农神节便会以新鲜的葡萄酒和丰盛的祭品献祭酒神，并穿戴上各种奇异的服饰、戴上面具、载歌载舞，举行酒神牺牲和复活的仪式。日常生活中严格的等级区分在面具的覆盖下被暂时取消，人们忘记了平日生活的辛劳与艰难，沉浸于无比的喜悦和快乐之中。在劳动者被异化的现世社会，电视娱乐节目也成为消解由社会制度、社会文化和劳动关系造成的孤独感和

---

①　阿瑟·阿萨·伯杰，张晶、易正林译：《媒介分析技巧》，中国人民大学出版社 2005 年版，第 38 页。

②　此处的"神话"是指不会真实出现于现实中的传说。

社会恐惧感的方式，它以"万民狂欢"的文化样式给予人们一个假象，即社会是没有阶级之分、其乐融融的大家庭，每个人对社会都有公平的参与、分享、竞争的机会。

然而正如人类学功能学派的先驱之一马林诺夫斯基所说的那样，"神话既不是单纯的叙事，也不是某种形式的科学，或艺术或历史的分支，或解释性的故事"，它的功能就是"巩固和增强传统，通过追溯更高、更好、更超自然的最初时间赋予传统更高的价值和威望"[①]。在此意义上，神话被看作信仰的"社会宪章"。因此，作为现世社会神话意识的电视娱乐节目也不应该被理解为单纯的"快乐"，它应该也具有驱散恐惧和维护社会传统与威望的功能。

但是，我们是否有需要驱散的恐惧呢？法国马克思主义学者亨利·列斐伏尔（Henri LeFebvre）对这个问题的答案是肯定的，他认为在有分层的社会中，"每个成员都是恐怖分子，因为每个人都渴望权力，'体系对每个社会成员都有单独的控制力，使每个成员服从于整体，即服从于一种原则，一种隐蔽的目的，这种目标只有当权者才知道，没有人会提出质疑'"[②]。为了逃避被异化的焦虑和孤独的恐惧，人们转向其乐融融的娱乐世界。在电视娱乐节目的观看中，人们感到快乐，感到自己的感受被重视，感到自己和他人融为一体，感到社会还是有公平之处的，感到能提供快乐的社会是合理的，于是社会的传统和威望得到保护，而它们又主要体现于现世权力阶级的文化和政治体制，于是人民安定了，社会祥和了。

然而在由大众媒介倡导的世俗文化中，人们依然在遭受"攻击"，并产生新的恐慌，如"在时尚文化中变老的恐慌，在崇尚消瘦的文化中长胖的恐慌，在崇尚财富的文化中贫穷的恐慌"[③]。这些恐慌将人们的注意力引向私人领域，人们忙着美容、减肥、赚钱，几乎忘记了寻求娱乐的最初心理根源。具有公

---

① 马林诺夫斯基：《神话在生活中的作用》，载《西方神话学读本》，广西师范大学出版社2006年版，第238页。
② LeFebvre, Henri., Everyday life in the modern world, New Brunswick, NJ: Transaction,1984
③ 阿瑟·阿萨·伯杰，张晶、易正林译：《媒介分析技巧》，中国人民大学出版社2005年版，第67页。

共意义的是"在男权社会中女性的恐慌"，但是这种恐慌的重要性远未在社会群体中达成共识。

在访谈中，多数受众认为娱乐节目与政治之间没有关系，他们从未想过这样的问题，少数受访者认为可能存在一些关联，但是他们的理解是让人担忧的：

> 娱乐节目里肯定不能有政治。
>
> 娱乐和政治有关系啊，比如有的娱乐明星会从政。

但是娱乐节目里为什么不能有政治？娱乐节目里真的没有政治吗？

电视娱乐节目的生产者不愿多想这样的问题，他们本质上是由需要安全和庇护的单薄的个体组成，他们需要养家糊口，也拥有对权力和财富的梦想，"为什么要自不量力，自找麻烦呢？"他们不可能多想这样的问题，也没有太多想象的空间。

但是，他们又是受过良好教育，拥有专业理想和公民意识的个体，于是我们看到，湖南卫视的电视娱乐节目虽然在作为神话仪式的本质上是服从权威的，但与传统电视文艺节目歌颂主流文化的方式不同，它以对政治、权力的疏离和遗忘作为主要特点，他们不断试探政策底线，不奉承权威，万民狂欢，自娱自乐。如果我们抛却娱乐的虚假性，未尝不可在其中看到自由表达的理想。

二、电视娱乐节目消费的社会代价

葛兰西认为霸权的维系，需动员文化资源，取得文化领域的优势领导地位[1]。在一个存在权力差异的社会中，即便受众对娱乐的态度是单纯的，我们也无法不反思此种文化形式存在并迅速发展的内在动因与社会后果。既然文

---

① 　Gramsci, A., Selection from the Prison Notebooks., New York: International Publishers, 1971.

化无法独善其身，娱乐节目也绝不可能只是提供快感的免费出演。如前所述，如果说湖南卫视电视娱乐节目的显功能（有意为之的功能）是提供娱乐，那么其潜功能（无意为之的功能）是将人们社会化。它为人们提供社会学习的榜样，为人们排遣社会生活带来的焦虑和不安，使之更能适应实际上并不令人满意的生活。它也使人们相信美好，相信公平，虽然绝对的公平并不存在。

以平民选秀节目《超级女声》为例。有观点认为，超女的想唱就唱"不经意地照亮了当下公共生活中民主机制的匮乏和参与意识的萌动"[1]，超女的海选、复赛、决赛等一系列过程似乎很符合西方"三权分立"的宪政精神。决定超女命运的并不是主办方或赞助商，而是大众评审、专家评委小组和场外短信投票的观众，他们构成了一种权力互相制约的稳定三角关系，象征性地契合了三权分立的权力架构。而"粉丝"（fans）团则酷似参加民主选举的公民。他们作为民主的公众的特征在于具有公开展示自己和表达意见的能力，"他们在公开的'自我表现'的过程中，确立与其他公众的关系和自己的特殊性，表明对某些价值的认同，对某种共好理念或世界观有所追求。他们因这些共同性的认同、理念或价值观形成公民团结"[2]。

然而这种所谓的民主并不能为公众带来真正的自由和平等。虽然选手的名次是由大众参与决定的，但其目的并不在于展现公众的话语权，而是要获得经过由公众组成的市场确认的最具市场价值的歌手。民主选举的后果是寄希望于被选举人能为公众争取利益，而在娱乐节目中，观众投入时间、精力、情感和金钱选出的人却是为了更多地赚取他们的财富。北京大学社会学系的皓宗认为所谓的"民主""民意"不过是拥有投票的经济实力和参与热情的粉丝对其他人，包括观看但不投票的一般观众的专政而已。超女整个过程的匿名参与中，缺乏专业规范和民主程序，最终演变成了"粉丝话语暴力"，有些评委变成了这种"粉丝"专政的牺牲品。"与其说'超女'是一个大众化的娱

---

① 伍国：《超女现像是民主机制匮乏的一种象征》，世纪中国，2005年9月7日，http://www.cc.org.cn/。

② 徐贲：《娱乐文化消费和公共政治——"超级女声"的公众意义》，http://www.cc.org./newcc/browwenzhang.pht?articleid=4825。

乐节目，不如说是一个娱乐公司的经营项目。"①而那些在赛场上获得优胜的选手也只是节目中的一个娱乐元素而已。她们的个性被尊重，是因为观众需要个性化的文化，她们被给予展示的舞台，是因为有人愿意观看她们被给予成功的机会，是因为她们将带来巨大的市场潜力。在此角度看来，当人们以为自己在被尊重、被给予机会、被民主地对待时，他们却正在被操纵、被消费。他们参与得越深，观看得越久，短信发得越多，就越具有商业价值，他们的短信投票成为电视娱乐节目新的利润增长点，他们付出的时间和注意力被转卖给了广告商，他们倾注的感情、眼泪、欢笑被制作成商品供人观看……然而他们对此却浑然不自知。

研究者没有贬损受众的意思，也相信那些热心观看和参与"超女"的人们的确是感受到了真实的快乐和幸福。正如超女出身的一位歌手刘力扬在她的歌曲《崇拜你》中演唱的那样："不管别人怎么笑我崇拜你好傻，但我还是乐在其中。"我们也承认电视娱乐节目和通俗、流行文化一样具有一定的审美性，而且偶像对于个体成长确实可以发挥积极作用。但是，正如世上没有免费的午餐，如果公众过多地投入于只具有虚假民主性的电视娱乐节目，将可能付出相应的，甚至深刻的代价。

其一，按照马克思主义的观点，劳动使人异化（alienation）。"处于异化状态的人受到'虚假意识（false consciousness）'的折磨——也就是用意识形态的形式支配其思想的意识。不过除了这种虚假意识之外，异化可以说是无意识的，因为事实上人们并不承认自己是被异化的。原因之一可能是，异化无处不在，以至于人们反而不易察觉，难以掌握。"②但是劳动者能感受到异化所带来的隔阂、距离和焦虑，于是人们在一种"莫名"的情绪困扰中向媒介寻求短暂的慰藉。然而媒介却通过对欲望的刺激和意识形态的劝服引导人们更加努力地工作。人们在电视娱乐节目的消费中感到了放松，看到了只要努

---

① 《超级女声激发审美变革》，《北京青年报》2005 年 8 月 26 日第 A23 版。
② 阿瑟·阿萨·伯杰，张晶、易正林译：《媒介分析技巧》，中国人民大学出版社 2005 年版，第 67 页。

力就能获得自己梦想生活的假象却深受鼓舞，于是他们又信心百倍地投入到工作中去，可是工作会继续榨取他们的时间和精力，消耗他们的身体，于是异化感又加重了……如此周而复始，形成恶性循环，人们会在异化的焦虑中越陷越深，无法自拔。

为了逃避焦虑，也有一些人选择不回到现实，而是沉迷于娱乐节目或娱乐明星。这种方式通过在心理上退化到不用肩负太多责任的未成年时期实现自我保护，但是按照精神分析的观点，退化往往与执着存在紧密的关系，因此这种退化有可能发展成为成瘾性精神官能症。它是一种强迫性冲动的行为，表面上看并无明显坏处，甚至表现为乐观的态度，如保持消息灵通，热衷团体活动，但这是一种很不健康、很不稳定的心理状态，如果加以煽动，则可能造成很大危害。刘德华的粉丝杨丽娟应该可以算作对娱乐明星成瘾的一个案例，这样的人往往会在真实生活中感到更深的无力和不适。

其二，拉扎斯菲尔德在对大众传播功能的研究中提出现代大众传播的"负功能"：它所提供的表层信息及通俗娱乐为受众带来了"麻醉作用"，这意味着对娱乐节目的过度投入会导致民众批判与反抗意识的遗失。本研究前文论述中也发现，对娱乐事务的投入是与对政治的冷感显著负相关的。

电视娱乐节目使人忘却自己公民身份和公民权利的方式可能有两种，一种是焦虑替代模式，另一种是议程设置模式，这两种模式往往相互配合发挥作用。

在议程设置模式中，我们认为电视娱乐节目激发了受众的多种焦虑，例如对成功的焦虑、美丽的焦虑、财富的焦虑、健康的焦虑，但是它却从不制造对政治、民主、权力和阶级地位的焦虑。反倒在有意或无意中产生了公平、民主的假象，使受众对真实社会困境的抱怨随之平复。

在焦虑替代模式中，电视娱乐节目通过生产新的焦虑将受众从现实的焦虑中引开，随后通过心理引导让人们对新的焦虑感到合理、释然，进而毫不怀疑、一心一意地致力于缓解这种焦虑，彻底忘记现实痛苦的根源。

这种机制可能是通过对本我的释放和对超我的安抚来使自我摆脱文明的

压力和煎熬。弗洛伊德在《精神分析新导论》（*New Introductory Lectures on Psychoanalysis*）中这样描述"本我"："这些本能生机勃勃，但它们没有组织，没有统一的意志，仅仅依靠快乐原则来满足本能冲动的需要。"①有证据表明，对娱乐的选择是冲动的、本能的（Zilman, 1986）。反过来，电视娱乐节目提供的种种快感正是对本我的释放和满足。这种快感体验在最开始时可能会让人们感到不安，例如害羞、觉得荒废时间等。因为"文明的约束力强大无比，因此我们承受了巨大的心灵创伤"②，来自文明的约束通过超我与本我进行争斗，让本我深感煎熬。此时，娱乐节目通过观念引导让超我接受本我欲望的合理性，从而渐渐放弃与本我的对立，使自我获得安宁，并心安理得地被本我驱使，追求快乐，不问意义。

因此，在焦虑替代模式中，追逐快乐、尽情消费、关注个人都是无罪的，因为他们意味着更好的生活，是非常合理的，值得奋斗的目标。例如，电视娱乐节目中常常会讲述娱乐明星减肥的"艰苦"历程和经验，受众从中学习到肥胖是不美的，于是产生对肥胖的焦虑，他们还学到减肥成功是一种意志力的体现，于是对自己的减肥成绩产生成就感，在此过程中却忘了反问，为什么这种审美观就是合理的？即便它是合理的，到底能有多重要？电视娱乐节目生产出了不计其数类似的焦虑，并引导受众投入时间和精力，在没有任何负疚感的情绪下深陷其中，不再理会有关社会和生命的严肃议题。

也许我们不应该强求电视娱乐节目去涵盖严肃的政治、民主议题，但是在当今社会，电视娱乐确实占据了人们太多的私人时间，而"没有政治热情和参与意识的私人时间是没有政治意义的，它所需要、所激发的也是那种没有政治抵抗、政治批判意识的大众文化"。（陶东风，徐燕蕊，2006）正如"那些不知道历史与社会联系的人，不知道事件发生的前因后果及其影响的人，看新闻完全是被煽情的"③。被麻醉的，缺乏对政治和民主的思考和社会运作基

① Hinsie, L.E, Campbell, R.J，Psychiatric dictionary，New York: Oxford University Press，1970.
② Freud, S.，Civilization and its discontents, New York: W.W.Norton，1962.
③ 阿瑟·阿萨·伯杰，张晶、易正林译：《媒介分析技巧》，中国人民大学出版社2005年版，第193页。

本知识，但却热情高涨的受众也将很易被驱使和煽动，这是非常危险的。

其三，葛兰西曾指出意识形态是一个争霸过程（hegemonic process）[①]：主控势力通过各种文化机制，塑造一套道德共识或价值标准，以维护其既得利益；非主控势力也试图通过意识形态抗争，以松动甚至颠覆主控势力。"就此而言，意识形态是立场之战的抗争领域：提供一个论述空间，以供不同的利益团体对社会事件的意义加以解构或重构。"[②] 如果包括娱乐节目在内的大众媒介通过各种方式将公众的注意力从现实社会状况转移，那么作为论述空间的意识形态将失去价值。在此过程中，那些明了社会现实，又感到无力改变现状的人，可能转向以犬儒主义的方式服从制度安排，并逐渐丧失反抗能力。

---

① Gramsci, A. , Selection from the Prison Notebooks., New York: International Publishers, 1971.
② 张锦华：《传播批判理论》，台北：黎明文化事业公司1994年版，第77—78页。

第五章
·
结语

第一节 湖南卫视娱乐节目生产与消费中的力学框架

一、什么是湖南卫视电视娱乐节目生产与消费中的力学框架?

"力学框架"是研究者从物理学中借用的一个概念,用以隐喻影响湖南卫视电视娱乐节目生产与消费过程的各种因素及其相互作用的立体关系。在前文论述中,我们可以看到不论是在历时角度还是共时角度,湖南卫视对电视娱乐节目的生产和受众对节目的消费都不是彼此孤立的封闭系统,它们不仅交互渗透,彼此影响,而且与各种外部系统发生着紧密的关联,呈现出复杂的动力关系。

具体而言,如图 5-1 所示,与媒介的生产相关的外部主体包括政府、广告市场、受众市场。每一个主体都有自己的组织结构,在最小单位上都由个体组成。政府是高度组织化的结构,市场和生产主体是中度组织化的结构,受众是自由组织化的结构。政府的决策高度服从政权和国家利益;市场和生产都以生存为目的,都需在不触犯法律、服从主管部门监管的情况下尽可能盈利;受众是很散漫的,它们可以单独行动,也可以因某种目的形成聚众,他们的选择是自己的喜好。不管是何种组织结构都需要通过个体的行为来实现主体意图,因此主体意图的实现是与在个体的协商过程中完成的。

在不同组织结构中,个体的重要性非常不同。在高度组织化的政府部门,个体的重要性可能被压制到最低;在自由组织化的受众群体中,个体的重要性可能是重要的,市场和生产主体中的个体介于两者之间,根据内部机制、文化和具体情景的不同,可能会很重要或很不重要。在整体上,他们都需要面对相同的历史情景和社会背景,包括共享的社会制度、政治、经济环境、文化背景和道德、伦理规范等，它们在经过个体的认知过程后会渗透到每个个体的意识和无意识中，参与他们的每一次决策和行为。当然不同个体对这些共享历史情景和社会背景可能是千差万别的，但不管怎样都会使得由个体组成的主体不可避免地带上它们的烙印。

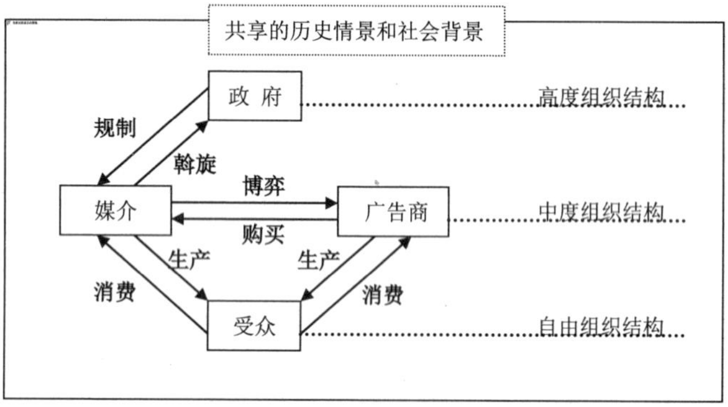

图 5-1　生产媒介及相关主体的力学关系

　　政府、广告商和受众对生产媒介的作用方式分别是规制、购买和消费。而生产媒介对这些主体的作用方式分别是斡旋、博弈和通过生产进行引导或迎合。在图 5-1 中研究者没有标明政府对市场和受众的关系。这种关系肯定是存在的，但为了简化问题，我们将之归入共享的历史情景和社会背景中。

　　这些主体在相互作用的过程中，也实现了多种交换：媒介通过提供内容，获得资金，其中一部分资金被上交给政府；广告商对媒介付出资金，获得广告和注意力，同时向受众提供产品信息，从受众的消费中间接获利；受众对媒介提供注意力/资金，获得内容，同时还向广告商付出注意力和资金，获得商品。可以发现在此过程中，媒介和广告商都是盈利的卖家，而受众是双重付出的买家。作为买家的受众非常受媒介和广告商的重视，这种重视是以赢利为目的的，因此受众的趣味和选择在一定程度上决定了卖家的生产方向。当然，其中不排除可能存在的公共理想部分，但整体的逻辑框架和资源流动模式是同样的。

为了统一概念、简化问题，我们将上述各种影响因素都界定为"意见的表达"。因为每一种因素都有其来源的主体，每一种因素着力的方向都代表着该主体的立场、主张和态度。在上述分析中，我们看到电视娱乐节目的生产与消费正是在这些不同意见的合力下呈现出特定的形态和发展方向，这似乎非常类似牛顿运动定律所描述的自然界中的力学现象，当无外力作用于物体上时，物体保持静止或保持恒定速度（加速度为零）不变，而当出现外力的时候，物体的运动状态将发生变化，而且物体动量的变化率与作用在物体上的力成正比。（C. 基特尔，1979）因此本研究大胆假设电视娱乐节目生产与消费过程中的各种变化也与造成该变化的意见表达的影响力成正比，而且意见表达的影响力也可用类似于力学中"$F=Mc^2$"的公式进行表达和测量，我们将之描述为：

意见表达的影响力 = 意见表达规模 × 意见表达速度 × 意见表达强度

在上述公式中，意见表达规模是指意见表达量的多少；意见表达速度是指在一定时间内的意见表达量；意见表达强度是意见表达方式所决定的意见表达的大小，包括意见表达者的身份 / 级别和意见表达载体的正式程度，如是文件形式还是口头形式等。

需要说明的是，上述意见表达影响力公式只是作者基于本论文研究发现提出的一种理论假设，还有待在今后的研究中进一步检验，具体细节也还需进一步完善，如建立意见强度的评价体系等。

二、湖南卫视电视娱乐节目生产中的力学现象

以本书论述的核心湖南卫视电视娱乐节目的生产和消费为例，进一步说明上述问题。如图 5-2 所示，图中的两个实线圆圈，左边代表信源，即电视

娱乐节目的生产媒介；右边代表信宿，表示观看电视娱乐节目的受众。实线圆圈内的虚线圆圈代表生产和消费行为的内部意见表达。对信源而言，主要是团队的制度管理、文化管理和团队内个体的观念、态度等，如文化和价值取向、审美标准、专业主义等。对信宿而言则是指受众个体的观念和态度，包括审美标准、心理需求、兴趣爱好等。如果一个受众不是以完全自由、独立的个体行为消费节目，而是加入了某种团体，如粉丝团，则其行为还会受到组织约定的影响。

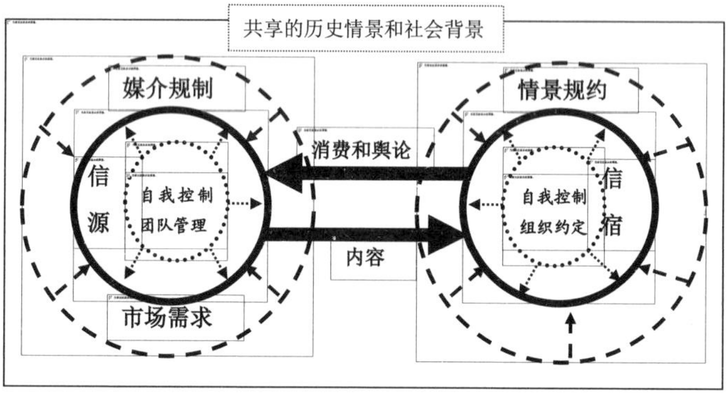

图 5-2　生产与消费中的力学框架

在两个实线圆圈外也各有一条虚线，左边的表示在生产主体之外对生产行为产生影响的外部意见表达，包括来自政府的媒介规制和市场需求。需特别说明的是，媒介规制和市场需求之间也是相互关联的，如我们发现湖南广电对区域经济的拉动作用与地方政府对它们的支持不无关系。右边的则表示可能对受众的个体性或组织性消费行为产生影响的外部意见表达，如消费行为发生的情景、周围人的意见等。

图中的每一个箭头都代表一种意见表达的作用方向，内部意见表达由内向外作用于信源或信宿，而外部意见表达由外向内作用于信源或信宿。在信源和信宿之间的实线箭头显示了两者之间的关系，信源对信宿的意见表达是提供内容，包括呈现于频道中的节目和广告等各种信息，还包括承载于这些信息中的各种态度；而信宿则通过消费（包括收视选择、互动参与等多种方式）和舆论向信源表达意见。

在上述过程中，不论是信源和信宿的各种内部意见表达，还是媒介规制、市场需求、情景规约等各种外部意见表达，都受到共享的历史情景和社会背景的影响。一个比较典型的例子是湖南卫视对从国外引进的节目都要进行本土化改造，使之符合中国的媒介政策，并适合中国观众的文化心理。例如，《变形记》是以交换生活为内容，以纪实为表现手法的节目。在播出城市网瘾少年与贫困乡村少年互换生活的节目后确实引起了很大轰动，但之后不久就逐渐陷入困境，原因是中国人几千年形成的面子文化，使得很少有人能在镜头前放下身段，表现真实的自己，这使节目素材来源出现问题。又如《以一敌百》的原版节目设置了巨额奖金，但是根据国家广电总局对节目奖金的限制，这一节目元素在中国根本无法体现，最终该节目也因收视不佳被淘汰。成功的例子有《超级女声》，国外类似的选秀节目环节设置都很简单，但是中国人喜欢看热闹，图新鲜，所以"超女"演变出了非常复杂多变的赛制，强化竞争叙事，成为节目一大看点。事实上，湖南卫视已经将对节目的本土化改造提高到了履行媒介责任的高度，认为只有打造具有本土特色的、原创的、独立的"中国制造"的文化品牌，才能塑造有公信力和影响力的品牌（欧阳常林，2006），这在本质上进一步确认了文化适应性是节目生产的重要前提。

正如在生产与消费的力学框架模型中展示的那样，研究者认为湖南卫视电视娱乐节目的生产和消费是紧密关联、相互作用的过程，它们还同时与多种其他社会结构和因素发生复杂关系。根据特殊性和重要性原则，下文将着重论述两种意见表达的作用方式及后果：受众对生产的意见表达和媒介规制对生产的意见表达。

其一，受众对生产的意见表达。

对于以市场需求为风向标的湖南卫视来说，来自受众的意见表达非常受重视。通常，受众可以通过收视选择、参与节目、信息反馈和发表舆论等多种方式表达他们对节目的意见，其中最为重要的是收视选择。

湖南卫视建立了以收视率和市场份额为核心的考核机制和市场分析标准。他们认为"收视率"①是反映观众忠实度的重要市场衡量指标，因为"收视率＝忠实度 × 到达率"。以此为标准进行的竞争比较分析得出的结果是，与湖南卫视存在收视竞争的中央一套和三套主要依靠频道覆盖优势，到达率高但忠实度低；江苏卫视观众忠实度高但到达率低；湖南卫视则是观众忠实度和到达率都比较高。这为湖南卫视的战略发展方向提供了依据。

同时，日常的节目播出也由总编室根据收视率进行受众市场分析后统一编排、管理。换言之，收视率高低成为决定一档节目生存与否的关键。节目生产团队也会关注每期节目的收视情况，以此作为调整节目形态和内容的依据。他们对收视率的分析具体到一档节目的不同环节，如《天天向上》在内容上分为不同版块。曾经分为三个部分，前、后两场访谈由一个礼仪文化短片在中间衔接。也曾以两场不同的秀衔接不同访谈。一般前、后两个部分的访谈嘉宾和风格会有一定差异，例如可能一部分是娱乐明星，另一部分是文化、商业名人，又或者一部分是流行歌舞，而另一部分是传统戏曲等。节目组会研究哪个部分的收视表现比较好，它们编排的先后顺序对收视的高低和稳定性有何影响，然后总结经验，有目的地进行调整。

除了收视率外，观众的各种信息反馈和舆论也非常受重视。湖南卫视总编室有专人对观众的网络留言、媒体报道进行收集和研究，并及时回应，在需要时展开危机公关。生产团队对受众的网络留言、来电来函的重视程度根据节目受众群体的定位和团队风格可能会有较大差异。有的团队认为收视率作为整体受众市场的宏观表现比个别观众发言更加可靠，他们认为观众的一些意见是不切实际甚至不负责任的。还有的团队认为他们的主要观众群体没有通过网络表达意见的习惯，因此基于他们对受众的了解和判断，来自网络的舆论也不重要。但也有的团队对此非常重视，如《金牌魔术团》第一期播出后，观众反馈说场面很豪华，但是魔术的成分太弱，于是在第二期节目中，

---

① 收视率不一定完全代表节目质量，它可衡量的是收视环境、比较优势，有时与节目前后剧也有关系。

节目组立刻就此进行调整，既要求舞台效果，又强化魔术的技巧性和难度。还有的受访者表示，来自观众的各种意见和评价让他们对自己的工作更为在乎，尤其是在有成就感的时候。

在《超级女声》中我们可以看到各种受众意见表达方式的集中呈现。收视率、观众投票、粉丝团、百度贴吧、网络留言等都成为受众向生产过程表达意见的方式。受众甚至直接参与到生产行为中，例如超女粉丝团的别称，如玉米、笔迷、凉粉、盒饭等都是粉丝自发创意出来后被生产团队借鉴到节目中的。

每届"超女／快女"都会爆出所谓内部操作的"黑幕"，但最终都被事实粉碎。为什么"超女／快女"不会有内幕？如果充分了解到湖南卫视对受众市场的重视程度，这个问题的答案便不难理解，用几位受访者的回答可以说明此问题：

> 我们的目的是选出一个有市场价值的明星。
>
> 一个受欢迎的明星收益可能上千万元、上亿元，为什么要去做上万元的事情？

虽然很多受众从未认真考虑过电视娱乐节目与政治可能存在的关系，他们也不明白观看节目需要付出很多代价，但他们同时又是非常敏感的，例如他们不喜欢有明显说教痕迹的节目，不喜欢笨拙的广告粗暴地打扰他们的观看，不喜欢哪怕有一丁点儿的被利用、被摆布的感觉（虽然从本质上来看，也许在他们打开电视机的时候这样的事情就已经发生了）。他们是如此敏感而且会丝毫不加掩饰地迅速采取行动，只要按动遥控器上的一个按钮，拒绝的过程就可以完成。湖南卫视的生产者对此非常清楚，他们因此非常小心。生产者会想办法与政策规制斡旋，不断创新节目内容和形式，他们也不会无原则地迎合营销市场，甚至宁可损失短期利益也不愿破坏在观众心目中的形象。

综上所述，通过各种方式，来自观众的意见表达已经较为深入地介入湖南卫视电视娱乐节目的生产过程，而且受众的主动性、选择性已经成为不容忽视的力量。

其二，媒介规制对生产的意见表达。

媒介规制对生产的影响是显而易见的。中国媒体的事业属性决定了来自政府的政策监管具有实施的制度保障，其意见表达方式是制定政策、表扬、嘉奖或批评、警告、取缔。湖南卫视一直处在政策监管的前沿，它也是对中央电视台造成收视竞争压力的地方媒体之一。2005年《超级女声》的收视率超过中央台；《大长今》打破了中央台对独播剧资源的垄断；湖南卫视举办国球大典期间，"CCTV-5已经开始关注和研究湖南卫视的这个节目，并在整个国球大典过程中加大了乒乓球比赛的播出量"[①]。湖南卫视与中央台之间的竞争是显而易见且非常微妙的。在处理和中央台的关系上，湖南卫视的态度非常明确，"要明白和摆正自己的位置，要维护中央台作为国家台的形象。绝不能以诋毁中央台为快事"[②]。而且有历史教训在先，湖南卫视也绝不会对中宣部的政策、意见有任何冒犯，基本的态度是"团结、稳定、鼓劲"[③]，将完成各项宣传任务放在工作首位，"对于社会热点、敏感话题和容易诱发事端的问题，采取特别审慎的态度"[④]。2004年4月湖南广电总局专门成立了电视节目监听监看中心，以确保导向正确，内容健康。目前所有的节目都实行严格的三审制。

以此为底线，在来自广告市场、受众市场和生产者意见表达的推动下，湖南卫视选择了以积极、创造性的方式应对媒介规制，他们意识到"影响越大，风险越大。消除风险的唯一办法，是继续提高节目质量"[⑤]。但要做到"领导满意、观众喜爱、雅俗共赏"并不容易，非常需要好的创意，于是我们发现，

---

① 《〈2005王者风范·国球大典〉影响超凡》，载《湖南广播电视年鉴》，方志出版社2006年版，第220页。

② 魏文彬：《深化第二轮改革 加快跨越式发展》，载《湖南广播电视年鉴》，今日中国出版社2002年版，第66页。

③ 魏文彬：《严格宣传管理 确保正确导向》，载《湖南广播电视年鉴》，今日中国出版社2002年版，第73页。

④ 《湖南广播电视年鉴》，今日中国出版社2001年版，第55页。

⑤ 《湖南广播电视年鉴》，今日中国出版社2001年版，第56页。

媒介规制在客观上促进了湖南卫视的节目创新。如《乡村发现》虽然肩负反映"三农"问题的政治任务，但在表现形式上非常轻松、娱乐化；2006 年《超级女声》有一场开场舞《知不知道》，用说、唱、舞的形式宣传了"八荣八耻"；《快乐男声》开设了红歌专场；2008 年奥运资源被中央级媒体垄断，就开发体育娱乐节目；2009 年面对选秀节目的海选阶段不能在卫视播出的限制，启动了城市见面会；不允许网络投票就采用歌曲下载的方式支持选手……生产者表示他们已经习惯了媒介监管，而且并不认为媒介监管完全无必要，在此情况下，唯一的办法是变压力为动力，以创新寻求出路。还有部分受访者很微妙地感觉到媒介监管激发了他们的斗志。

研究者在问卷中设置了一道问题（参见附录三第 4 题）以测量受众对湖南卫视在国家广电总局对真人秀节目设限后，继续取得举办资格并创新节目形式的看法。结果表明有 50.1% 的人认为这主要是"商业利益"的趋使造成的，有 38.5% 的人认为这是因为"湖南卫视勇于承担压力并善于面对压力"，剩余 11.4% 的人认为这是"监管部门体察民意"。进一步分析发现，受众对此问题的回答与他们的性别（$p=0.854$）、年龄（$p=0.297$）、受教育程度（$p=0.162$）、收入（$p=0.247$）、婚姻状况（$p=0.500$）、社会职务阶层（$p=0.720$）、人格特征（$p \geqslant 0.211$）、生活满意度（$p \geqslant 0.766$）均无显著相关性，但在不同地域人群中却存在显著差异（$p=0.000$）。我们发现，选择"湖南卫视勇于承担压力并善于面对压力"的受访者主要集中在湖南地区，在该群体中的比例达到 53.53%，是比例最高，也是唯一超过 50% 的区域。江苏、浙江、上海这三个湖南卫视收视竞争频道所在地区的受众对此项的选择比例分别是 25%、27% 和 33%，远低于湖南地区。

纵观湖南卫视的发展历程：作为一个没有地域和资源优势的省级电视台，经过多年经营站稳全国市场，并成为省级卫视频道的领头羊，在对权威构成挑战后，面对严格的媒介监管，积极创新，努力突围。这确实非常类似俄国著名民俗学家弗拉基米尔·普罗普（Vladimir Propp）界定的民间故事中英雄形象的典型叙事结构，其中的基本要素和排列顺序是：出身贫寒、争取自由、获得成功、遭遇禁令、顽强反抗、突围（Propp，1968）。前文也曾论述，受众对湖南卫视的整体评价是较为勇敢而非懦弱，很可能受众也是从湖南卫视在发展历程中不断突破、不断创新、不言放弃的行为认同了它的英雄形象，而在此过程中来自政府的媒介规制帮助其完成了"英雄遭遇禁令"的情节叙事。

表 5-1　问卷来源与对湖南卫视面对政策规制继续举办选秀节目原因看法的关系

	湖南卫视勇于承担压力并善于面对压力	监管部门体察民意	商业利益取得最终胜利	总数
线下问卷	175（56.63%）	39（12.62%）	95（30.74%）	309
线上问卷	42（16.53%）	25（9.84%）	187（73.62%）	254
总数	217	64	282	563

不过从上文数据中可以看到湖南省的受访者对此认同度最高，很可能表明受众对政府规制是否促进了湖南卫视英雄形象的理解与他们对湖南在地缘上的心理亲近感相关。此外，在调查中，研究者特意对此题在线上问卷和线下问卷中使用了不同的措辞，在线上问卷中用"地方卫视"取代了线下问卷中的"湖南卫视"。数据分析发现线上和线下受访者对此题的选择也存在显著差异（$p=0.000$），如表 5-1 所示，在线下问卷中，多数人赞同"湖南卫视勇于承担压力并善于面对压力"，认同比例达到 56.63%，而在线上问卷中，只有 16.53% 的人选择"地方卫视勇于承担压力并善于应对监管压力"，更多的人对地方卫视面对政策规制取得继续举办真人秀节目资格的原因转向认同"商业利益取得最终胜利"。这当然与线下问卷中湖南受访者的比例高于线上问卷中比例有关，但还可能意味着另一种可能，即政策规制对塑造媒介英雄形象的作用对湖南卫视是显著的，而在将之泛化为地方卫视之后变得不再明显。

第二节 湖南卫视的普遍性和特殊性

湖南卫视的普遍性首先在于与其他媒体拥有同样的社会制度和文化背景，其发展也完全是在社会主义市场经济改革的框架内，踩着中国经济体制变迁的步调进行的。

1992 年 10 月党的十四大确定了社会主义市场经济体制，1993 年湖南电视台提出"四大"的目标；1997 年 9 月党的十五大明确提出"必须从根本上改革束缚生产力发展的经济体制，建立社会主义市场经济体制"，并确定到 2010 年建成较为完善的社会主义市场经济体制和有中国特色的社会主义法律体系。同年湖南电视台上星。1998 年全国九届人大第一次会议明确提出国家今后对包括广播电视在内的大多数事业单位，将逐年减少拨款，要求 3 年后这些单位实现自收自支。正是在此情况下湖南卫视和当时中国的大多数其他电视媒体一样走上了产业化、市场化的发展之路，在经过了最初的体制阵痛和持续的收入下滑后，终于在 2003 年步入持续上升通道，其间经历的时间也正好是 3 年。从 20 世纪 90 年代初开始，世界经济的发展呈现出全球化趋势，其显著的特点是跨国集团的跨国经营，世界广播电视结构也发生重大变化，广播电视垄断集团逐渐形成并展开全球化文化扩张。2001 年随着中国加入 WTO，已经置身市场经济的中国电视业不得不面对日趋激烈的全球化竞争，集团化、集约化势在必行。2000 年年底，湖南广播影视集团成立，几天后浙江广播影视集团也成立。从 2001 年开始，湖南广电总局开始对集团资源进行深度整合、开发，并实施了一系列制度创新。2002 年党的十六大提出"推进传媒体制改革，大力发展传媒事业和传媒产业"，湖南广电的第二轮改革也在当年全面展开。

　　湖南卫视的普遍性还在于与其他媒体一样都需要面对事业属性、企业运作的矛盾处境，都需要时刻不忘舆论引导的重要性，也都需要通过不断创意赢得市场的青睐。在此过程中，它们形成了相似的产业特点：其一与宣传紧密相连；其二在商品市场、资金市场、信息市场三大类市场中主要活跃于资金市场和信息市场；其三是知识密集型。[①] 在走上产业化道路的初期，它们也曾面临类似的困难，包括产业结构上的主业[②]开发不够；人才结构上策划创意、研究型人才、管理型人才和市场营销人才相对匮乏；资本结构过于单一；还有各种政策性制约，涉及税收、财政、工商、信贷、土地等诸多方面。面对观众市场的碎化、频道竞争的加剧和新媒体新技术的挑战，它们都做出相应的变革，包括节目内容、形态的不断创新和生产、经营的模式变化，如频道专业化、整体化经营等。

　　在共性之外，湖南卫视一定存在着某种特殊性，而且对这种特殊性的界定是与其在众多媒体中形成竞争优势的原因联系在一起的。湖南卫视前台长欧阳常林 2008 年在大英博物馆的讲话中说，湖南电视不仅得益于文化传统影响、媒体宽松环境和政府大力支持，还有三个重要秘诀：创新精神、倔强品格和超强的决策、执行能力（欧阳常林，2008）。还有研究认为湖南电视业 10 年改革成功的关键在于以下几点：观念变革、内部竞争机制、人才管理机制、品牌、产业链开发和湖南政治高层对湖南电视提供的宽松的政治环境。（刘华宾，陈颖，2004）

　　整合这些观点和本研究发现，本人认为湖南卫视的特殊性分为表层和深层两个层面，表层特殊性是在湖南卫视竞争优势形成过程中发挥直接作用的因素，包括不断创新，抢占先机；明确的市场、品牌意识和以自由、放权为特点的管理制度。深层特殊性则是指生成上述表层特殊性的根本原因，包括湖南的地域和人才两项因素。

---

① 　《湖南广播电视年鉴》，今日中国出版社 2000 年版，第 60 页。
② 　主业是指与媒体关系较为紧密的产业，如节目生产经营、音像制品经营、艺员公司经营等。

一、表层特殊性

第一，不断创新，抢占先机。

湖南卫视在电视娱乐节目市场中的领先地位是从抢占先机开始的。1997年，湖南卫视在全国首创了明星＋游戏的电视娱乐模式；1998年首批上市；2000年成立全国第一家广电集团；2002年最早提出"锁定娱乐、锁定年轻、锁定全国"的频道定位；2005年首推平民选秀浪潮；近年又首创了集团内制播分离的生产模式，随后第一个走出国门，从国外购买娱乐节目模式，现在又成为国内第一家将自主研发节目模式销往海外的卫星电视经营机构。其中表现出明显的一步领先、步步领先的特点。抢占先机不仅带来了比较优势，因为市场的特点就是百好不如一新，而且有时还会带来绝对的差距，如湖南电广抢先增发后几天，证监所就关闭了相关企业的增发通道。

抢占先机的基础是要有长远规划。2000年湖南卫视就确定了到2010年的目标是"要在国际上产生重要影响"，"广播影视产业一定要以资本运营、广告经营、节目经营为主的基础上，开发影视基地经营、电视直销经营、网络经营和投资经营"，使媒体集团"真正实现专业化制作、产业化经营、企业化管理、规模化发展"，使"大广播、大电视、大宣传、大产业"，再上新的台阶。①这些当初遥不可及的目标，现在看起来都在逐步兑现。到本书截稿时，湖南卫视最新的"蓝海战略"的核心正是拓展市场空间，实现国际接轨。

抢占先机的方法是创新。美国经济学家约瑟夫·熊彼特认为创新是企业家对生产要素的重新组合，是企业成长的根本途径。他将创新活动概括为五个方面："（1）生产出新的产品或对产品的某些特性进行改进；（2）产品生产方式的改进；（3）开辟新的产品市场；（4）获得新的供应来源；（5）形成新的产品组织结构。"②在湖南卫视的发展历程中我们可以看到上述各个方面的

---

① 《湖南广播电视年鉴》，今日中国出版社2001年版，第56页。
② ［美］约瑟夫·熊彼特，何畏等译：《经济发展理论》，商务印书馆1990年版，第73-74页。

创新行为，其一，在内容上的创新可以直接通过屏幕表现出来，这是有目共睹的。其二，湖南卫视将刺激创新、保护创新落实到了制度管理和生产流程上，他们提出"体制创新的目的是刺激生产"[①]。2005 年 7 月 28 日至 8 月 15 日，湖南卫视创新执行小组向湖南广播影视集团全体重金征募节目创新方案，方案征集方向为"情景戏剧创新或剧本、脱口秀、真人秀或真实电视、益智竞技栏目、新型活动栏目、湖南卫视品牌栏目升级换代创新方案以及其他原创性项目方案"[②]。2006 年 7 月湖南卫视正式启动 1000 万元创新基金，《变形计》就是创新小组的代表作之一。此外，在日常生产中扁平化的管理模式有效地减少了创意生成过程的损耗。其三，除了自己生产节目，湖南卫视创新了节目供应来源，包括内部制播分离、节目模式买卖、成品节目等多种模式。其四，除传统的广告盈利模式外，湖南卫视拓展了多种盈利渠道，包括出版发行、节庆项目、演艺经济、电视购物、旅游项目等多种形式，还剥离一些资源成立新的市场主体，为多元经营提供实体和制度保障。其五，现在所有的节目生产和营销都围绕频道品牌展开，相比过去以节目为核心的时期已经实现了新的产品组织结构。

被誉为"管理学之父"的彼得·德鲁克是继熊彼特之后的又一位研究创新的大师级人物。他认为，"创新是赋予资源一种新的能力，使之成为创造财富的活动"。他还对创新做了更为宽泛的认定，认为"能使现有资源的财富生产潜力发生改变的任何事物都足以构成创新"。[③] 在湖南卫视电视娱乐节目生产中，也可以看到这种深度开发资源的集约型创意模式。它首先表现在对节目资源的开发和使用从创意阶段开始就是有计划、有系统的，在执行上也是生产制作、编排播出、广告营销和产业拓展等多部门协同作战的。例如，《超级女声》产生的优胜者并不会随着节目的结束而销声匿迹，而是出现在该台

① 魏文彬：《关于节目创新和体制创新的会议》，载《湖南广播电视年鉴》，今日中国出版社 2002 年版，第 80 页。
② 《大记事》，载《湖南广播电视年鉴》，方志出版社 2006 年版，第 76 页。
③ [美] 彼得·F. 德鲁克，柯政等译：《创业精神与创新》，中国工人出版社 1989 年版，第 40—41 页。

的各种其他节目中，在盈利模式上也会向音像、演艺、出版等各方面拓展。事实上，湖南卫视专门成立了天娱公司，负责艺员管理和开发。在从 2005 年超级女声的电信盈利模式尝到甜头后，于 2006 年 7 月成立了湖南快乐阳光互动娱乐传媒有限公司，负责对卫视节目和品牌资源在无线（电信）、互联网等新媒体领域的增值业务和实物产品开发，并成为与外界履行商务关系（含资源互换型合作）的唯一出口。其次，一些节目中看起来一闪而过的亮点会被敏感地捕捉到并被充分开发。如 2006 年湖南卫视《晚间》曾播出一期节目介绍安徽农民陈良全骑着摩托车走遍亚洲、非洲多个国家的故事，令很多观众蠢蠢欲动，节目组迅速抓住此契机，推出"周游世界"选秀活动，比赛采用真人秀的纪实手法，分为"综合面试、体能测试、求助能力、挣钱能力、生存能力"5 个环节，一时间观者如潮。就这样，一期节目被开发成一项活动，其市场价值得到发掘。

第二，明确的市场和品牌意识。

在计划经济时代，电视台不需要依赖观众，也不需要通过竞争谋取生存，加上喉舌功能的"至高无上"，逐渐形成了居高临下、我行我素的单向传播模式。但这种模式在市场经济环境下完全行不通。湖南对于产业化的思考比较早，在 1993 年就明确提出"由计划型向产业型转变，由松散型向密集型转变"，创办"大广播、大电视、大宣传、大产业"的改革思路①。在产业化改造的过程中，市场被放在了至关重要的位置，一个是与收视相对的受众市场，一个是与广告相对的营销市场，其中对受众市场的关注是为营销市场服务的。市场在湖南卫视电视娱乐节目的生产场域表现为两点：其一是在内部考核机制上，以收视率为核心；其二是在内容生产上贴近群众，倡导草根娱乐。经过多年的打造，"娱乐""年轻""大众"已经成为湖南卫视品牌形象的标签。

"一个好的品牌，必然具有感染力、吸引力，引导受众建立一定的收视、收听定式和习惯，在情感上、情绪上接纳它、宽容它。"②这段话出现在 2000

---

① 《湖南广播电视年鉴》，今日中国出版社 2000 年版，第 59 页。
② 《湖南广播电视年鉴》，今日中国出版社 2000 年版，第 63 页。

年的《湖南广播电视年鉴》中，表明湖南卫视对品牌重要性的认识是比较早的。事实上，湖南卫视在上星的第一年就在频道的整体包装、节目策划等多方面全面导入人才战略、形象战略、精品战略、品牌战略等理念。在品牌战略方面，主要是通过栏目、活动、频道三个方面树立并强化品牌形象。在栏目方面通过创新创品牌，不断推出明星效应和名牌效应，如《快乐大本营》推出李湘、何炅；《乡村发现》推出李兵；《超级女声》推出汪涵。活动方面，通过精心策划、组织、制作一系列大型活动和晚会产生轰动效应，扩大影响，强化品牌；节目和大型活动共同支撑频道的内容，通过精心编排，相互组合，错落有致，配合频道整体包装和宣传树立频道的整体形象和传播效果。2002年湖南卫视提出"锁定娱乐、锁定年轻、锁定全国"，2004年确定了"快乐中国"的品牌形象，2009年又提出"娱乐"与"高端"并进。已经可以看到湖南卫视对其品牌的打造是一个动态的探索、磨合的过程，其中政策的导向和受众市场的需求发挥了重要作用，但这个过程也一直是有意识地进行的，而非随波逐流地被环境推动。换言之，正是因为在发展之初就同时具备了市场意识和品牌意识，湖南卫视才得以根据市场需要确定了以大众娱乐为核心内涵的品牌形象，而且获得了在时机上的优势。

第三，以自由和放权为特点的管理制度。

不仅湖南卫视，整个湖南广电在管理制度上的最大特点就是自由和放权。1996年设立的自主创业、体制完全放开的湖南经济电视台是湖南广电的第一块试验田，也是撬动陈旧体制的第一波动力。湖南经济电视台的成功激活了老牌湖南电视台。通过引入竞争机制，实行"栏目能上能下，人员能进能出，收入能高能低"的竞争考核机制和制片人负责制，激发了生产活力和资源利用效率。同时进一步实施以改革为动力的机制驱动战略，把竞争机制引入节目生产，逐步实现除新闻以外的制播分离，推进节目生产走向市场化、社会化。

一个非常有意思的现象是，一般来说，简捷、集中的系统会更有效率，而湖南卫视虽然进行了多项体制和机制创新，如扁平化组织结构、内部制播分离、强化总编室功能、设立调度中心等，整体而言是一个比较有活力、有效率的主体，但其内部管理却是相对随意、不系统的。例如，对于人员考核，每个部门，甚至每个团队都不一样；激励制度至今尚未完善，不少措施是随意为之，想起来做一下。用一些受访者的话说是"乱中取胜"，"花的钱不知道是谁出的，赚的钱也不知道是谁的"。又如，一般管理严格的媒体，如中央台对人员职务是有明确规定的，实习生就是实习生，助理编导就是助理编导，而在湖南卫视，刚进团队的新人一样可以在名片上印上"导演"的字样，而且生产者们很喜欢这种方式，认为这样保护了他们的"虚荣心"，更有归属感和工作动力。我们似乎可以将之理解为湖南卫视率性、随意、包容的企业文化。

哈耶克的自发演进理论可以为我们提供一个解释不系统的组织为何可以高效率工作的理由。他认为秩序并非出自预先设计，而是行为的后果[①]。布鲁诺·莱奥尼在《自由与法律》中也说法治不是国家立法的产物，也并非政府创设，而是人民自愿接纳法律规范而发展起来的。他还说，罗马的繁荣强盛，与非立法的罗马私法的发达分不开。而我们理解的湖湘文化中的"骁勇善战"也是与灵活性联系在一起的，换言之，就是尽量放手去做，怎么有效怎么来。这种自由、放权的管理制度可能正是湖南卫视生产活力的重要来源。

但是自由、放权并不代表一盘散沙，其管理的集中主要体现在观念和文化上的统一。美国著名的管理学家巴纳德在其管理职能理论中把管理者的职能归结为提供信息交流的体系、促成个人付出必要的努力和规定组织的目标。他还认为组织作为一个协作系统应该包含三个基本要素：能够互相进行信息交流的人们；这些人们愿意做出贡献；实现一个共同目的。[②]湖南卫视从领导者开始，身先士卒，奉行事业为天、为集体无私奉献的精神，同时组织的目标非常明确，即获得好的收视率和收视份额（最好是全国第一），并为此专门制定了收视奖，这是湖南卫视明文规定的第一个大额物质奖励办法。此外，

---

① 叶子风：《给郎咸平的常识打零分》，2009 年 6 月 29 日，http://blog.163.com/y.e_zi_feng/blog/static/115221 221200952983019307/。

② ［美］切斯特·巴纳德，王永贵译：《经理人员的职能》，机械工业出版社 2007 年版；《组织与管理》，中国人民大学出版社 2009 年版。

通过各种收视分析，收视报告共享信息，通过扁平化管理模式提高信息流动效率。从这三点来看已经非常符合上述巴纳德对协作系统提出的基本指标。本研究认为观念和文化正是湖南卫视管理机制放中有收，在灵活之外最重要的黏合剂。当然这种以自由和放权为主的管理制度也存在一些隐患，目前湖南卫视第三轮改革遇到的最大困难之一就是这种分权的管理传统带来的权力和利益的区隔化。

二、深层特殊性：地域和人才

19世纪法国文学史家丹纳（Turner）曾说："不管在复杂的还是简单的情形之下，总是环境，即风俗习惯与时代精神，决定艺术品的种类。"本研究也认为湖湘文化与湖南卫视的发展密不可分。文化是山水和人的关系。从地理位置来看，湖南位居内陆，没有资源优势，历史上从未建都，因而在湖湘文化深处一直隐藏着危机感和突围的冲动。在湖南卫视的发展中我们也可以感觉到无处不在的危机意识。

1999年，当湖南卫视掀起的周末娱乐旋风席卷全国，风头正劲时，湖南广电的态度是："这类节目被相关宣传管理部门整肃、被许多老百姓厌弃的日子也为期不远了。"[①] 为了应对这种危机，他们不断创新节目内容和形式。面对自身的发展，他们也意识到"树大招风，骄兵必败"[②]，所以面对媒介监管采取了非常审慎的态度。翻阅《湖南广播电视年鉴》可以发现，历年工作总结与表彰大会的领导发言中工作总结的第一条一定是是否圆满完成宣传工作，来年工作计划的第一条也一定是"围绕导向，搞好重点宣传报道"。此外，在湖南卫视的战略构想中"立起来，走出去"是非常重要的内容，最初是走向全国，现在正在走向世界。这当然是出于市场拓展的必然需要，但这种敢为天下先的精神未尝不是湖湘文化中突围冲动的一种表达。

---

① 《湖南广播电视年鉴》，今日中国出版社2000年版，第62页。
② 《湖南广播电视年鉴》，今日中国出版社2001年版，第61页。

　　此外，湖湘文化讲究经世致用。湖湘学者坚持认为，"儒学与佛学、道学的最大区别在于，佛、道所追求的'道'放弃了对社会的责任感、脱离了人民的实际需求，而儒家的'道'则是和日用伦常的生活联系在一起的，它不仅要求学者具有高尚的道德人格，同时还要具有管理国家的知识才能。"① 这种经世致用的思想使得湖南人不甘于地域、资源的劣势，立志有所作为。文化成为湖南的突破口，除了电视湘军，湖南的文学、出版都全国有名。事业为天、百折不挠正是湘军之魂。

　　有意思的是，湖南在其他产业上的弱势使湖南广电成为人才就业的不错选择，这在客观上促进了优秀人才的聚集。有什么样的人就有什么样的眼光，有什么样的眼光就有什么样的事业。前述湖南卫视表层特殊性中的每一项都是由人进行决策、执行的，尤其是在节目创新领域，目前主要是依靠人而非制度推动。湖南卫视也非常重视人才的使用，提出"机制的核心就是人才问题，电视台的权利就是要向生产一线倾斜，责、权、利就是要集中在节目生产者的手里"。②

　　湖南卫视工作压力大，责任重，对创新的需求多，同时在生产场域中的文化推崇个人价值。经过双向选择，最终留下来的人都具有抗压能力强、乐观、有创造性、理想主义、看重实现个人价值这些性格特点。前文对于生产者的实证分析也表明该群体在人格特征上的统一度比较高，没有部门之间的显著差异，他们的生活满意度也与人口学基本信息没有显著关联。这些在独特环境中磨砺拼搏出来的"人"是不可复制、不可替代的，也是湖南卫视最为核心的竞争力。

---

① 　朱汉民：《岳麓书院的历史与传统》，湖南大学出版社 1995 年版。
② 　严三九：《从"湖南电视现象"看体制和机制的创新》，《新闻大学》2001 年春，第 71-73 页。

第三节　负责任的娱乐媒介

前文曾论述了电视娱乐节目的消费可能带来的社会代价。但是当研究者批判其虚假的娱乐性时并无意全盘否认其审美和娱乐价值，也并不认为媒介管理和舆论引导完全没有必要，抑或媒介追求利润的自身发展一定是罪恶的。相反，研究者认为娱乐媒介也能够发挥积极作用，对社会肩负一定的责任。

在湖南卫视的生产场域中，生产者对娱乐节目应该承担一定的责任是普遍赞同的。他们对到底应该承担何种责任的理解也基本达成共识，正如曾任台长的欧阳常林提出的那样，他们认为媒体无论大小，无论品牌定位和类型，都应该承担其相应的媒介责任。从媒介的"喉舌"与"产业"两大属性出发，应该承担政治、社会、文化、产业四大责任。（欧阳常林，2007）

具体而言，承担政治责任是指坚持正确的舆论导向。承担社会责任是要树立品牌，打造公信力和影响力，在内容生产上传播健康、快乐、积极向上的人生观、价值观。一位主持人在受访中说："我们的工作就是要营造好的社会心情。"承担文化责任指对文化民族性、本土性、原创性、时代性和先进性的不断追求。承担产业责任则是要做大规模，做强效益，在世界经济舞台上弘扬民族品牌、发展民族产业。

湖南卫视作为一个以娱乐为特色的省级卫视对此四类媒介责任的承担是以坚持舆论导向为基础，以发挥自身优势为原则来进行的。其一，保持新闻节目的常态性、专题节目的典型性，并以"三贴近"的方式强调舆论导向，在选题策划、互动参与等方面不断创新表现形式。如2003年的《民情直通车》通过互动方式策划、推出了一系列贴近农村的选题，包括《到哪里打工》《留守孩子交给谁》《病了怎么办》《农产品怎么卖》，等等，受到中央领导的高度评价。

其二，当特殊事件发生时，以文艺为手段，快速反应、体现媒体的大责大爱、有情有义。1998 年和 2006 年，湖南省两次遭受特大洪灾，湖南卫视举全台之力，迅速推出"情系三湘""情系大湖南"的赈灾义演；1999 年文体中心在北约袭击我驻南使馆期间，湖南卫视用三天时间筹办了大型歌咏晚会《我们不会忘记》；2003 年，在抗击"非典"时期，湖南卫视率先在全国卫视中推出了《请你相信》等 3 首 MTV，并在新浪首页链接，每首点击量均超过 2 亿次。2008 年汶川地震发生后，湖南卫视一个月内制作了 10 场文艺晚会。

其三，在日常生产中，一方面，通过不断创新为电视观众提供多样化、高品质的电视娱乐产品，同时尽可能地在节目中寓教于乐，普及文化、科学知识，弘扬真、善、美，倡导健康向上、积极进取的团队精神和励志品格，如《国球大典》《超级女声》《阳光伙伴》《我是冠军》等都突出了奋斗、励志的主题。近年来，湖南卫视尝试向"娱乐与高端并进"的方向转型，也是希望能将自身打造为更具有话语权的媒体，更多地制作能引发公众讨论，促发公民意识的节目。另一方面，借助节目资源，联合社会力量为社会弱势群体奉献爱心。如 2007 年开播的游戏娱乐节目《勇往直前》，组织明星参加户外拓展项目的挑战，两年内为希望工程募集善款 5000 多万元。2009 年 9 月娱乐资讯节目《播报多看点》又联合中国红十字会李连杰壹基金推广公益活动，为弱势群体，尤其是儿童募集善款。

其四，面对当今中国贸易顺差、文化逆差的尴尬局面，湖南卫视将产业责任视为自己的时代使命和民族使命，认为"打造国产文化产业品牌关系到民族复兴和亿万青少年的健康成长"[①]，作为"传媒斗士"，应该做强内容，做大品牌，勇于参与国际化竞争。湖南卫视通过长城平台在海外落地并产生一定影响；2005 年超女冠军李宇春接受伦敦市长邀请到英国开办中国新年演唱会。近年来湖南卫视开始与国外媒体合作，并已有节目模式输出海外。这些

---

① 欧阳常林：《强化媒介责任 提升品牌内涵 创立"中国制造"》，载《湖南广播电视年鉴》，方志出版社 2007 年版，第 114 页。

努力都说明湖南卫视确实具有承担媒介责任的主观意愿，并具备一定的实施能力和影响力。

在上述四种责任中最为有争议的是对政治责任的承担。湖南卫视很早就开始制作焦点新闻、谈话类、法制类节目，收视率不低，社会影响也较大。但曾有几档节目因导向问题被叫停，这使之意识到政治责任关乎生存，"媒体如果不用责任引领品牌建设，就会付出沉重的代价，甚至会走弯路"①。在此问题上不存在是否需要履行的商榷性，只能贯彻、执行。

这种做法肯定会遭到政治经济学批判学派的严重质疑，但从现实角度考虑，当今社会的基本结构依然是国家，一个国家不稳，甚至丧失国家的民族绝无可能获得安全、尊严的生活，所谓"皮之不存，毛将焉附"。因此从民族大义出发，以维护国家团结、社会稳定为目的的媒介管理有其存在的必要性和合理性。就此点而言，以追逐商业利润为唯一目的的利益驱动比来自政府的媒介监管更应该被批判。事实上，在商业利益的驱使下，一些媒介可能制作低俗的娱乐节目吸引受众，此时媒介监管更加有必要。

此外，对媒介政治责任的履行其实也是媒介自我保护的方式。在当今中国的媒介管理体制下，期许由一家媒体的冲撞去实现社会变革是不成熟的，一个被关停的频道正如一位失去武器的战士，他该如何去战斗呢？更何况，所有反抗、变革的目的都不在于反抗、变革本身，而在于对真理的追求，它是每个人的责任，是全社会责任，也是国家权力机关的责任，而不应被归咎于某一家媒体，或者某一种社会机构，而且此过程需要付出的社会代价应该是越少越好，而不是越轰轰烈烈，越大张旗鼓越值得称赞。

当然，遵从宣传纪律并不代表思想僵化，逢迎权威。湖南卫视的生产者对来自政府的媒介监管虽然会绝对服从，但实际操作中却是在不断探索尺度的，原因在于他们知道按部就班不受观众欢迎，并有损于品牌价值的商业价值实现。作为一家需要自给自足、实行企业化运作的媒体机构，湖南卫视从

---

① 欧阳常林：《强化媒介责任 提升品牌内涵 创立"中国制造"》，载《湖南广播电视年鉴》，方志出版社 2007 年版，第 112 页。

自身生存出发必须将盈利放在至关重要的位置。事实上收视率和市场份额是生产决策、利益分配的最为重要的指标。就此点而言，商业逻辑比政府规制更应被警醒，因为在巨大的经济利益的诱导下，媒介的"公共责任"和"商业逻辑"成为难以回避的矛盾冲突，经济权力（主要是以广告商为主的经济利益集团）对大众传媒的特殊影响力使得媒介事实上并不享有高贵的独立性。（林勇毅，2003）

回想在计划经济体制下，"精神产品主要是服从于思想宣传的需要，满足于'政治上不出问题'，而很少考虑社会的文化消费需求和经济效益"[①]，到了市场经济时代，个人的需求受到重视，又可能面对过度商业化的危险，这中间的平衡确实很难拿捏。好在湖南卫视的定位是阳光、快乐、积极向上，而且这种品牌内涵被作为频道核心价值是被刻意维护的，因此，只要这种观念和定位不变，我们应该不会在湖南卫视的屏幕上看到低俗、色情、暴力的节目。但这毕竟是寄希望于个体自律的，缺乏制度保障的暂时的安全。为了有效规避经济利益对大众文化的侵蚀，借鉴欧洲经验，对媒介实行分类管理是值得考虑的选择。

本研究的在线问卷调查了受众对湖南卫视是否具有责任感的评价（对此项评价取值范围是 1–7，其中 1 代表"非常没有社会责任感"，2 代表"没有社会责任感"，3 代表"比较没有社会责任感"，4 代表"中立"，5 代表"比较有社会责任感"，6 代表"有社会责任感"，7 代表"非常有社会责任感"），整体评价在 7 点李克特量表中取值 4.69，超过中间值 4，表明整体而言受众倾向于认为湖南卫视是具有一定责任感的媒介，其中 12.4% 的受访者对此项评价低于 4；37.8% 的人选择 4，表示态度中立；有 49.8% 的受访者不同程度地赞同湖南卫视是有责任感的媒介。

此项评价与地域（$F=1.138$，$p=0.300$）、婚姻状况（$F=0.015$，$p=0.903$）、收入（$F=0.825$，$p=0.534$）、社会职务阶层（$F=1.152$，$p=0.329$）之间没有显

---

① 《湖南广播电视年鉴》，今日中国出版社 2001 年版，第 55 页。

著相关性，但与性别（F=11.099，*p*=0.001）、年龄（F=4.115，*p*=0.001）和受教育程度（F=3.960，*p*=0.004）显著相关，表现为女性对湖南卫视媒介责任感的评价普遍比男性更高（4.92 vs 4.32），年龄越小和受教育程度越低的人对湖南卫视媒介责任感的认同度越高（见表5-2），其中有两个特殊情况，26–30岁人群对湖南卫视责任感的评价比相近年龄段都高，接近15岁以下人群的评价（5.21 vs 5.80），博士及以上受教育程度的人对湖南卫视责任感的评价高于硕士群体的评价（4.55 vs 4.26）。

表5-2　受众对湖南卫视责任感评价与年龄和受教育程度的相关性

	N	均值	标准差（SD.）	F（Sig.）
15岁以下	20	5.80	1.43	
15–20岁	53	4.83	1.46	
21–25岁	118	4.47	1.26	4.115（0.001）
26–30岁	14	5.21	1.18	
31–40岁	21	4.47	1.07	
41–50岁	5	4.20	1.09	
初中及以下	25	5.44	1.87	
高中/中专	20	5.30	1.62	
大专/本科	153	4.57	1.26	3.960（0.004）
硕士	26	4.26	1.00	
博士及以上	9	4.55	0.72	

此外，相关分析还表明，对湖南卫视媒介责任感的评价只与对时尚/娱乐（r=0.242，*p*=0.000）、音乐/美术类信息（r=0.212，*p*=0.001）和对时尚/娱乐（r=0.185，*p*=0.005）、学习事务（r=0.168，*p*=0.010）的投入显著正相关，表明对湖南卫视责任感评价越高的人，会更关注时尚/娱乐、音乐/美术类信息，并在时尚/娱乐和学习类事务上投入更多的时间和精力，但此项评价与任何其他类信息的关注和其他类事务的投入均无相关性。数据还表明对湖南卫视媒介责任感的评价与受访者的人格倾向（*p* ≥ 0.069）和生活满意度（*p* ≥ 0.327）也无相关性。

从上述调查结果来看，公众对湖南卫视的媒介责任感整体而言还是比较认可的，虽然我们不能就此得出结论认为湖南卫视在此点无懈可击，因为数据也显示对其认可度在年龄、性别和受教育程度上都有一定的倾向性，例如我们不排除那些认可度最高的群体，即15岁以下、初中文化程度以下的群体对什么是媒介责任的理解可能并不成熟。而且，虽然湖南卫视提出要让"人民更快乐"，这是一种非常符合马克思主义人道主义的思想观念①，但其实现途径却是资本主义市场运作和大工业生产模式，其过程中不乏对商业利润和个人利益的追求，这两者之间存在深刻的矛盾。但是从受众的评价和前述生产者对媒介责任的理解和自律行为，我们可以看到希望。毕竟，对公众的引导也需要技巧，正如拉扎斯菲尔德和默顿所说，要使媒介有效的基本条件之一是"引导而非改变基本的价值观念"②，因此，"略高一筹，领先半步"可能会比曲高和寡更为奏效，在此问题上我们必须面对现实，富有耐心。

波兹曼在《娱乐至死》中曾这样论述，"电视本身是无足轻重的，所以，如果它强加于自己很高的使命，或者把自己表现成重要文化对话的载体，那么危险就出现了。具有讽刺意味的是这样的危险正是知识分子和批评家一直不断鼓励电视去做的"③。研究者同样并不认为电视娱乐节目应该对文化的批判性和反抗性承担全部责任，但是电视娱乐节目对受众的影响是如此之大，而人们深陷其中的风险又不容忽视。除前文相关论述外，还有观点认为"低俗的娱乐化容易使一个民族群体性的文化心理和鉴赏习惯变得浮躁而不沉稳，肤浅而不深刻，油滑而不幽默"④，对感官欲望的刺激与追逐对年轻人的成长会带来恶劣影响，因此电视艺术必须承担起相应的历史职责、文化身份和美学功能，并致力于净化电视艺术生态环境。（鲍海波，薛晨，2007；仲呈祥，杨

---

① "马克思主义的最佳形式就是其人道主义的思想体系，寻求一切可能让所有人都过上富裕而有意义的生活"，摘自 Arthur Asa Berger《媒介分析技巧》，李德刚、何玉译，中国人民大学出版社2005年版，第79页。

② Werner J. Severin，James W. Tankard, J，郭镇之主译：《传播理论起源、方法与应用》，中国传媒大学出版社2006年版，第283页。

③ 尼尔·波兹曼：《娱乐至死》，广西师范大学出版社2004年版，第20页。

④ 仲呈祥、杨乘虎：《电视艺术生态环境的忧思与净化——访中国文联副主席仲呈祥》，《现代传播》2005年第1期，第67—70页。

乘虎，2005；冯建三，2006）

　　未来的电视娱乐节目要处理好导向与市场、社会效益与经济效益、满足受众与引导受众三个方面的关系。应该特别注意提升文化内涵和对人生观、价值观的健康呈现，在此基础上凸显人文精神、社会责任和公共道德，尤其需要避免的是低俗化、媚俗化和对各种表浅的快感体验方式，如感官刺激的追逐。但同时，将电视娱乐文化的责任寄希望于单个媒体是不现实，也不安全的，它们需要面对激烈且日趋同质化的市场竞争和具有一定不确定性的媒介监管，在多大程度上和多长时间里能够很好地承担相应的责任充满变数，况且媒介生态环境绝非由一家媒体打造而来。

附录

附录一 研究路径和方法

本研究基本思路是：首先对中国电视娱乐节目的发展历程进行梳理，为研究湖南电视现象提供宏观的历史、社会与媒介背景。随后延续历史主义视角，从湖南卫视发展历程的阶段论中辨析其与宏观社会环境间的关联。接着分别将生产与消费作为独立的系统，考察其特点与规律，进而在此基础上探讨生产、消费、社会、媒介之间的复杂关系。最后是对上述实证研究结果的总结性分析与讨论，回答研究预设问题，对实证研究所不能处理之相关论题进行规范性研究。

本研究主体部分采用实证研究方法，根据研究对象和问题的不同，并考虑可操作性，灵活组合了其他研究方法，具体而言包括以下内容。

其一，对中国电视娱乐节目历史演进规律的研究，采用文献研究法。

资料来源于1986—2008年的《中国广播电视收视年鉴》和2001—2008年的《中国电视收视年鉴》。

其二，对湖南卫视发展历程及其综艺娱乐节目形态变迁的研究采用文献研究和深度访谈结合的方法。

文献来源于2000—2007年的《湖南广播电视年鉴》和湖南卫视内部资料。

深度访谈对象包括湖南广播电视总台高层、总编室负责人、节目研发中心负责人、个别长寿娱乐节目制片人。

其三，对湖南卫视综艺娱乐节目生产的研究结合了深度访谈、问卷调查、田野考察、文本分析和个案研究的方法。

对湖南卫视一线生产团队，二线节目编排、管理、研究、资源支持、广告部门，三线人员管理和服务部门的工作人员均进行了深度访谈。

对一线生产团队的访谈主要是在了解节目模式和市场定位的基础上考察团队的创意来源、决策机制、生产流程、对节目的评价标准和对生产的影响因素。

深访的节目生产团队有《天天向上》张一蓓团队、《快乐大本营》龙梅团队、《挑战麦克风》洪涛团队、《智勇大冲关》罗强良团队、《勇往直前》宋点团队、《快乐女声》马昊团队、《金牌魔术团》易骅团队、《背后的故事》阿义和罗旭明团队。

本调研进行时，湖南卫视共有 14 个娱乐节目生产团队（新闻生产团队除外），参与调研的 8 个样本是基于其制作节目的代表性进行选择的。其中《快乐大本营》创办于 1997 年，是湖南卫视的常青标志性栏目，历经多次改版，参与了湖南卫视娱乐立台的整个发展过程，至今依然经常保持全国同时段收视率第一，是一档综艺游戏类节目。《天天向上》创办仅一年多就获得了全国同时段收视率前两名的成绩，预研究表明其对大学以上文化程度的人具有特别的吸引力。作为一档脱口秀节目，其节目设计，包括使用男性主持群、以娱乐的方式讨论高端话题等，在中国电视娱乐界均具有开创性。《挑战麦克风》为平民挑战音乐节目，《智勇大冲关》为体育游戏真人秀，《勇往直前》为明星挑战真人秀，《快乐女声》为经典的平民选秀节目，《金牌魔术团》为魔幻竞技节目，《背后的故事》为娱乐访谈类节目，这些节目基本囊括了目前活跃于电视屏幕的综艺娱乐节目类型。

深度访谈的对象主要是上述团队的制片人或执行制片人，他们大多数已经为湖南电视台工作近十年，非常熟悉湖南卫视的发展历程，对电视综艺娱乐节目制作也很有经验，如张一蓓团队之前一直制作湖南本土收视王牌脱口秀《越策越开心》。洪涛团队擅长音乐类节目，曾制作《音乐不断歌友会》、《超级女声》、舞蹈真人秀《舞动奇迹》。宋点曾任《快乐大本营》导演、制片人，曾执导湖南卫视春晚和金鹰节大型晚会，曾制作家庭游戏竞技节目《全家一起上》。易骅团队也曾制作过《超级女声》、春晚、赈灾义演等多种主题综艺晚会。他们在访谈中为本研究提供了大量翔实、丰富的一线工作资料。

此外，《天天向上》《智勇大冲关》《快乐女生》《挑战麦克风》各有一两位编导接受了访谈。《天天向上》《金牌魔术团》《快乐女声》《挑战麦克风》的主持人接受了访谈。

湖南经视《越策越开心》的制片人、主持人、两位编导和《经视故事会》的制片人也接受了访谈。湖南经视是湖南卫视非常重要的生产者和节目模式来源，它们同属湖南广电总台，拥有相同的宏观媒介政策、地域文化背景和地域经济条件，对此样本的引入是希望将之与卫视的生产团队进行探索性比较研究，以帮助确认对湖南卫视综艺娱乐节目生产产生关键影响的因素。

访谈的二线部门包括湖南卫视总编室、调度中心、研发中心和广告部。总编室接受访谈的有一位主任、三位副主任及下属多个部门的负责人，包括品牌管理部、品牌推广部、规划编排部、形象工作室、外制节目部。调度中心、研发中心和广告部主任接受了访谈。对总编室的访谈主要关注湖南卫视综艺娱乐节目生产管理、编排播出、收视情况、品牌形象建构与维护、节目模式的引进与售卖等方面的情况。对调度中心的访谈主要了解湖南卫视综艺娱乐节目生产团队、技术支持、资源调度方面的情况。对研发中心的访谈主要关注节目创新机制。对广告部的访谈主要了解湖南卫视综艺娱乐节目的市场营销情况和广告市场与节目生产间的相互关系。

访谈的三线部门包括湖南卫视政治部、湖南广电总局规划改革办。政治部主任和人事管理负责人在访谈中介绍了湖南卫视的组织架构、人员构成和人员管理情况。湖南广电总局规划改革办的主任、副主任和两位工作人员提供了有关湖南卫视历史沿革、体制困境、规划发展方面的信息和材料。

除以上访谈内容外，还关注了所有受访者的工作职责、工作状态、自我身份认同、自我社会地位评价、工作动力和压力来源、对娱乐的理解、对媒介责任的理解和对媒介监管的理解。对受访者所属团队的工作模式、考核机制、文化氛围也做了详细了解。在正式访谈前研究者与四位编导、两位收视率研究人员和两位制片人进行了前期访谈，对正式访谈的要点和提问方式进行了修正。

几乎所有接受访谈的部门都接受了问卷调查（见表1），其中生产团队和总编室是湖南卫视综艺娱乐节目生产、编排、播出的核心部门，也是访谈和问卷调查的重点部门，其功能与地位将在第三章中详细报告。按照具体职务对样本进行分类可以发现部门主任、科室负责人和普通科员样本数比例为1：3：16；生产团队中主持人、制片人和编导样本数比例为1：1.5：18.5（见表2），这两组数字均与湖南卫视实际工作人员配置情况类似，说明了样本结构的代表性。

表1 《湖南卫视综艺娱乐节目生产调查》样本来源

样本来源	样本数量	有效比例（%）	累计比例（%）
节目生产团队：罗强良团队	21	12.7	12.7
节目生产团队：宋点团队	18	10.8	23.5
节目生产团队：张一蓓团队	11	6.6	30.1
节目生产团队：阿忆团队	9	5.4	35.5
节目生产团队：洪涛团队	5	3.0	38.6
总编室编排科	10	6.0	44.6
总编室形象工作室	14	8.4	53.0
总编室品牌推广科	7	4.2	57.2
总编室品牌管理科	7	4.2	61.4
总编室节目外制科	4	2.4	63.8
调度中心调度办等科室	16	9.6	73.4
调度中心主持人	4	2.4	75.8
调度中心化妆师	1	0.6	76.4
广告部	17	10.2	86.6
人事及管理	6	3.6	90.2
经视团队：越策越开心	8	4.8	95.0
经视团队：经视故事会	8	4.8	100.0
总数	166	100.0	

《湖南卫视综艺娱乐节目生产调查问卷》分为三部分，第一部分主要考

察受访者的信息关注类型和对政治、社会、生活、工作等不同事务的精力分配和参与程度，此外还考察了受访者的消费主义倾向和对生活的满意度。第二部分关注从业者对所属团队的评价、对自我创作的评判标准、工作压力和动力来源、对团队竞争力的认知、所属政治文化类型[①]。第三部分根据卡特尔16种人格因素量表[②]对受访者的3项人格特征：有恒性、敢为性、实验性进行了测量。此外收集了受访者基本人口信息，包括性别、年龄、婚姻状况、受教育程度、收入、工作岗位和职务级别。

表2　湖南卫视综艺娱乐节目生产调查样本职级结构

样本职务类型	样本数量	有效比例（%）	累计比例（%）
台领导及以上	1	0.6	0.6
部门主任	4	2.4	3.0
科室负责人	12	7.3	10.3
普通科员	63	38.4	48.7
制片人/执行制片人	6	3.7	52.4
导演/编导/制片	74	45.1	97.5
主持人	4	2.4	100.0
总有效样本	164	100.0	
缺失样本	2		
总样本	166		

上述对生产者的考察，除了第二部分外，都可与受众形成相互对比项。正如目不识丁的人不可能教会别人写字，我们很难想象生活满意度低的人可

---

① 政治学家 Aron Wildavsky 指出现代社会存在四种政治文化：治国的精英主义者（hierarchical elitists）、竞争性的个人主义者（competitive individualists）、平等主义者（egalitarians）和宿命论者（fatalists），他认为回答身份问题的重要性在于个体是属于组织的，而组织会融汇所有成员的意见做出决定。

② 雷蒙德·卡特尔（Raymond Bernard Cattell，1905.03.20－1998.02.02，英国和美国）是最早应用因素分析的统计方法研究人格的心理学家。他的主要贡献之一是 1949 年首次发表的《卡特尔十六种人格因素量表》（Cattell's Sixteen Personality Factor，16PF），主要针对个体的十六种独立个性因素进行评估，包括乐群性（A）、聪慧性（B）、稳定性（C）、持强性（E）、兴奋性（F）、有恒性（G）、敢为性（H）、敏感性（I）、怀疑性（L）、幻想性（M）、世故性（N）、忧虑性（O）、实验性（Q1）、独立性（Q2）、自律性（Q3）和紧张性（Q4）。该量表被公认为权威的个性测验方法，目前已发展到第五版，被翻译为 40 多种语言。该量表于 1979 年引入国内并由专业机构修订为中文版，在心理测量专业领域被誉为"世界十大心理测评"之一。

以向生活满意度高的人售卖快乐，一个对政治疏离的群体会将唤醒另一个群体的民主自觉视作己任，一个被完全市场化、被消费主义溶蚀的群体能向另一群人倡导朴实的生活。因此，将生产者和受众的一些重要信息进行比较研究既有助于进一步观照生产者的生存状态，又可辅助理解受众的收视行为与后果，同时也可为深入观察生产者与受众之间的关系提供更多的思考维度。

在进行正式测量前，此问卷根据前期访谈和 23 人的小样本预调查对问卷中部分问题的提问方式和选项进行了调整，并删除和新增了几个问题。正式调查根据不同部门工作时间安排，分时、分批完成，均通过便利抽样的方法获取调查样本，问卷由访员当面发放，自填密封后回收，共发放问卷 200 份，获得随机样本 166 个，有效问卷回收率为 83%。

研究者参与了两期《天天向上》、一期《智勇大冲关》、一期《越策越开心》的录制，在田野考察中主要关注两方面的情况：一是工作人员的工作方式和状态；二是参与嘉宾、选手和观众的反应。

本研究对湖南卫视生产的综艺娱乐节目和部分引进节目的原版模式进行了文本分析，主要考察节目形态、娱乐元素及其意义。节目资料由 PPS、土豆网、YouTube 随机抽样获取。此外，《天天向上》和《快乐大本营》的制片人按照"最能代表团队创作意图，最能展现节目特点"的原则各推荐了数期节目。

其四，对湖南卫视综艺娱乐节目消费的研究主要采用了深度访谈、问卷调查、文本分析和文献分析的方法。

通过便利抽样的方法随机选取了 23 位有电视收看习惯，并曾经收看过湖南卫视电视娱乐节目的受众进行深度访谈，主要了解其对湖南卫视综艺娱乐节目的收看习惯、对节目的喜好与评价、对节目的参与程度、收看的动机和对生活是否产生影响。正式访谈前对 10 位观众进行了预访谈，对访谈的要点和提问方式进行了调整。

问卷调查分为线下和线上两部分完成（见表 3）。线下样本是在一期《越策越开心》、两期《天天向上》和一期《金牌魔术团》，共四场不同节目的录制现场，由参与观众中随机抽样产生。这些观众多数是节目组以社区、学校或公司、企业为单位组织而来，也有凭赠票或专程购票前往观看的个体。这些现场观众有的是参加集体活动，随大流；有的是为了看某位主持人或者节目中邀请的明星；有的将之当作纯粹的休闲娱乐项目；当然也有的是冲着节目本身而来，但作为总体而言，他们对参与录制的节目没有必然的高忠诚度。反言之，以其为母本进行抽样具有随机代表性。一期《越策越开心》的现场观众规模在 300 人左右，一期《天天向上》的观众规模在 500 人左右，《金牌魔术团》的观众规模在 800 人左右。本次调查共发放问卷 400 份，获得有效问卷 328 个，有效问卷回收率为 82%。

考虑到参与节目录制的观众多来自湖南省内，对于面向全国和部分海外地区播出的湖南卫视而言，上述样本在地域代表性上存在不足，于是本研究又通过专业调查网站"问卷星"（www.sojump.com）发布《湖南卫视综艺娱乐节目收看调查》问卷，通过网站推荐、电子邮件邀请、QQ 邀请等方式获取随机样本 266 份，遍及全国 29 个省份。因为线上问卷设置了提交前必须确认填写完整的限制，受访者或者选择放弃填写，或者必须提交完整填写的问卷，因此，我们只能确认通过在线调查获得的样本数为 266，但无法知道有多少人曾经接触过问卷。有一种评价在线调查问卷有效性的方法是参考受访者完成问卷所消耗的时间，如果远低于正常速度填写问卷所需要的时间，则说明受访者的认真程度值得怀疑。完成《湖南卫视综艺娱乐节目收看调查》问卷所需要的正常时间是 8-10 分钟，数据显示有 12 位受访者在 4 分钟之内完成问卷，其中有 5 位在 3 分钟之内完成，其提供信息可信度均值得怀疑。但是具体分析中发现他们提供的信息并未出现明显不合理，在运算中对样本未产生显著影响，因此本研究将他们均视作有效样本。

表3　湖南卫视综艺娱乐节目收看调查问卷来源

样本来源	样本数	有效比例（%）	累计比例（%）
线下：《天天向上》现场观众	139	23.4	23.4
线下：《金牌魔术团》现场观众	113	19.0	42.4
线下：《智勇大冲关》现场观众	17	2.9	45.3
线下：《越策越开心》现场观众	59	9.9	55.2
线上问卷星（www.sojump.com）	266	44.8	100.0
总计	594	100.0	

　　线上与线下共获取样本总数为594，其来源结构详见表4。其中女性较男性在有效样本中所占比例略高，分别为64.1%和35.9%，与湖南卫视收视调查中显示的女性观众比例略高于男性观众比例相符[①]。样本年龄构成显示78.2%的受访者年龄在25岁及以下，89.3%的样本年龄在30岁及以下（见表5），与湖南卫视目标受众群偏年轻化相符[②]。这两个数据说明本研究采集样本与湖南卫视实际关注人群在性别和年龄上不存在明显结构性误差。此外，表6显示了受访者地域构成，该数据尽可能地反映了湖南卫视作为卫星频道的受众区域多样性。

表4　湖南卫视综艺娱乐节目收看调查样本男女比例

样本类型	样本数	有效比例（%）	累计比例（%）
男性样本	204	35.9	35.9
女性样本	364	64.1	100.0
总有效样本	568	100.0	
缺失样本	26		
总样本	594		

[①]　湖南卫视2009年5月收视分析表明其受众性别构成情况为女性占64.1%，男性占35.9%。数据来源：CSM。

[②]　湖南卫视2009年5月收视分析表明其节目在4-23岁年龄段的受众中平均收视率最高，为0.6%，此年龄段人群所占收视市场份额也最高，为5.88%。数据来源：CSM。

表5　湖南卫视综艺娱乐节目收看调查样本年龄构成

样本类型	样本数	有效比例（%）	累计比例（%）
15 岁以下样本	26	4.6	4.6
15–20 岁样本	181	32.3	36.9
21–25 岁样本	231	41.3	78.2
26–30 岁样本	62	11.1	89.3
31–40 岁样本	48	8.6	97.9
41–50 岁样本	10	1.8	99.7
51–60 岁样本	0	0	99.7
61 岁及以上样本	2	0.4	100.0
总有效样本	560	100.0	
缺失样本	34		
总样本	594		

　　线上问卷与线下问卷完全一样，均分为三个部分。第一部分测量受众的信息关注、媒介使用和对电视娱乐节目的关注情况。具体测量了 8 个问题：1. 受访者对不同类型信息关注度的差异；2. 对湖南卫视综艺娱乐节目的收看频率和时长；3. 最喜欢的节目是什么；4. 对湖南卫视整体形象的描述性评价；5. 收看湖南卫视综艺娱乐节目的心理满足因素；6. 对广电总局规制措施的看法；7. 对电视综艺娱乐节目从业者社会地位的评价；8. 对湖南卫视是否恰当承担了社会责任的评价。

　　第二部分测量受访者的生活方式和生活状态。具体测量了三个方面的问题：1. 对政治、社会、工作、家庭、学习、休闲等不同类型事务分配时间、精力和具体参与的情况；2. 在日常生活中反映出来的消费主义倾向；3. 生活满意度。

　　第三部分考察受访者的性格特征和人口信息。包括两项：1. 根据卡特尔 16 项人格量表对受访者的独立性、有恒性、敢为性、幻想性和实验性进行了测量[①]；2. 收集基本受访者人口信息，包括所在地区、性别、年龄、婚姻状况、

---

　　①　对受众的人格测量比受访者新增了两个因素，分别是独立性和幻想性。因为按照经验和预研究结果来看，对群体的依赖独立性和对现实抱有幻想的人格倾向可能会促使人们将更多的精力投入综艺娱乐节目的"大众狂欢"中。具体研究发现将在第四章中详细报告。独立性的低分特征是依赖、随群附和，高分特征是自立自强、当机立断；幻想性的低分特征是现实、合乎成规、力求完善合理，高分特征是幻想、狂妄、放任。

受教育程度、收入、职务级别。

对受众的调查问卷在正式发放前进行了由 20 个样本组成的小规模预研究，对问卷中部分问题和选项的设置做了相应调整。在线下调查中，所有问卷由访员在节目录制现场当面发放，自填密封后回收。在线上调查中设置了一台电脑、一个 IP 地址、一个用户名均只能提交一次的填写限制。

表6　湖南卫视综艺娱乐节目收看调查样本地域构成

样本所属区域	样本数	有效比例（%）	累计比例（%）
贵州	1	0.2	0.2
江西	1	0.2	0.4
台湾	1	0.2	0.6
香港	1	0.2	0.8
海外	1	0.2	1.0
内蒙古	1	0.2	1.2
青海	1	0.2	1.4
新疆	2	0.3	1.7
重庆	3	0.5	2.2
安徽	4	0.7	2.9
广西	4	0.7	3.6
辽宁	4	0.7	4.3
山西	4	0.7	5.0
福建	5	0.9	5.9
吉林	5	0.9	6.8
河北	6	1.0	7.8
河南	6	1.0	8.8
黑龙江	6	1.0	9.8
天津	6	1.0	10.8
四川	8	1.4	12.2
江苏	9	1.6	13.8
山东	9	1.6	15.4
陕西	9	1.6	17.0
浙江	11	1.9	18.9
上海	15	2.6	21.5
北京	21	3.7	25.2

续表

样本所属区域	样本数	有效比例（％）	累计比例（％）
湖北	54	9.4	34.6
广东	64	11.1	45.7
湖南	313	54.4	100.0
总有效样本	575	100	
缺失样本	19		
总样本	594		

　　除了深度访谈和问卷调查外，本研究还对观众反馈信息进行了文本分析，对相关新闻报道和研究文章进行了文献分析。观众反馈的获取渠道主要是湖南电视台网站、湖南电视台收视研究分析部门、各相关主题百度贴吧、相关主题网页和网站。新闻报道来自网络检索。研究性文章来自 Google 学术检索、CNKI 检索、《中国广播电视收视年鉴》、《中国电视收视年鉴》、《湖南广播电视年鉴》、《收视中国》和多份湖南电视台内部研究分析性刊物。

　　其他相关重要数据，如观众构成、收视率、首选率等由 CSM 和湖南卫视收视研究部门提供。

　　其五，结论部分还将对实证研究难以涉及之议题进行规范研究，主要关涉娱乐中的媒介责任问题。

　　本研究访谈提纲、调查问卷详见附录二、附录三。所有访谈均有笔录备案，调查数据均采用 SPSS 软件包进行统计分析。

附录二 湖南卫视娱乐节目生产调查

亲爱的先生 / 女士：

非常感谢您接受这次调查。本次调查是一项学术性研究《湖南卫视电视娱乐节目的生产与消费》的一部分，主要考察湖南卫视娱乐节目的生产情况。本调查需要占用您 8-10 分钟，非常感谢您的配合！您无须在问卷中填写真实姓名，您的答案和所有个人资料将会绝对保密。本调查问卷中的所有问题，答案没有对错之分，因此您亦无须担心自己的回答是否正确。如您对本研究有任何咨询，请联络本研究课题负责人武汉大学新闻与传播学院王琼博士，电子邮件：moqiying@126.com。

第一部分 您对媒介的使用和生活方式

1. 您对以下各类信息的关心程度如何？请在您认为最合适的答案（数字）上画"√"。

第1题 11种信息　1表示"完全不关心"；数字越大关心程度越高；7表示非常关心						
1-1 政治 / 时事	1	2	3	4	5	6	7
1-2 社会 / 民生	1	2	3	4	5	6	7
1-3 时尚 / 娱乐	1	2	3	4	5	6	7
1-4 汽车 / 房产	1	2	3	4	5	6	7
1-5 产业 / 财经	1	2	3	4	5	6	7

1-6 文化／教育	1	2	3	4	5	6	7
1-7 数码／IT	1	2	3	4	5	6	7
1-8 旅游／休闲	1	2	3	4	5	6	7
1-9 运动／健身	1	2	3	4	5	6	7
1-10 游戏／网络	1	2	3	4	5	6	7
1-11 音乐／美术	1	2	3	4	5	6	7

2. 您对下列事务投入时间和精力的情况如何？请在您认为最合适的答案（数字）上画"√"。

第2题7项事务	1表示"极少投入"；数字越大投入程度越高；7表示"投入非常多"						
2-1 公共事务	1	2	3	4	5	6	7
2-2 工作	1	2	3	4	5	6	7
2-3 家庭	1	2	3	4	5	6	7
2-4 学习	1	2	3	4	5	6	7
2-5 休闲娱乐	1	2	3	4	5	6	7
2-6 运动	1	2	3	4	5	6	7
2-7 社交	1	2	3	4	5	6	7

3. 您参加政治事务、社会事务、组织任用或娱乐休闲方面的选举或投票的频率如何？请在您认为最合适的答案（数字）上画"√"。

第3题4种选举或投票　1表示"从未参加"；数字越大参加的频率越高；7表示"经常参加"							
3-1 政治事务（如人大代表选举）	1	2	3	4	5	6	7
3-2 社会事务（如是否将中秋节设定为法定节日）	1	2	3	4	5	6	7
3-3 组织任用（如单位领导干部选举）	1	2	3	4	5	6	7
3-4 娱乐休闲（如超女选举、年度最佳球员投票等）	1	2	3	4	5	6	7

4. 您参加上述选举或投票方式是怎样的？请在您认为最合适的答案（数字）上画"√"。

（1）很随意地投票（无具体原则或请他人代投）

（2）根据个人主观第一印象投票

（3）参考周围人的意见投票（随大流投票）

（4）综合各方面信息，深思熟虑后投票

5. 您主动参加献血、扶助失学儿童、捐助灾区群众或任何弱势群体的公益活动的频率如何？请在您认为最合适的答案（数字）上画"√"。

（1）从未参加　　　　　　　　（2）偶尔参加过几次

（3）无规律地参加过多次　　　（4）有规律地经常参加

6. 以下各项在您总收入中所占比例如何？请在您认为最合适的答案（数字）上画"√"。

第6题共12种开支：1表示"投入比例很低"；数字越大投入比例越高；7表示"投入比例很高"							
6-1 生活必需品等日常生活开支	1	2	3	4	5	6	7
6-2 偿还房贷、车贷	1	2	3	4	5	6	7
6-3 储蓄	1	2	3	4	5	6	7
6-4 社交应酬	1	2	3	4	5	6	7
6-5 美食、电影、游戏、户外旅游等休闲娱乐项目	1	2	3	4	5	6	7
6-6 服装、箱包等服饰用品	1	2	3	4	5	6	7
6-7 化妆品、护肤品等美容用品	1	2	3	4	5	6	7
6-8 运动健身	1	2	3	4	5	6	7
6-9 报纸、杂志、书籍等文化用品	1	2	3	4	5	6	7
6-10 手机、电脑、MP3/MP4 等电子产品	1	2	3	4	5	6	7
6-11 参与各种慈善事业或有益社会的公共事务	1	2	3	4	5	6	7
6-12 参与政治团体，从事政治事务	1	2	3	4	5	6	7

7. 您对购买商品的品牌如何看待？请在您认为最合适的答案（数字）上画"√"。

（1）我从不买名牌，价格太高了

（2）我很少买名牌，总能找到合适且更物美价廉的好东西

（3）我会尽量选名牌，质量更有保证

（4）我会尽量选名牌，它们质量好，而且反映了身份、品位

（5）我喜欢奢侈品品牌，对仿版和正版都有兴趣

（6）我非常喜欢奢侈品品牌，只购买正品

8.以下种种说法，您的同意程度如何？请在您认为最合适的答案（数字）上画"√"。

第8题共11小题 1表示"非常不同意"；数字越大同意程度越高；7表示"非常同意"							
8-1 我的生活充满乐趣	1	2	3	4	5	6	7
8-2 我喜欢结交新朋友，兴趣爱好非常广泛	1	2	3	4	5	6	7
8-3 我总是很有目标，并有计划地实现目标	1	2	3	4	5	6	7
8-4 我从不向困难低头，挫折也是财富	1	2	3	4	5	6	7
8-5 我似乎错过了人生中的大多数机会	1	2	3	4	5	6	7
8-6 我的愿望总是很难实现	1	2	3	4	5	6	7
8-7 我感觉正处在自己的最佳状态	1	2	3	4	5	6	7
8-8 我完全可以胜任自己的学习或工作	1	2	3	4	5	6	7
8-9 我总是感觉忧郁和焦虑	1	2	3	4	5	6	7
8-10 我总是感觉孤独	1	2	3	4	5	6	7
8-11 我对自己的人生非常满意	1	2	3	4	5	6	7

第二部分 当前您的工作状态和工作模式

9-11.以下种种说法，您的同意程度如何？请在您认为最合适的答案（数字）上画"√"。

以下第9、10、11题，共38小题 1表示"非常不同意"； 数字越大同意程度越高； 7表示"非常同意"							
9-1 我的工作压力很大	1	2	3	4	5	6	7
9-2 同事间的关系让我烦恼，感觉很消耗	1	2	3	4	5	6	7
9-3 我的工作量太大了	1	2	3	4	5	6	7
9-4 我的工作难度很高	1	2	3	4	5	6	7
9-5 我的工作责任非常重	1	2	3	4	5	6	7
9-6 考核和收入给我很大的压力	1	2	3	4	5	6	7
9-7 我感觉自己的工作没有社会价值	1	2	3	4	5	6	7
9-8 我感觉自己的付出得不到充分的认可	1	2	3	4	5	6	7

9-9 我很担心自己的身体	1	2	3	4	5	6	7
9-10 我的心态不够稳定	1	2	3	4	5	6	7
9-11 我的压力还来自其他方面　请注明：							
10-1 我感觉工作很有动力	1	2	3	4	5	6	7
10-2 我为自己所在的集体感到骄傲	1	2	3	4	5	6	7
10-3 我的工作非常稳定，有归属感	1	2	3	4	5	6	7
10-4 我喜欢我的职业带给我的社会地位	1	2	3	4	5	6	7
10-5 我的工作动力是获得职位升迁	1	2	3	4	5	6	7
10-6 我的工作动力是提升个人能力	1	2	3	4	5	6	7
10-7 我的工作动力来自我对电视的热爱	1	2	3	4	5	6	7
10-8 我努力工作的动力来自成就感	1	2	3	4	5	6	7
10-9 我努力工作的动力来自领导的器重	1	2	3	4	5	6	7
10-10 这里施展才华的自由对我很重要	1	2	3	4	5	6	7
10-11 团队的奖惩、激励机制很有吸引力	1	2	3	4	5	6	7
10-12 我的工作动力来自其他方面　请注明：							
11-1 我们团队成员间有充分良好的沟通	1	2	3	4	5	6	7
11-2 我们团队成员总能共同面对压力和问题	1	2	3	4	5	6	7
11-3 我们遇到困难时总是尽快寻找解决方法	1	2	3	4	5	6	7
11-4 我们团队有明确的工作目标和计划	1	2	3	4	5	6	7
11-5 我们团队具有很强的执行能力	1	2	3	4	5	6	7
11-6 我们的团队具有很强的创新能力	1	2	3	4	5	6	7
11-7 我们的团队具有很强的学习能力	1	2	3	4	5	6	7
11-8 我们拥有引以为荣的团队文化和精神	1	2	3	4	5	6	7
11-9 我们团队中女性的表现比男性更出色	1	2	3	4	5	6	7
11-10 我们团队取得的成绩来自大家的合作	1	2	3	4	5	6	7
11-11 我们的成绩更应归功于团队中的精英	1	2	3	4	5	6	7
11-12 团队中的优秀者总是受到大家的尊重	1	2	3	4	5	6	7
11-13 新的创意总能被耐心听取和尊重	1	2	3	4	5	6	7
11-14 我喜欢独自工作而不是与人合作	1	2	3	4	5	6	7
11-15 我认为我们团队的特点和价值是　请注明：							

12.对于评价一个节目的好坏，以下因素的重要程度如何？请在您认为最合适的答案（数字）上画"√"。

第12题，共7个标准 1表示"非常不重要"； 数字越大重要程度越高； 7表示"非常重要"							
12-1 上层领导	1	2	3	4	5	6	7
12-2 收视率	1	2	3	4	5	6	7
12-3 团队讨论意见	1	2	3	4	5	6	7
12-4 业内权威人士	1	2	3	4	5	6	7
12-5 自己的判断	1	2	3	4	5	6	7
12-6 朋友或亲人的意见	1	2	3	4	5	6	7
12-7 观众的书面、网络、电话等反馈	1	2	3	4	5	6	7

13.您最赞同以下哪一种观点？请在您认为最合适的答案（数字）上画"√"。

（1）社会存在阶层之分是自然的，并且上层社会有义务照顾中下阶层

（2）个体的发展是最重要的，政府应该为自由竞争提供充分保障

（3）人是平等的，应该减少因社会原因造成的人与人之间的差异

（4）相信人生中的许多事情都是命中注定的，在现实社会之外还存在着幸运和选择

14.以下有12组意义相对的词语用来描述湖南卫视的形象，请您根据自己的印象，在您认为最合适的答案（数字）上画"√"。

第14题共12组词语 1是非常赞同左边的形容词； 4是中立； 7是非常赞同右边的形容词								
14-1 时尚	1	2	3	4	5	6	7	传统
14-2 大众	1	2	3	4	5	6	7	小资
14-3 责任	1	2	3	4	5	6	7	商业
14-4 真实	1	2	3	4	5	6	7	虚幻
14-5 精英	1	2	3	4	5	6	7	草根
14-6 高雅	1	2	3	4	5	6	7	媚俗
14-7 温暖	1	2	3	4	5	6	7	残酷
14-8 勇敢	1	2	3	4	5	6	7	懦弱

续表

14-9 聪明	1	2	3	4	5	6	7	笨拙
14-10 公平	1	2	3	4	5	6	7	操纵
14-11 理想	1	2	3	4	5	6	7	现实
14-12 成熟	1	2	3	4	5	6	7	冒进
14-13 其他　　请说明：								

第三部分　您的性格特征和个人信息

下面共有 16 个小题，请您在自己认为最合适的答案（数字）上画"√"。

15. 当我见到亲友或邻居争吵时：

（1）我总是任其自己解决　　（2）不一定　　（3）我总是予以劝解

16. 每当要做一件困难工作时：

（1）我总是预先做好准备　　（2）不一定

（3）我相信到时候总会有办法解决的

17. 在取回或归还借的东西时，我总是仔细检查，看是否保持原样。

（1）不是的　　（2）不一定　　（3）是的

18. 在有威望、有地位的人面前，我总是较为局促、谨慎。

（1）不是的　　（2）不一定　　（3）是的

19. 按照我个人的意愿，我希望做：

（1）有固定而可靠工资收入的工作　　（2）不确定

（3）工资高低应随我的工作表现而随时调整的工作

20. 在公共场合，如果我突然成为大家注意的中心，我就会感到局促不安。

（1）不是的　　（2）不一定　　（3）是的

21. 在年轻的时候，当我和父母的意见不同时：
（1）保留自己的意见　　（2）不一定　　（3）接受父母的意见

22. 在闲暇时，如果只能选择读一本科学性的幻想小说或看一部历史性的探险电影，我会更喜欢：
（1）读一本科学性的幻想小说　　（2）不一定
（3）看一部历史性的探险电影

23. 当和立场相反的人辩论时：
（1）我主张尽量找出基本概念的差异　　（2）不一定
（3）我主张彼此让步

24. 您的性别：（1）男　　（2）女

25. 您的年龄是：_____岁

26. 您的婚姻状况：（1）未婚　　（2）已婚　　（3）离异　　（4）再婚

27. 您的受教育程度是：
（1）初中及以下　　（2）高中/中专　　（3）大专/本科　　（4）硕士
（5）博士及以上

28. 您的月收入（人民币）：
（1）没有稳定收入　　（2）1000元以下　　（3）1001-2000元
（4）2001-3000元　　（5）3001-5000元　　（6）5001-10000元

（7）10000 元以上

29. 您的具体职务是：

（1）台领导及以上 （2）部门主任 （3）科室负责人

（4）普通科员 （5）制片人／执行制片人

（6）导演／编导／制片 （7）主持人

30. 您的职务级别：

（1）高层干部 （2）中层干部 （3）基层干部 （4）普通职员

问卷到此结束。本问卷共 5 页，请检查是否有漏答的题目。衷心感谢您！

附录三　湖南卫视电视娱乐节目收看调查

亲爱的女士／先生：

非常感谢您接受这次调查。本次调查是一项学术性研究《湖南卫视电视娱乐节目的生产与消费》的一部分，主要考察湖南卫视娱乐节目的消费情况。本调查需要占用您8-10分钟，非常感谢您的配合！

您无须在问卷中填写真实姓名，您的答案和所有个人资料将会绝对保密。本调查问卷中所有问题的答案没有对错之分，因此您无须担心自己的回答是否正确。

如您对本研究有任何咨询，请联络本研究课题负责人武汉大学新闻与传播学院王琼博士，电子邮件：moqiying@126.com。

第一部分　您对媒介的使用和对电视娱乐节目的关注情况

1. 您对以下各类信息的关心程度如何？请在您认为最合适的答案（数字）上画"√"。

第1题 11种信息						
1 表示"完全不关心"；数字越大表示关心程度越高；7 表示"非常关心"						
1-1 政治／时事	1	2	3	4	5	6	7
1-2 社会／民生	1	2	3	4	5	6	7
1-3 时尚／娱乐	1	2	3	4	5	6	7

1-4 汽车/房产	1	2	3	4	5	6	7
1-5 产业/财经	1	2	3	4	5	6	7
1-6 文化/教育	1	2	3	4	5	6	7
1-7 数码/IT	1	2	3	4	5	6	7
1-8 旅游/休闲	1	2	3	4	5	6	7
1-9 运动/健身	1	2	3	4	5	6	7
1-10 游戏/网络	1	2	3	4	5	6	7
1-11 音乐/美术	1	2	3	4	5	6	7

2. 您收看湖南卫视电视娱乐节目的频率如何？

在假期：

一个星期中您一般有多少天会收看湖南卫视的综艺娱乐节目？ ____天

一天中您收看湖南卫视的综艺娱乐节目小时数一般是？ ____小时

在工作日或学习日：

一个星期中您一般有多少天会收看湖南卫视的综艺娱乐节目？ ____天

一天中您收看湖南卫视的综艺娱乐节目小时数一般是？ ____小时

3. 湖南卫视的综艺娱乐节目中您最喜欢收看的是：_____

4. 在湖南卫视举办第一届《超级女声》之后，国家广电总局曾出台针对真人秀节目的限制措施，但随后湖南卫视依然取得了"超女""快男"等节目的举办资格，但在节目形式上有所调整。这当然是多方面协商的结果，但您认为其中最主要的原因应该是：（单选）

（1）监管部门体察民意

（2）湖南卫视勇于承担压力并善于面对压力

（3）商业利益取得最终胜利

其他：_____

5. 下面是观看湖南卫视综艺娱乐节目时可能产生的体验，您对各种体验的同意程度如何？请在您认为最合适的答案（数字）画上"√"。

第5项共23题　　1表示"非常不同意"；数字越大同意程度越高；7表示"非常同意"							
5-1 打发、消磨时间	1	2	3	4	5	6	7
5-2 缓解压力，消除烦闷情绪	1	2	3	4	5	6	7
5-3 感到很快乐、愉悦、幸福	1	2	3	4	5	6	7
5-4 体验、欣赏美丽	1	2	3	4	5	6	7
5-5 体验丑陋、丑恶	1	2	3	4	5	6	7
5-6 无顾虑地体验极度狂喜/愤怒/悲伤/嫉妒等情绪	1	2	3	4	5	6	7
5-7 讨论禁忌，而不担心被指责或惩罚	1	2	3	4	5	6	7
5-8 看到坏人坏事被惩罚，更相信正义	1	2	3	4	5	6	7
5-9 看到别人出丑或犯错，并感到滑稽可笑	1	2	3	4	5	6	7
5-10 分享他人成功或受挫的经验	1	2	3	4	5	6	7
5-11 分享他人的快乐与悲伤的情绪	1	2	3	4	5	6	7
5-12 满足好奇心	1	2	3	4	5	6	7
5-13 消息灵通、获得谈资	1	2	3	4	5	6	7
5-14 发现值得学习的楷模、偶像	1	2	3	4	5	6	7
5-15 希望与明星成为好友或更亲密的关系	1	2	3	4	5	6	7
5-16 希望有机会展示自己，获得成功	1	2	3	4	5	6	7
5-17 希望社会像游戏节目一样更公平	1	2	3	4	5	6	7
5-18 更相信浪漫爱情	1	2	3	4	5	6	7
5-19 更相信奇迹和超自然的事物	1	2	3	4	5	6	7
5-20 肯定社会普遍认可的价值观	1	2	3	4	5	6	7
5-21 喜欢参与节目互动	1	2	3	4	5	6	7
5-22 没有明确目的，只是习惯或陪伴他人收看	1	2	3	4	5	6	7
5-23 如果您收看湖南卫视综艺娱乐节目时还有其他体验，请予以说明：							

6. 以下有12组意义相对的词语用来描述湖南卫视的形象，请您根据自己的印象，在您认为最合适的答案（数字）上画"√"。

第6题共12组词语 1表示非常赞同左边的形容词；4表示中立；7表示非常赞同右边的形容词							
6-1 时尚	1	2	3	4	5	6	7	传统
6-2 大众	1	2	3	4	5	6	7	小资
6-3 责任	1	2	3	4	5	6	7	商业

6-4 真实	1	2	3	4	5	6	7	虚幻
6-5 精英	1	2	3	4	5	6	7	草根
6-6 高雅	1	2	3	4	5	6	7	媚俗
6-7 温暖	1	2	3	4	5	6	7	残酷
6-8 勇敢	1	2	3	4	5	6	7	懦弱
6-9 聪明	1	2	3	4	5	6	7	笨拙
6-10 公平	1	2	3	4	5	6	7	操纵
6-11 理想	1	2	3	4	5	6	7	现实
6-12 成熟	1	2	3	4	5	6	7	冒进
6-13 其他	请说明：							

第二部分　当前您的生活方式和状态

7. 您对下列事务投入时间和精力的情况如何？在您认为最合适的答案（数字）上画"√"。

第7题7项事务 1表示"极少投入"；　数字越大投入程度越高；　7表示"投入非常多"						
7-1 公共事务	1	2	3	4	5	6	7
7-2 工作	1	2	3	4	5	6	7
7-3 家庭	1	2	3	4	5	6	7
7-4 学习	1	2	3	4	5	6	7
7-5 休闲娱乐	1	2	3	4	5	6	7
7-6 运动	1	2	3	4	5	6	7
7-7 社交	1	2	3	4	5	6	7

8. 您参加政治事务、社会事务、组织任用或娱乐休闲方面的选举或投票的频率如何？请在您认为最合适的答案（数字）上画"√"。

第8题4种选举或投票 1表示"从未参加"；　数字越大参加频率越高；　7表示"经常参加"							
8-1 政治事务（如人大代表选举）	1	2	3	4	5	6	7
8-2 社会事务（如是否将中秋节设定为法定节日）	1	2	3	4	5	6	7
8-3 组织任用（如单位领导干部选举）	1	2	3	4	5	6	7
8-4 娱乐休闲（如超女选举、年度最佳球员投票等）	1	2	3	4	5	6	7

9. 您参加上述选举或投票方式是怎样的？请在您认为最合适的答案（数字）上画"√"。

（1）很随意地投票（无具体原则或请他人代投）

（2）根据个人主观第一印象投票

（3）参考周围人的意见投票（随大流投票）

（4）综合各方面信息，深思熟虑后投票

10. 您主动参加献血、扶助失学儿童、捐助灾区群众或任何弱势群体等公益活动的频率如何？请在您认为最合适的答案（数字）上画"√"。

（1）从未参加　　　　　　　　（2）偶尔参加过几次

（3）无规律地参加过多次　　　（4）有规律地经常参加

11. 以下各项在您总收入中所占比例如何？请在您认为最合适的答案（数字）上画"√"。

第 11 题共 12 种开支 1 表示"投入比例很低"；数字越大投入比例越高；7 表示"投入比例很高"						
11-1 生活必需品等日常生活开支	1	2	3	4	5	6	7
11-2 偿还房贷、车贷	1	2	3	4	5	6	7
11-3 储蓄	1	2	3	4	5	6	7
11-4 社交应酬	1	2	3	4	5	6	7
11-5 美食、电影、游戏、户外旅游等休闲娱乐项目	1	2	3	4	5	6	7
11-6 服装、箱包等服饰用品	1	2	3	4	5	6	7
11-7 化妆品、护肤品等美容用品	1	2	3	4	5	6	7
11-8 运动健身	1	2	3	4	5	6	7
11-9 报纸、杂志、书籍等文化用品	1	2	3	4	5	6	7
11-10 手机、电脑、MP3/MP4 等电子产品	1	2	3	4	5	6	7
11-11 参与各种慈善事业或有益社会的公共事务	1	2	3	4	5	6	7
11-12 参与政治团体，从事政治事务	1	2	3	4	5	6	7

12.您对购买品牌商品的态度如何？请在您认为最合适的答案（数字）上画"√"。

（1）我从不买名牌，价格太高了

（2）我很少买名牌，总能找到合适且更物美价廉的好东西

（3）我会尽量选名牌，质量更有保证

（4）我会尽量选名牌，它们质量好，而且反映了身份、品位

（5）我喜欢奢侈品品牌，对仿版和正版都有兴趣

（6）我非常喜欢奢侈品品牌，只购买正品

13.您对以下种种说法的同意程度如何？请在您认为最合适的答案（数字）上画"√"。

第13题共12项 1表示"非常不同意"；数字越大同意程度越高；7表示"非常同意"							
13-1 我的压力很大	1	2	3	4	5	6	7
13-2 我的生活充满乐趣	1	2	3	4	5	6	7
13-3 我喜欢结交新朋友，兴趣爱好非常广泛	1	2	3	4	5	6	7
13-4 我总是很有目标，并有计划地实现目标	1	2	3	4	5	6	7
13-5 我从不向困难低头，挫折也是财富	1	2	3	4	5	6	7
13-6 我似乎错过了人生中的大多数机会	1	2	3	4	5	6	7
13-7 我的愿望总是很难实现	1	2	3	4	5	6	7
13-8 我感觉正处在自己的最佳状态	1	2	3	4	5	6	7
13-9 我完全可以胜任自己的学习或工作	1	2	3	4	5	6	7
13-10 我总是感觉忧郁和焦虑	1	2	3	4	5	6	7
13-11 我总是感觉孤独	1	2	3	4	5	6	7
13-12 我对自己的人生非常满意	1	2	3	4	5	6	7

第三部分　您的性格特征和个人信息

下面共有 22 个小题，请您在自己认为最合适的答案（数字）上画"√"。

14. 在接受困难任务时：

（1）我总是希望有别人的帮助和指导　　（2）不确定

（3）我总是有独立完成的信心

15. 我希望我的家：

（1）成为邻里交往、朋友聚会的一部分　　（2）不一定

（3）只适合自己活动和娱乐

16. 到一个新城市里去找地址，我喜欢：

（1）找人问路　　（2）不一定　　（3）参考市区地图

17. 当我见到亲友或邻居争吵时：

（1）我总是任其自己解决　　（2）不一定　　（3）我总是予以劝解

18. 每当要做一件困难工作时：

（1）我相信到时候总会有办法解决的　　（2）不一定

（3）我总是预先做好准备

19. 在取回或归还借的东西时，我总是仔细检查，看是否保持原样。

（1）不是的　　（2）不一定　　（3）是的

20. 在有威望、有地位的人面前，我总是较为局促、谨慎。

（1）不是的　　（2）不一定　　（3）是的

21. 按照我个人的意愿，我希望做：

（1）有固定而可靠工资收入的工作　　（2）不确定

（3）工资高低随工作表现随时调整的工作

22. 在公共场合，如果我突然成为大家注意的中心，我就会感到局促不安。

（1）不是的　　（2）不一定　　（3）是的

23. 我喜欢做戏剧、音乐、歌舞、新闻采访等工作。

（1）不是的　　（2）不一定　　（3）是的

24. 和循规蹈矩的人交谈：

（1）很有兴趣，并有所得　　（2）不一定

（3）他们的思想简单，使我厌烦

25. 我喜欢：

（1）有几个有时对我很苛求，但富有感情的朋友

（2）不确定　　（3）不受别人的干涉

26. 在年轻的时候，当我和父母的意见不同时：

（1）保留自己的意见　　（2）不一定　　（3）接受父母的意见

27. 在闲暇时，如果只能选择读一本科学性的幻想小说或看一部历史性的探险电影，我会更喜欢：

（1）读一本科学性的幻想小说　　（2）不一定

（3）看一部历史性的探险电影

28. 当和立场相反的人辩论时：

（1）我主张尽量找出基本概念的差异　　（2）不一定

（3）我主张彼此让步

29. 您所在的城市／地区是：_____省_____（市／县）

30. 您的性别：（1）男　　（2）女

31. 您的年龄是：_____岁

32. 您的婚姻状况：

（1）未婚　　（2）已婚　　（3）离异　　（4）再婚

33. 您的受教育程度是：

（1）小学及以下　（2）初中、高中／中专　　（3）大专／本科

（4）硕士　　　　（5）博士及以上

34. 您的月收入（人民币）：

（1）没有稳定收入　（2）1000元以下　　（3）1001–2000元

（4）2001–3000元　（5）3001–5000元　（6）5001–10000元

（7）10000元以上（货币单位：人民币）

35. 请问您的具体职务：

（1）高层干部　　（2）中层干部　　（3）基层干部　　（4）普通职员

（5）自由职业　　（6）无业　　　　（7）学生

问卷到此结束。本问卷共5页，请检查是否有漏答的题目。衷心感谢您！

参考文献

［1］［美］Werner J. Severin、James W. Tankard, Jr.:《传播理论起源、方法与应用》，郭镇之主译，中国传媒大学出版社 2006 年版，第 42-59 页。

［2］［英］罗杰·迪金森、拉马斯瓦米·哈里德拉纳斯、奥尔加·林耐:《受众研究读本》，单波译，华夏出版社 2006 年版，第 163 页。

［3］《2004 电视节目收视解析》，载《中国广播电视年鉴》，中国广播电视年鉴社 2005 年版，第 227 页。

［4］《大记事》，载《湖南广播电视年鉴》，湖南教育出版社 2005 年版，第 92、93、98 页。

［5］《大记事》，载《湖南广播电视年鉴》，方志出版社 2006 年版，第 78 页。

［6］《大记事》，载《湖南广播电视年鉴》，方志出版社 2007 年版，第 63、68、70、74 页。

［7］《大事记》，载《湖南广播电视年鉴》，湖南教育出版社 2004 年版，第 69、73、77 页。

［8］《电视文艺概况》，载《中国广播电视年鉴》，北京广播学院出版社 2000 年版，第 98-99 页。

［9］《电视文艺概况》，载《中国广播电视年鉴》，中国广播电视年鉴社 2007 年版，第 66-67 页。

［10］《湖南广播电视概况》，载《湖南广播电视年鉴》，方志出版社 2007

年版，第2-3页。

[11]《湖南广播影视集团2003年度自办栏目、重点栏目综合评估报告》，载《湖南广播电视年鉴》，湖南教育出版社2004年版，第186-199页。

[12]《湖南广播影视集团2005年度自办栏目、重点节目综合评估报告》，载《湖南广播电视年鉴》，方志出版社2006年版，第203-214页。

[13]王兰柱主编：《中国电视收视年鉴》，北京广播学院出版社2003年版，第31页。

[14]《中国广播电视年鉴》，中国广播电视年鉴社1999年版，第67页。

[15][美]托马斯·古德尔，杰弗瑞·戈比：《人类思想史中的休闲》，成素梅等译，云南人民出版社2000年版，第136-137页。

[16][美]约翰·凯利：《走向自由——休闲社会学新论》，赵冉译，季斌校译，云南人民出版社2000年版，第20页。

[17]A.哈纽京、方造：《电视综艺节目的时空》，《现代传播》1991年第4期。

[18]阿亮：《流行语录（2）》，《民间文化》2000年第2期。

[19]阿瑟·阿萨·伯杰：《媒介分析技巧》，张晶、易正林译，中国人民大学出版社2005年版，第77、82、128-130页。

[20]阿斯买·尼亚孜：《大众传媒对新疆少数民族女性的影响》，《现代传播》2004年第3期，第104-106页。

[21]鲍海波、薛晨：《感性追逐还是理性选择——对"电视娱乐热"的冷思考》，《现代传播》2007年第5期，第151-153页。

[22]陈宝光：《试论谢晋影片中的正面女性形象》，《电影创作》2000年第1期，第50-56页。

[23]陈江苹：《给新闻加点糖——电视新闻娱乐化之我见》，《现代传播》2005年第5期，第116-117页。

[24]陈力：《近几年电视剧中女性意识管窥》，《中国电视》1999年第11期，第6-8页。

［25］陈力丹主持：《关于娱乐新闻采访、报道失范的讨论》，《国际新闻界》2006 年第 10 期，第 20-25 页。

［26］陈序：《娱乐模式——从明星表演到百姓游戏》，《新闻记者》2005 年第 4 期，第 71-73 页。

［27］丁洪亮：《收视率对电视新闻性的消解与关系重构》，《现代传播》2007 年第 1 期，第 153-155 页。

［28］董天策：《以电视娱乐文化作为研究范畴和视域》，《新闻与传播研究》2005 年第 2 期，第 6 页。

［29］范云兴，赵婷：《中国之最大观北京》，华文出版社 1991 年版，第 395 页。

［30］冯建三：《开或关，这是个问题———评介美国关电视机运动》，《国际新闻界》2006 年第 10 期，第 25-30 页。

［31］高菲、陆地：《电视娱乐节目运营模式的突破》，《现代传播》2005 年第 2 期，第 73-74 页。

［32］［韩］W. 钱·金、［美］勒妮·莫博涅：《蓝海战略：超越产业竞争开创全新市场》，吉宓译，商务印书馆 2005 年版。

［33］韩青、郑蔚：《电视娱乐节目新论》，中国广播电视出版社 2005 年版，第 2 页。

［34］韩晓飞：《中国内地栏目剧现存问题探析》，《现代传播》2007 年第 5 期，第 153-155 页。

［35］何春耕、肖琳芬：《中国电视娱乐节目模式的发展与探索》，《湖南社会科学》2006 年第 2 期。

［36］何国平：《电视新闻节目形态的嬗变之迹》，《现代传播》2007 年第 5 期，第 90-93 页。

［37］侯亚光：《主持审美话语对综艺节目低俗倾向的拮抗作用》，《现代传播》2006 年第 2 期，第 151-153 页。

［38］胡正荣、王维佳：《频道定位、动态调整与电视节目内容发展趋

势——对 CCTV-2 新一轮改版的分析》,《现代传播》2005 年第 3 期,第 5-6 页。

[39] 黄会林:《生命体验与生命感悟——论八十年代中国女性电影导演的艺术追求》,《电影艺术》2003 年第 2 期,第 89-94 页。

[40] 贾秀清:《"娱乐":从功能到本体——电视节目类型构成要素分析》,《现代传播》2005 年第 1 期,第 79-82 页。

[41] 匡文波:《论网络媒体的娱乐化》,《国际新闻界》2004 年第 1 期,第 52-56 页。

[42] 乐正:《近代上海人社会心态(1860-1910)》,上海人民出版社1991 年版,第 49 页。

[43] 李萍:《湖南卫视 2003 年频道创新与效果研究》,载《湖南广播电视年鉴》,湖南教育出版社 2004 年版,第 199-201 页。

[44] 李兆丰:《大型电视真人秀:超越区域垄断的影响力游戏——地方政府、广电集团与国家(机构)的视野》,《新闻大学》2007 年第 2 期,第 15-21 页。

[45] 林晖:《市场经济与新闻娱乐化》,《新闻与传播研究》2001 年第 2 期。

[46] 林勇毅:《试论市场环境下经济权力对大众传媒价值趋向的制约和影响》,《现代传播》2003 年第 6 期,第 1-7 页。

[47] 刘斌:《全球化背景下中国成人动画竞争战略》,《现代传播》2006年第 4 期,第 98-102 页。

[48] 刘峰:《娱乐节目、电视功能和电视文化——〈非常周末〉与电视文化学术研讨会纪要》,《视听界》1999 年第 1 期。

[49] 刘华宾、陈颖:《湖南电视产业:十年改革与发展》,《电视研究》2004 年第 6 期。

[50] 刘建明主编:《宣传舆论学大辞典》,经济日报出版社 1993 年版,第 815-816、823 页。

[51] 吕新雨:《中央电视台 2002"春节联欢晚会"解读》,《读书》2003年第 1 期。

［52］马莳：《电视综艺娱乐节目主持人类型化培养初探》，《现代传播》2007 年第 3 期，第 148-150 页。

［53］马廷魁：《从政治泛化到大众狂欢——我国体育报道的流变及转向》，《新闻大学》2006 年第 4 期，第 103-107 页。

［54］孟建、刘华宾：《透视"平民化娱乐节目现象"》，《现代传播》2000 年第 6 期，第 77-78 页。

［55］欧阳常林：《强化媒介责任 提升品牌内涵 创立"中国制造"》，载《湖南广播电视年鉴》，方志出版社 2007 年版，第 112 页。

［56］欧阳常林：《强化总台意识把湖南卫视做大做强》，《潇湘声屏》2001 年第 5 期，载《湖南广播电视年鉴》，2002 年版，第 163-167 页。

［57］欧阳常林：《让创意更精彩 让大众更快乐——永远创造快乐的湖南电视》，2008 年，http://www.gbs.cn/Article/xinwen/oyclfy/200810/20081029095727.html。

［58］欧阳常林：《探索国内电视 娱乐的新模式》，载《湖南广播电视年鉴》，方志出版社 2006 年版，第 64-70 页。

［59］欧阳常林：《以务实抓创新 以创新促发展》，载《湖南广播电视年鉴》方志出版社 2006 年版，第 52-55 页。

［60］彭国元、吴一鹏：《湖南电视周末综艺现象初探——兼议电视综艺节目的运作和把握》，《中国广播电视学刊》1999 年第 2 期。

［61］秦志希、刘敏：《新闻传媒的消费主义倾向》，《现代传播》2002 年第 1 期，第 42-44 页。

［62］邱沛篁、吴信训、向纯武等：《新闻传播百科全书》，四川人民出版社 1998 年版，第 980-981 页。

［63］宋维才：《2004 中国"真实电视"发展述评》，《电影艺术》2005 年第 3 期。

［64］陶东风、徐燕蕊：《当代中国的文化批判》，北京大学出版社 2006 年版，第 86-87、96 页。

［65］田永明、赵捷：《当代文化中的电视晚会》，《现代传播》2000年第6期，第71-74页。

［66］汪炳文：《撩开大型综艺节目〈快乐大本营〉的面纱》，载《湖南广播电视年鉴》，今日中国出版社2000年版，第164页。

［67］王大中、陈鹏：《传播的体育 体育的传播——大众传播与体育发展互动研究论纲》，《现代传播》2004年第4期，第30-32页。

［68］王朋进：《电视选秀节目的创新思路和成功之道——兼谈〈绝对唱响〉的节目特色》，《现代传播》2006年第6期，第56页。

［69］王澎彬、陆地：《"差异"与"创新"绝对唱响》，《现代传播》2006年第6期，第55页。

［70］魏文彬：《改革促进发展 创新引领未来》，载《湖南广播电视学刊》2004年，第50页。

［71］魏文彬：《更新思想观念 实现新的跨越》，载《湖南广播电视学刊》2005年，第57、58页。

［72］魏文彬：《关于进一步提高宣传质量的几个问题》，载《湖南广播电视年鉴》，今日中国出版社2001年版，第62页。

［73］魏文彬：《锐意改革 勇于创新 将湖南广播电视事业推上新台阶》，载《湖南广播电视年鉴》，湖南教育出版社2003年版，第52、55页。

［74］魏文彬：《深化第二轮改革 加快跨越式发展》，载《湖南广播电视年鉴》，今日中国出版社2002年版，第63-64页。

［75］魏文彬：《推进集团化改革 加快跨越式发展》，载《湖南广播电视年鉴》，2003年版，第82-84、88页。

［76］魏文彬：《在全省市州广播电视局长会议上的讲话》，载《湖南广播电视年鉴》，方志出版社2007年版，第38页。

［77］魏武挥：《〈无极〉vs〈馒头〉：大众传播功能主义学的解读》，《国际新闻界》2006年第4期，第36-40页。

［78］吴畅畅、赵瑜针：《湖南卫视：资本、市场与国家意识形态的转化》，

《新闻大学》2007 年第 4 期，第 90-96 页。

［79］武斌：《现场观众在电视娱乐节目中的作用》，《现代传播》2000 年第 3 期，第 78-81 页。

［80］献文：《论田汉电影中的女性崇拜》，《电影艺术》2002 年第 6 期，第 109-114 页。

［81］肖柳：《省级卫视品牌的特色化定位——兼谈湖南卫视的品牌发展战略》，《中国记者》2003 年第 10 期。

［82］谢耘耕、唐禾：《2006 中国电视娱乐节目报告》，《现代传播》2004 年第 3 期，第 14-19 页。

［83］谢耘耕、王彩平：《中国电视娱乐节目市场报告》，《新闻界》2005 年第 4 期，第 4-10 页。

［84］徐舫州、张伟敏：《以宗旨为标准划分电视栏目刍议》，《现代传播》2007 年第 1 期，第 66-69 页。

［85］徐国源：《影视书写的"女"字——影视文化与女性意识传播》，《中国电视》2002 年第 9 期，第 27-29 页。

［86］徐树华：《略论节目主持人的受众期望》，《现代传播》2002 年第 1 期，第 131-132 页。

［87］许崇任、程红：《动物学》，高等教育出版社 2008 年第 2 版，第 315、317、324 页。

［88］杨楠、董岩：《对电视娱乐节目发展趋势的思考》，《国际新闻界》2004 年第 3 期，第 35-38 页。

［89］杨新敏、荀洁：《95 世妇会后女性与传媒研究述评》，《现代传播》2004 年第 3 期，第 56 页。

［90］姚喜双、邢欣、郭龙生：《电视综艺访谈节目的现状及发展态势探讨》，《现代传播》2005 年第 4 期，第 67-69 页。

［91］姚玉芹：《光线传播成功经营的几点启示》，《现代传播》2003 年第 5 期，第 130-132 页。

［92］姚远：《制播分离下中国民营电视与中国电视业互动的利弊》，《新闻大学》2002 年，第 74-78 页。

［93］游洁：《关于"真人秀"语境的思考》，《现代传播》2006 年第 3 期，第 94-98 页。

［94］喻国明：《关于大众娱乐类节目的走向与思考——兼论〈欢乐总动员〉节目的成功与不足》，《现代传播》2001 年第 1 期，第 81-86 页。

［95］袁爱中：《谈默多克传媒消费主义运作手法》，《国际新闻界》2005 年第 4 期。

［96］曾凡安：《挑战自我 超越自我》，《潇湘声屏》2000 年第 6 期。

［97］曾庆瑞：《守望电视剧的精神家园：作为一种学术品格和文化立场》，《现代传播》2005 年第 5 期，第 39-42 页。

［98］张帆、王阳：《电视娱乐资讯节目探析》，《现代传播》2006 年第 3 期，第 64-67 页。

［99］张国涛：《电视综艺的观念演变》，《现代传播》2005 年第 6 期，第 65-68 页。

［100］张洪忠、许航、何艳：《超女旋涡的传播模式与传播效果研究——以北京地区大学生调查为例》，《国际新闻界》2006 年第 1 期，第 42-48 页。

［101］张开：《青年人新闻消费调查与研究》，《现代传播》2006 年第 5 期，第 144-145 页。

［102］张同道：《期待与批列：大学生的电视观》，《现代传播》2001 年第 4 期，第 8-13 页。

［103］张涛甫：《电视的"长征"》，《新闻大学》2007 年第 2 期，第 77-83 页。

［104］张艳秋：《美国早间电视新闻节目透视——美国三大电视网早间新闻节目特色及背景分析》，《现代传播》2002 年第 2 期，第 48-50 页。

［105］张允若：《美国电视的新近印象》，《国际新闻界》2001 年第 1 期，第 40-47 页。

［106］张铮、熊澄宇：《中国城市人媒体内容偏好研究》,《现代传播》2006 年第 5 期，第 151-152 页。

［107］赵丽颖：《创意的个性化与产品的标准化——论创意产品的营销策略》,《现代传播》2005 年第 1 期，第 134-136 页。

［108］赵平：《美国电视综合娱乐节目的特色（上）》,《新闻与写作》1991 年第 2 期。

［109］赵淑萍：《综艺节目：独放异彩的电视娱乐艺术奇葩——美国电视综艺节目的创意、风格、模式及其主持人个性、素质分析》,《现代传播》1991 年第 3 期，第 83-84 页。

［110］赵小青：《左翼电影中的女性形象》,《当代电影》2002 年第 5 期，第 40-44 页。

［111］郑世明：《消费语境下电视游戏娱乐节目探微》,《现代传播》2006 年第 2 期，第 78-81 页。

［112］郑蔚、孙微：《电视节目形态的引进与创新——兼评〈开心辞典〉》,《现代传播》2002 年第 3 期，第 56、73-75 页。

［113］仲呈祥：《中国电视剧与中国女导演——应英文版〈中国妇女〉之约而作》,《中国电视》2002 年第 10 期，第 2-5 页。

［114］仲呈祥、杨乘虎：《电视艺术生态环境的忧思与净化——访中国文联副主席仲呈祥》,《现代传播》2005 年第 1 期，第 67-70 页。

［115］周冬梅：《因时而动 顺势而为——消费社会语境下电视媒体的竞争策略选择》,《现代传播》2006 年第 5 期，第 144-145 页。

［116］周亭：《大陆国际传播研究的现状和问题》,《国际新闻界》2005 年第 6 期，第 57-61 页。

［117］朱礼庆、邓秀军：《"秀"新闻意识的再张扬——从〈每日文化播报〉看电视新闻的"娱乐化"》,《现代传播》2006 年第 4 期，第 95-98 页。

［118］朱晓征：《妇女需要什么样的传媒——"大众传媒对妇女影响"问卷调查报告》,《新闻记者》2002 年第 3 期，第 5-7 页。

［119］朱羽君、殷乐：《减压阀：电视娱乐节目——电视节目形态研究之一》，《现代传播》2001年第1期，第92-96页。

［120］邹伟、王亦高：《"娱乐"与"抵抗"——谈互联网恶搞短片的形式、特质与意义》，《国际新闻界》2006年第9期，第62-66页。

［121］左翰颖：《中国电视收视年鉴》，中国传媒大学出版社2008年版，第260-271页。

［122］Horace Newcomb，The development of television studies，A Companion to Television, Janet Wasko, Blackwell Publishing, 2005，15-29.

［123］Jeanne B. Funk，Aggression and Psychopathology in Adolescents With a Preference for Violent Electronic Games，AGGRESSIVE BEHAVIOR，2002，28, 134–144.

［124］Katz, E.,Blumler, J.,&Gurevitch,M.Utilization of mass communication by the individual. In J.Blumler&E. Katz (Eds.), The uses of mass communications: Current perspectives on gratifications research.Beverly Hills, CA: Sage, 1994，19-32.

［125］Levi-Strauss, Claude.Structural anthropology. Garden City, NY: Doubleday，1967.

［126］Mary Beth Oliver，Tender Affective States as Predictors of Entertainment Preference，Journal of Communication, 2008, 58, 40–61.

［127］Michael J. Papa, Arvind Singhal, Sweety Law,, Entertainment-education and social change: an analysis of parasocial interaction, social learning, collective efficiency, and paradoxical communication, Journal of Communication, Autumn 2005.

［128］Patti M. Valkenburg and Sabine C. Janssen，What Do Children Value in Entertainment Programs: A Cross-Cultural Investigation，Journal of Communication, Spring 1999.

［129］Propp，Vladimir. Morphology of the folktale. Austin: University of

Texas Press，1968.

［130］Silvia Knobloch, Coy Callison, Lei Chen, Annett Fritzsche, and Dolf Zillmann, Children's Sex-Stereotyped Self-Socialization Through Selective Exposure to Entertainment: Cross-Cultural Experiments in Germany, China, and the United States，Journal of Communication, March 2005.

［131］Young Mie Kim，John Vishak, Just Laugh! You Don't Need to Remember:The Effects of Entertainment Media on Political Information Acquisition and Information Processing in Political Judgment, Journal of Communication，2008,58, 338–360.

［132］Zilmann, D., and J.Bryant. Exploringthe entertainment experience. In J. Bryant and D. Zillmann, eds., Perspectives on Media Effects，Hillsdale, N.J.: Lawrence Erlbaum, 1986, 303–324.